中華書局

香港巴士
百年蛻變

陳志華　李健信

著

　　交通與市民生活息息相關。巴士服務不斷改善，除了車款愈來愈
先進外，更注重環保、關懷老弱及有需要人士。巴士在上世紀的香港出
現後，推動了本港交通發展，帶動了生活質素提升。巴士公司最初使用
單層巴士，因乘客量上升，出現了雙層巴士。最初雙層巴士稱為「有樓
巴士」，當時認為是在單層巴士上建樓，因此稱為有樓巴士，或暗地已
反映大眾渴望有樓的心態，直至今天也如此。除了有樓巴士外，巴士和
電車的減價戰，也反映了不同交通工具在市場上的競爭情況。今天，巴
士和鐵路、小巴等競爭仍存在，如何取得平衡是十分重要。有競爭也有
合作，正如巴士減價也引發渡輪興旺。當往佐敦道的巴士減價，往尖沙
咀的巴士不減價，油蔴地小輪便人頭湧湧，生意興隆。巴士總站設立與
社會發展關係也十分密切，不可分離。當一個徙置區、新區、屋邨建立
後，巴士總站便會在該區出現，猶如人體內的血脈輸送營養至各部分，
巴士也將各區連結起來，推動社區以至帶動整個香港的發展。

　　自《香港巴士 90 年》一書出版至今已有十年光景，今年適逢香港
巴士服務 100 周年，為本書作修訂更饒有意義。通過這次修訂，我們
希望將一些被遺忘的昔日巴士片段，重新讓大家回憶和反思。如戰後巴
士服務不足，巴士公司曾與貨車公司合作，以貨車來提供服務，貨車車
身更塗上巴士的顏色，證明來自同一巴士公司。戰後，大家生活困苦，
以貨車代步，大家尚可接受；但換上今天，大家或會抗拒。昔日的非空
調巴士服務，今時今日已悉數提升為空調巴士，清涼舒適，大家應該歡

迎喜悅；但原來當時一些乘客反對這個改變，原因是車資會因此而高昂。又如上世紀 30 年代新界仍十分偏僻，持槍匪徒會洗劫新界巴士。大家可否想像這個景象？

　　由單層至雙層、單門至雙門、非空調至空調、多人操控至一人操作、上車買票至自備輔幣再至電子支付、柴油至電力……巴士都在不斷改變，大家對它的要求也不斷提升。由可接受等候十多分鐘，至今可以通過手機軟件知道巴士何時到站，不希望再在車站等待。巴士車廂有 USB 給手機充電、有優先座，樓梯透明可眺望車外景色，一切一切在訴說巴士服務不斷求變，乘客的體驗也愈來愈舒適。但當我們靜下來，回到起點，大家其實最希望的，是可以安全快捷到達目的地。現時，巴士經過多重測試，已更重視安全。惟一些大意司機仍引發不少嚴重交通意外，令人擔憂。巴士車速雖快，惜路上多車，道路不足，往往龜步行走，人困在車廂苦望窗外。

　　香港巴士服務已逾百年，在這時刻，大家或反思未來的巴士會是怎樣？電力推動外，會否期望車廂內甚至會有購物設施、免費平板電腦使用，或有美食提供？上世紀，沙田第一城至中環的城巴其實已有報紙早餐提供，猶如搭飛機至外地般。未來巴士會否也如此？不限於交通服務，更提供餐飲和購物等巴士多元化服務，大家要拭目以待！

　　能夠以香港巴士服務為題，將彌足珍貴的發展歷史及沿革輯錄成書，實在難得。為編寫本書，我倆走訪港九新界各地，進行訪問、搜集資料和拍攝照片等。在此，鳴謝各方好友提供不少寶貴資料及照片。當然，這書得以修訂出版，承蒙中華書局（香港）有限公司慨允支持，我倆深表謝意。本書的撰寫力求謹慎和認真，唯學陋才疏，見識淺拙，書中或有疏漏不當之處，懇請專家學者，不吝雅正。

陳志華、李健信

香港 · 2021 年 6 月

　　1921 年，香港大酒店及九龍汽車公司分別於香港島及九龍半島提供巴士服務，為本港巴士服務揭開序幕。

　　「巴士」一詞是由英文音譯而成，正正象徵西方交通文化引入香港。有一些華人地區亦會稱巴士為公共汽車，反觀香港，時至今日依舊用「巴士」這個名稱，正好說明巴士文化所具有的西方色彩。過去，中國本身沒有這類有固定路線、固定班次的交通工具，但由於人口逐步增加，這種載客量較大的集體交通工具便應運而生，促使華人地區交通現代化的萌芽。在集體交通工具上，大家是如何相處的？隨着時代的轉變，也衍生出各種不同的乘車文化。過去，排隊文化仍未普及，大家會因爭先上車而發生爭執；現在，若發生類似情況，則會被手執可拍影片的手機的現代人當成「搭車的千奇百趣」，拍攝下來並立即上載至Youtube，再按一個鍵在 Facebook「share」出去，便會如數年前的「巴士阿叔」事件，成為全球關注的大事。

　　歷史不是獨立無依的，回顧香港巴士過往 90 年的發展歷史，從中可以細看巴士發展的演變是如何受到香港經濟、社會變遷及集體運輸系統各種交通工具的影響。巴士是市民大眾經常使用的交通工具。過去，大家對巴士的期望非常簡單，只希望巴士可以作為交通工具以代步，後來期望漸高，如要求班次要準時、頻密。及至 1970 年代末開始，地下鐵路在香港出現後，迅即成為巴士的強勁對手。巴士服務質素亦相應地有所提升，如引入空調設施、環保引擎、電子資訊、無線上網等。巴士

和鐵路也會彼此配合，如 M 線的巴士便是一些以地鐵為目的地的巴士路線。今天，巴士服務已與昨天大大不同，大家也不願意如往昔的乘客那樣在炎炎夏日迫上「熱狗」（非空調巴士）「焗桑拿」了。

巴士的歷史，可說見證着香港的發展。人口漸多，單層巴士便要搖身一變，成為雙層巴士；經濟繁榮，空調巴士便應運而生；商業發達，巴士便加添電子廣告資訊系統等。在未來，巴士服務將如何進一步提升？會否每個座位也安裝小型電腦，可供乘客上網，猶如乘搭飛機般？或是每輛巴士也會加裝 GPS 系統，令班次更準確呢？又到底巴士服務將來會否如的士般，提供個人化的到站服務呢？

今年適逢香港巴士服務 90 周年，出版本書更饒有意義。為着編寫本書，期間翻閱過不少文獻典籍，訪問過不少人士，務求將香港過去近百年的交通歷史在讀者眼前重現。然而，礙於篇幅所限，未能將所有寶貴資料及珍貴相片一一在本書中呈現在讀者眼前。儘管如此，能夠以香港巴士服務為題，並將彌足珍貴的香港巴士發展歷史輯錄成書，已感十分難得。

本書撰寫力求謹慎及認真，自惟學陋才疏，見識淺拙，書中如有疏漏不當之處，懇請專家學者，不吝雅正。

陳志華、李健信
香港 · 2011 年 7 月

ROUTE NOS. 路線號
19 | 21
目錄 | 目錄
·19 | 95`
CONTENTS

1921-1933
香港巴士應運而生

1933-1949
專營巴士的誕生

本書會將香港巴士發展百年來分成多個階段，每個階段巴士發展的演變是如何受到香港經濟、社會變遷及其他交通工具、集體運輸系統的影響。

1921

香港巴士

應運而生

1933

香港早期的
交通工具

01

轎子是香港最早期的人力交通工具。隨着
時代巨輪的轉動，汽車和巴士也漸漸地普
及起來。

1842 年，滿清政府和英國簽訂《南京條約》，把香港島割讓給
英國。開埠初年，英國為全香港島進行人口統計，島上村民約有
3,650 人，聚居於二十多條村落。香港島在港英政府的發展下，西北岸
建立了維多利亞城（City of Victoria），城內劃分為「四環」：西環、上
環、中環及下環（即今灣仔），並細分為「九約」——「四環九約」的
名字亦隨之出現。當時外國人聚居於中環、半山區以至山頂一帶，而華
人則聚居在上環一帶，華洋壁壘分明，交通發展需求不大，並不發達。

轎子作為香港早期的人力交通工具

當時，香港島的交通工具以轎子為主。大部分外國人都居於山頂或
半山區，他們大多喜歡以轎代步。轎，又俗稱「山兜」，多以竹或籐編
織成座椅，兩旁有兩根長木槓。木槓前後各有一條橫木條，方便轎夫擔
抬。當時，轎子分為兩大類。一類是供人僱用，稱為「街轎」或「營業
轎」；另一類是私人擁有，轎主多為官員、大班，稱為「長班轎」。街
轎一般都是草綠色，由兩人擔抬。轎夫大多穿着襟衫和薄鞋，頭戴草帽
遮蔭。負責轎後的轎夫，經驗會比走在前面的轎夫更豐富，因為他們在

後方看不到前路，全靠兩肩感受到的壓力變化來轉變方向或停步。清人陳鏸勳所著《香港雜記》一書中曾記當時轎子的情況：「如在域多厘城內計，則每僱一轎，用轎夫二名，半點鐘則銀一毫，一點鐘則銀二毫。如在域多厘城外計，則用轎夫四名，一點鐘則銀六毫。」由此可見，城內與城外的交通費有頗大差異。1922年，英國溫莎公爵訪港時，也曾乘轎途經皇后大道，受到市民大眾夾道歡迎。

早期的人力交通工具

除轎子外，另一類人力交通工具便是人力車。這種交通工具來自日本。當時，市民大多稱人力車為「車仔」，只需一人來拉，而且

城內城外交通費大不同

清人陳鏸勳曾著《香港雜記》，書中便有記載當時轎子的情況，「如在域多厘城內計，則每僱一轎，用轎夫二名，半點鐘則銀一毫，一點鐘則銀二毫。如在域多厘城外計，則用轎夫四名，一點鐘則銀六毫。」由此可見，城內與城外的交通費有頗大差異。

1920 年代，轎子曾是香港主要的交通工具。

香港巴士應運而生

人力東洋車

陳鏸勳的《香港雜記》書中也曾記載當時人力車的情況：「凡東洋車所經在地，西至摩星嶺山腳，東至銅鑼灣，高則至羅便臣之平陽道。如在過界外，則回頭時加半。」由此可見，當時香港島居民大多居於摩星嶺至銅鑼灣。

比轎的速度快。因人力車源自日本，故也被稱為「東洋車」。1863 年，車仔成為合法交通工具，其後數量不斷增加。富貴人家自置的人力車，比普通租用的華麗寬闊。這類人力車大多是赤黑色或棗紅色，車挽裝設銅管，車輛也有銅蓋，坐墊為天鵝絨，摺篷用優質帆布。整部車給人豪華的感覺，有的更於車背鑲上車主的姓氏，以示尊貴身份。普通人力車只有一位車夫，但私人人力車則有三位車夫，一位在前，兩位在後。香港島有不少斜路，當人力車落斜時，兩位在後的車夫便須以繩索勒緊車後鐵鈎，以防翻車；當人力車上斜時，兩位在後的車夫則協助推車。1880 年 8 月 13 日的《循環日報》也有相關的記載，指當時設有東洋車公司，車輛源自上海。上海道路平坦，東洋車飛奔時平穩；香港則山多坡多，東洋車上落較難。因此，當時東洋車的服務大多只集中在西營盤至登龍洲（即奇力島）一帶，即今銅鑼灣等地。

香港首部汽車的出現

汽車何時在香港出現？歷史文獻有不同的記載，但大多也是說在 20 世紀初期。其中一個說法是香港第一輛汽車的主人是一位歐籍牙醫羅保。當時他居於般含道，常以汽車代步。他的汽車只有六匹馬力，時速為十哩。他經常駕車至銅鑼灣的馬球場玩球，吸引不少人士圍觀。另一個說法是香港第一輛汽車的主人是朱大少。他的父親是西關首富，家境富裕。當時，廣州仍未開闢馬路，朱家在港也有不少生意，因此朱大少便順道來港，亦曾在跑馬地一帶練習駕車。以上兩部汽車有否相遇，文獻並沒有記載。一些論者指出朱大少的車輛只在香港試車，但沒有長駐香港，因此不應作為香港第一輛汽車。1911 年，港督盧押在英國購入汽車，在港行駛。以此計算，他的車輛便是香港第三輛汽車。1912 年，本港汽車數量已增至 12 輛，車主以外籍人士居多。當時，不少人也未見過汽車，視之為怪物，汽車又會發出「咔咔咔」的喇叭聲響。因此，一些士紳曾對汽車在馬路上馳騁作出反對。當然，他們反對無效，且汽車數量更不斷增加。最後，士紳逐漸視汽車為時尚玩意，爭相購買。汽車也因所發出的「咔咔」聲響，而被稱為「咔咔車」。除以上說法外，1947 年 6 月 28 日《香港工商日報》記載本港汽車始祖 73 歲露列生昨日（6月 27 日）病逝，內文談及美籍丹麥人之老翁

的士

1928 年 12 月 11 日的《香港工商日報》曾載：「港地汽車事業，日形發達，已觸目皆是現尚聞細車兩種，約於本月可以開行，（一）五位之客車，在城內各段送客，每英里五毫。（二）兩位之細荷士甸車，收費每英里兩毫，行各街道，與人力車，惟第二類汽車尚未得政府批准云。」

露列生氏為本港老居民之一，且為本港第一個駕駛汽車、擁有一輛汽車的人士。

　　1913 年，除私家汽車外，其他類型的車輛也先後出現，包括貨車及巴士等。1913 年，香港大酒店已開辦中環至大學堂的巴士服務，其他路線也由不同商人開辦。香港第一間出租汽車公司在 1924 年出現，租金十分昂貴。當時，汽車是奢侈品，交通工具仍以人力車和轎為主。1920 年代中期，的士開始在香港出現，香港島的起程收費為 5 毫，九龍半島的起程收費為 4 毫，之後再按路程遠近來收費。

　　整體來說，20 世紀初，香港交通工具已由人力轉至機械；上流士紳由最初懼怕厭惡汽車至追捧汽車，顯示香港市民很快便適應轉變。其後，市民大眾更逐漸棄用轎子及人力車，改乘汽車和巴士。

香港島早期的巴士服務

02

隨着香港人口日漸增多，原來以人力為主
的交通模式也開始改變，及時出現的巴士，
亦隨即成為主要的交通工具。

香港開埠後，居於半山和山頂的外國人，需要以轎、人力車等交
通工具往返中環和半山等地。可是若遇到雨天，乘搭這些交通工
具容易造成不便和危險。

山頂纜車與電車

時至 1880 年代，香港人口已急速增長至 60,400 人。開埠初年較
常用的人力交通工具實在無法應付需求，故急需引進集體運輸系統。
1881 年 6 月 13 日，立法局首位華人非官守議員伍廷芳，在立法局會
議上率先提出創建車路計劃；港英政府更於 1882 年 2 月 9 日正式頒布
《有軌電車事業條例》（*Professional Tramways Ordinance*），由商人
芬梨・史密夫（A. F. Smith）等四家商行合組公司承辦山頂纜車，以改
善該區的對外交通。山頂纜車在 1888 年落成啟用，整個車程共 1.4 公
里。最初修建時，纜車的動力來自燃煤蒸氣發動機推動。初時，纜車首
排的兩個座位是預留給港督的，其後的車廂部分則分成三種座位：包括
頭等——供英國殖民地官員及太平山居民；二等——供英國軍人及香港
警務處人員；三等——供一般人與動物。

香港巴士應運而生

除山頂纜車外，香港島也設有電車服務，行駛於港島北岸。電車在1904 年落成啟用。初時，電車只設一條路軌，由上環街市至銅鑼灣，後才擴展東至筲箕灣和西至堅尼地城。電車的設施和車身均在英國訂購，運至香港後才進行裝嵌。首批電車共有 26 輛，分別為 10 輛頭等車及 16 輛三等車。初期的電車只有單層，車廂採用開放式設計，遇有風雨時便從車頂拉下帆布捲簾。由於乘客日增，至 1912 年，電車公司已引入雙層車廂，但上層不設篷蓋，雨天時甚為不便。

香港島的巴士服務

第一次世界大戰後，汽車在香港仍未普及。時至 1920 年代，香港人口漸多，交通需求也開始改變，且急劇增加。原有的人力交通工具已難作為主要的交通運輸工具，以機器推動的汽車便應運而生，市民大眾也開始轉乘巴士作為主要的交通工具。

當時，在香港島提供公共汽車服務的，包括有香港仔街坊福利會、香港大酒店和香港電車公司等公共汽車公司。在這三間公司當中，首間提供巴士服務的是香港大酒店。香港大酒店早於 1920 年代初，便與港龍汽車公司合辦巴士路線，以一條八輛巴士的車隊，行駛必打街至淺水灣酒店的服務，後來再開辦皇家碼頭（即卜公碼頭）至大學堂的路線。其後更增設銅鑼灣至石塘咀、皇后碼頭至摩星嶺、香港大酒店至大浪灣等路線服務。1930 年代，香港大酒店每逢跑馬地馬場舉行賽事期間，便提供香港大酒店至加路連山道的巴士服務。

當時，香港大酒店有提供月票服務，一些市民為了搭免費車，更會以他人的月票搭「霸王車」。根據 1930 年 4 月 18 日《香港華字日報》記載，一位 17 歲少年在前一天（即 17 日）乘搭巴士時稱忘記攜帶月票。查票員盧培要求該名少年購票，但少年拒絕。及至大酒店下車後，盧培問他是否記得月票編號，少年提供了編號。但經盧培核查後，月票由一名西人所擁有。最後盧培報警，由警察跟進。

香港仔街坊福利會亦在 1920 年代初營辦香港仔至鹹魚欄（即西營盤）的巴士服務，途經皇后大道中、薄扶林道等地。

至於早在 20 世紀初已扎根香港島的香港電車公司，在 1925 年初曾向港英政府申辦無軌電車服務，惜同年 3 月被港英政府否決，原因是皇后大道的路面太窄，未能容納人力車及電車以外的交通工具；至 1927 年 8 月再作申請亦未獲批准。香港電車公司遂於 1928 年 6 月再度申請，這次的路線不經皇后大道。電車公司最終獲批准於 11 月開辦巴士服務，以配合電車發展，紓緩電車擠迫的情況。當時香港電車公司訂購了全新的六輛 25 座位巴士，主要提供兩條巴士路線，分別是由上環至跑馬地，以及由皇家碼頭至太古船塢。

根據 1929 年 7 月 24 日《香港工商日報》記載，當時正值炎夏，不少遊人蜂擁至筲箕灣一帶的游泳海棚海浴。電車服務不足，往往須等候 20 分鐘。因此，一些市民要求增加電車班次，但當時銅鑼灣以東屬於單軌，難以加派電車。市民大眾得知後，建議電車公司加派長途汽車（即巴士）來回，以補電車服務之不足，但當時威菲路道正進行水喉工程，電車公司未能提供巴士服務。後來水喉工程完畢後，電車附屬的巴士服務即至筲箕灣一帶的游泳海棚海浴。

當時，香港島的巴士服務仍未得到大力發展，多為酒店、電車公司等企業的附屬商業活動提供服務：香港大酒店公司主力在於酒店業

1933

香港巴士應運而生

務，電車公司主力則在於電車服務。由此可見，當時巴士公司規模並不大。

公共巴士服務專營權

1932 年 6 月，港英政府決定重整巴士服務，實施公共巴士服務專營權計劃，以保持公共巴士的質素和水準。1933 年 1 月，港英政府公佈招標結果，中華汽車公司（簡稱「中巴」）成功投得香港島區的公共巴士服務專營權，專營權為期 15 年。中巴的創辦人是顏成坤和其外父黃旺財，顏成坤早於 1920 年便接手家族的人力車業務，其後更聯同商人黃旺財成立巴士公司，在九龍半島提供租賃汽車服務，1930 年代初中巴的車隊已漸具規模，在九龍半島開闢了三條路線。投標成功後，中巴的重心遷至香港島，香港島原有的三間公司最終結束營業。中巴亦向香港仔街坊福利會、香港大酒店和香港電車公司分別以 5 萬、26 萬及 3 萬港元收購三間公司，分別有 8 輛、29 輛及 7 輛巴士，連同中巴原有的 10 輛巴士，在專利權於 1933 年 6 月 11 日生效時，中巴合共有54 輛巴士，並整合七條巴士路線繼續提供服務。

1935 年的巴士路線表

1 號巴士線	東街至跑馬地	設有二等
2 號巴士線	油麻地碼頭至太古船塢	
3 號巴士線	皇家碼頭至大學堂	
3 號 A 巴士線	皇家碼頭至赤柱	
4 號巴士線	皇家碼頭至大學堂 （和 3 號巴士線相同，但途經街道前後不同）	
5 號巴士線	堅尼地城至大坑	設有二等
6 號巴士線	香港至淺水灣	
7 號巴士線	油麻地碼頭至香港仔	設有二等
7 號 A 巴士線	香港仔至赤柱	

1926 年英國「利蘭」車廠向中華汽車公司供應的 PLSC 獅子型巴士。
（照片提供：Leyland Vehicle Ltd.）

1933

1921

九龍半島早期的
巴士服務

03

九龍半島沒有纜車及電車，加上本港人口急增，住在九龍的市民對交通的需求更為殷切，巴士服務亦應運而生。

彌敦道

彌敦爵士在 1904 年至 1907 年間擔任香港第 13 任總督，任內重視城市發展，包括將彌敦道（原稱「羅便臣道」）擴闊成一條兩旁種滿大樹的林蔭大道，使沿路地區的市場日漸繁榮起來，另外任內亦促成修建九廣鐵路。

自 1898 年，英國租借了界限街以北的新界地區後，九龍開始有了較大的發展。隨着九廣鐵路（英段）啟用，旺角、深水埗及土瓜灣等地相繼填海發展，尖沙咀、油麻地及深水埗等地區發展迅速，於是人口也開始有所增長。

1904 年，香港總督彌敦爵士主力發展九龍半島，為了讓九廣鐵路英段更積極發展，於是擴闊原名為「羅便臣道」的彌敦道為一條主要大道，並延長至窩打老道。在 1909 年 3 月 19 日，為避免此路與香港島的同名街道混淆，當時的香港政府決定把該道路更名為「彌敦道」，以紀念擴建該路的總督彌敦爵士。

1912 年，中華民國成立後，內地的政局仍不穩定，先有袁世凱的帝制運動，後有軍閥割據。一些內地人士遂舉家南遷至港，本港人口也漸漸急增，交通需求因而隨之增加，巴士

服務的需求漸見殷切。當時，比較有規模的巴士公司包括九龍汽車有限公司、中華汽車公司和啟德客車公司。

九龍半島早期的巴士服務

1910 年，港英政府計劃在九龍以有軌電車作為主要交通服務。不過，後來辛亥革命爆發，社會局勢發生變化，以致計劃胎死腹中。1913 年，電車公司申請在九龍發展電車服務，亦因時局因素，不獲批准。

啟德客車公司的成立則可追溯到 20 世紀初，著名華人紳商何啟和區德合資創辦啟德營業有限公司，並於 1916 年開始在九龍灣北岸進行填海工程。新填的土地面積有 120 英畝，原本計劃發展成高級花園住宅區，稱作「啟德濱」，1920 年完成首期填海工程後，便立即動工興建房屋。由於當時啟德濱的交通就只有依賴人力車，交通甚為不便；為了吸引住客，啟德營業有限公司遂於 1923 年成立了啟德客車公司，提供往來啟德濱及尖沙咀天星碼頭，以及油麻地碼頭的巴士服務；公司期後於 1926 年改名為啟德客車有限公司。

《香港工商日報》，〈九龍未來交通事業之鳥瞰〉，1932 年 5 月 21 日。

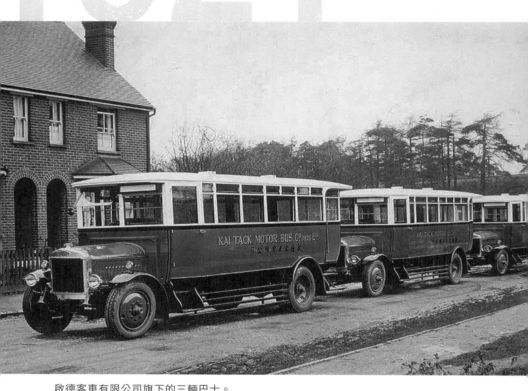

啟德客車有限公司旗下的三輛巴士。

　　可惜,後來啟德營業有限公司倒閉,高級花園住宅計劃也被迫停止。住宅發展計劃的失敗,使啟德客車公司的乘客量相應下跌,經營困難。後來港英政府於 1927 年購回土地,並擴充作為機場之用。1928年 11 月,電車公司繼開辦香港島巴士服務後,進一步擴展巴士服務,於 1929 年 1 月收購啟德客車有限公司,並繼續以原名營運旗下在九龍半島的巴士路線服務。

　　除啟德客車公司,九龍半島還有九龍汽車有限公司和中華汽車公司。九龍汽車有限公司在 1921 年成立,創辦人是雷瑞德和雷亮,最初開辦的路線主要有兩條,第一條是尖沙咀至深水埗,第二條是油麻地至

1920 年代的尖沙咀碼頭一景，一艘郵輪正靠泊九龍倉碼頭，位置乃現今海港城及海運大廈。另外多輛九巴「福特」T 型巴士停泊在碼頭廣場，圖中左方則是天星碼頭入口。（照片提供：高添強）

九龍城，並以九輛福特巴士行走兩條路線。至 1933 年 1 月，九龍巴士已擁有約 80 輛巴士。中華汽車公司在 1924 年由顏成坤聯同其外父黃旺才成立，顏成坤早於 1920 年便接手家族的人力車業務，遂成立巴士公司提供尖沙咀至九龍塘和新界各鄉鎮之間的巴士服務。兩間公司主要路線皆在九龍市區，更有不少重疊的路線，因此競爭較大。如九巴的路線 12 和中巴的路線 1 皆是行駛由尖沙咀至深水埗的路線。而且，兩條路線的車費都是一毫半。因此，巴士的服務質素十分重要，乘客都會希望乘坐服務較佳的巴士。在這情況下，兩間公司的服務質素就必須不斷提升。

　　1920 年代，九龍區的巴士主要以三種顏色來區分：九龍汽車的巴士為紅色，中華汽車的巴士為黃色，啟德客車的巴士為綠色。三間公司中，啟德客車規模較小。

1933

香港巴士應運而生

新界早期的巴士服務

20 世紀初，新界地區仍未蓬勃發展，因此未有具規模的巴士公司在新界提供服務。直至 1920 年代開始，新界部分地區，如荃灣、青山、元朗、粉嶺和上水才陸續有巴士服務出現。

這些巴士大多不是正式的巴士，而是由貨車改裝而成。這些巴士公司服務規模較小，如行走於元朗和上水之間的南興巴士公司。一些巴士公司只會在假日提供服務，如接載乘客至海灘暢泳的泉興巴士公司和長美巴士公司等。

後來，九龍汽車有限公司和中華汽車公司成立後，也相繼開辦了一些九龍地區至新界的路線。如在 1920 年代末，九龍汽車便開辦了旺角至元朗的長途線巴士服務。1930 年代，中華汽車也開辦了四條新界鄉郊路線，行走於元朗、上水、粉嶺、沙頭角等地。

1930 年代初，九龍巴士曾提出加價建議，但引起爭議。根據 1930 年 5 月 20 日《香港工商日報》記載，1929 年前九龍區的巴士收費為：頭等車費一毫、二等車費五仙。

1929 年後，不分頭二等，均收取五毫。因當時物價趨升，巴士公司也提出加價建議。1930 年 5 月，各巴士公司擬將由尖沙咀至九龍各區，分為四站。每站頭等收銀一毫、二等收銀五仙；由九龍各區至尖沙咀，頭等須收費四毫、二等收費二毫。因為分站關係，收費倍增，市民大眾均表示不滿。當時，九龍區的地方組織如九龍協會等，亦表示關注。

加價後，市民大眾為了減輕車費付出，改變了交通習慣，結果是油麻地小輪公司有所得益。根據 1930 年 7 月 2 日《香港工商日報》記載

的巴士車費如下：

路線	頭等	二等
由深水埔至尖沙咀	毫半	一毫
由深水埔至油麻地碼頭	一毫	五仙
由深水埔至普慶戲院前	一毫	五仙
由九龍城及九龍塘至尖沙咀	二毫	一毫
由九龍城及九龍塘至普慶戲院前	毫半	一毫

因價格變更，渡海者捨棄尖沙咀而趨向轉至油麻地乘船，導致尖沙咀小輪乘客減少。

當時，九龍巴士服務開始大力發展。根據 1931 年 4 月 13 日《香港華字日報》記載，有巴士公司提出引入「有樓新式巴士」，然而政府未有批准，有待研究──「有樓新式巴士」即雙層巴士。「雙層巴士」一詞當時仍未出現，因巴士有多一層，猶如建樓，故稱為「有樓巴士」。

至於巴士司機的收入，九龍及新界區的薪酬也不低。九龍區的中華和九龍汽車公司的月薪約為 20 元，最高者為 30 元。新界區巴士則較低，以新界上水之南興巴士公司，其月薪 10 元至 15 元，最高者為 25元。當時，香港島的香港大酒店和電車公司等巴士司機月薪為 40 元至50 元。普遍來說，司機月薪也不低，從中可見巴士服務發展日盛。

公共巴士服務專營權

1933 年，政府實行公共巴士服務專營權制度，九龍汽車有限公司成功投得九龍及新界區的公共巴士服務專營權，專營權為期 15 年；九龍汽車有限公司遂於同年 4 月 13 日以「九龍汽車（一九三三）有限公司」的管理架構正式運作，並邀得鄧肇堅、譚煥堂、林明勳等人入股。另外又向中華汽車公司及已屬電車公司擁有的啟德客車有限公司，分別

1933

購入 26 輛及 35 輛巴士，連同原有的巴士，九龍汽車以旗下 110 輛巴士於同年 6 月 11 日正式展開專營巴士服務。在 1933 年 11 月 3 日的政府憲報 720 號，刊憲聲明啟德客車有限公司已被取消了註冊，正式被淘汰了。

1935 年的九龍巴士路線

1 號巴士線	尖沙咀至深水埗
2 號巴士線	尖沙咀至荔枝角道
3 號巴士線	尖沙咀至九龍城
5 號巴士線	尖沙咀至紀念碑道
6 號巴士線	尖沙咀至九龍城
7 號巴士線	尖沙咀至九龍塘
8 號巴士線	佐敦道碼頭至九龍城
9 號巴士線	佐敦道碼頭至元朗
10 號巴士線	尖沙咀至牛池灣
11 號巴士線	九龍城至深水埗
12 號巴士線	佐敦道碼頭至荔枝角

1933

專營巴士

的誕生

1949

專營巴士服務
年代開啟

04

1933 年是香港巴士發展史上極為重要的一年。政府提出巴士服務專營權的新意念，將港島區、九龍及新界區的巴士服務正式規範化。

20 世紀初，本港人口急增。1921 年，本港人口已達 62 萬多人，比 1911 年足足多了 16 萬人。這十年間，內地陷於軍閥割據和混戰之中，不少內地人士都紛紛來港避禍。在這種情況下，交通需求也日益殷切。

公共巴士服務專營權

1932 年，港英政府為了改善香港公共巴士服務，決定改變過去的放任政策，重新整頓香港巴士服務，遂實施公共巴士服務專營權計劃，以保持公共巴士的質素和水準。同年 6 月，港府修改《道路車輛規例》，以公開招標模式頒發道路使用牌照，讓巴士公司投標承辦兩個地區的專營巴士服務，一個為港島區，另一個則為九龍及新界區。

1933 年 1 月 13 日，港府刊憲公佈招標結果，由中華汽車公司（簡稱「中巴」）投得港島區公共巴士服務專營權；而九龍及新界區的專營權則由九龍汽車有限公司（簡稱「九巴」）投得，專營權為期 15 年。專營權的稅收由以往用座位及牌照計算，改為按總收入計；並由政府訂定巴士路線的走線、站點和班次時間。專營權當中亦規定，巴士公司必

《香港工商晚報》,〈中華汽車公司準備接收各路線〉,1933 年 6 月 7 日。

《天光報》,〈兩新公司着手接辦本港及九龍巴士路線〉,1933 年 6 月 9 日。

須向英國或其他英聯邦國家的生產商購置巴士,而巴士公司的董事及股東亦需要是英籍人士,專營巴士的殖民地保護政策正式展開。

香港島的巴士服務

中巴本在九龍區經營巴士業務,自成功投得港島專營權後,便積極籌備新專營權服務的工作,包括將公司重新註冊為「中華汽車有限公司」;另外,車隊中原本在九龍區行走的其中 26 輛巴士轉售予九龍汽車（一九三三）有限公司(簡稱「九巴」),餘下 10 輛巴士則移至香港島。當時九龍半島與香港島之間尚未有海底隧道連接,巴士要經船隻由九龍半島運至香港島,才可繼續為市民大眾服務。

另一方面,原本於香港島提供巴士服務的香港仔街坊福利會、香港大酒店和香港電車公司等三間公司最終結束巴士業務,並分別以 5 萬、26 萬及 3 萬港元將旗下分別 8 輛、29 輛及 7 輛巴士轉售予中巴。連同中巴從九龍半島調來的 10 輛巴士,在專利權於 1933 年 6 月 11 日生效時,中巴合共有 54 輛巴士,並整合七條巴士路線繼續提供服務。由於多了 10 輛巴士,路線又加以重組,故相比過去,香港島的巴士服務有

頗大的改善。

在 1933 年 6 月 11 日起，中巴共提供七條專營巴士路線服務。其中不少巴士路線是以皇家碼頭為總站。這個碼頭便是卜公碼頭，位於畢打街及干諾道中交界，鄰近當時香港大酒店；其他總站包括跑馬地、大學堂、香港仔、堅尼地城、淺水灣等。

1930 年代，由於香港島巴士票價較高，華人多選擇電車作為代步工具，非華人則多乘搭巴士。1935 年 4 月 1 日，巴士公司重整路線網絡，部分路線引入頭等、二等的車，二等車費只是頭等的一半。當時電車成人頭等車費為一毫、三等為六仙，不少華人因此轉乘巴士，不再乘電車。除此之外，巴士公司也引入月票制度，市民大眾覺得月票優惠不少，決定棄乘電車轉乘巴士。服務時間方面，巴士班次十分頻密，除部分市郊線外，大部分路線都是 5 至 10 分鐘為一班，而且大部分服務時間由早上 6 時或 7 時已開始，至深夜 12 時才結束。

與 1920 年代相比，香港巴士服務質素有所提升，再加上巴士數量增加、班次加密、車資降低，不少市民大眾也喜歡乘搭巴士，不再搭電車。這種改變，正好為香港巴士的日後發展奠下良好的基礎。

九龍半島的巴士服務

至於香港島對岸的九龍半島，回望 19 世

1933 年 6 月 11 日起，中巴營辦的香港島巴士路線：

1 皇家碼頭 ↓↑ 跑馬地　　　　　　　　原由香港電車公司經營
2 皇家碼頭 ↓↑ 太古船塢（東閘）　　　原由香港電車公司經營
3 皇家碼頭 ↓↑ 大學堂（經：堅道）　　原由香港大酒店經營
4 皇家碼頭 ↓↑ 大學堂（經：皇后大道西）原由香港大酒店經營
5 大坑 ↓↑ 堅尼地城　　　　　　　　　原由香港大酒店經營
6 皇家碼頭 ↓↑ 淺水灣　　　　　　　　原由香港大酒店經營
7 香港仔 ↓↑ 鹹魚欄　　　　　　　　　原由香港仔街坊福利會經營

1930 年代的尖沙咀碼頭，圖中前方可見仍有不少人利用人力車代步，而後方則有九龍巴士公司提供的巴士服務，圖中的車隊更涵蓋「利蘭」、「Thornycroft」、「丹尼士」等品牌。（照片提供：高添強）

紀時，香港政府只集中發展香港島，欠缺積極發展的動力。1860 年，中英兩國簽訂《北京條約》，割讓九龍半島（界限街以南）。對當時政府來說，九龍半島仍不是十分安全的地方。正如 1894 年港督威廉羅便臣便指出有「東方直布羅陀」之稱的香港，並不是人們想像中的那麼安全。香港邊界應該推至大鵬灣，再從那裏伸延至后海灣，否則一旦爆發戰爭，將難以防守。直至 1898 年，英國租借了新界後，九龍的發展才有較大的變化。

　　1901 年，香港島有 295 英里道路，九龍半島也有 202 英里道路。1920 年代，九龍半島已有三間公司經營巴士服務，分別是九龍汽車有限公司、中華汽車公司和啟德客車公司。這三間公司部分路線重疊，車費也不同。

　　1933 年 1 月，港府為改善本港公共巴士服務，決定重整全港的巴

士交通服務,並公佈將九龍及新界區的公共巴士服務專營權交予九巴。當時,政府提出專營權概念,只有專營權擁有者才可以經營巴士服務。

1933 年 4 月 21 日,九龍汽車(一九三三)有限公司正式成立,股東包括鄧肇堅、雷瑞德、雷亮、譚煥堂和林明勳等人。後來,鄧肇堅出任董事局主席兼車務總監督,此後一直擔任兩職接近 50 年,積極推動巴士服務。

同年 6 月 11 日專營權生效,標誌着九龍及新界區的巴士服務進入一個新紀元。專營權下,九巴並營運 18 條九龍及新界路線,當中包括接辦 12 條當時由中華汽車公司及啟德客車有限公司在該區經營的巴士路線。當時,九巴並向中華汽車公司及已屬電車公司擁有的啟德客車有限公司分別購入 26 輛及 35 輛巴士,故在專營權生效時九巴共有 110 輛巴士提供服務,巴士路線也作出調整。自此之後,九龍及新界地區市民乘搭巴士比以前更為方便了。

車費方面,設有頭等軟座及二等硬座兩種。除此之外,九巴亦設有月票,以提供車資優惠。月票分為成人月票及學童月票,前者每張 10 元,後者每張 4 元,凡持月票者每天可以乘車最多八次。1934 年起,九巴更引進家庭月票,每三張售價為 10 元,每四張售價為 12 元,每五張售價為 14 元。家庭月票使用的次數則不限。

當時的巴士全屬單層巴士,若乘客要下車,便要拉動車頂的粗繩子,敲響車頭司機位旁的銅鈴。司機聽到鈴聲後,便會在下一個巴士站停車。九巴的車廠設於旺角水渠道,即現今始創中心的位置。

1930 年代初,日本先後在東北及上海發動「九一八事變」及「一二八事變」。日本軍事行動已然步步逼近,廣東省居民都感受到戰火的味道,部分居民更舉家遷居至香港。香港人口急增,對巴士的服務要求也增加。1937 年 7 月 7 日,「七七事變」爆發,日軍全面侵華,遷港人士更急劇增加。巴士服務雖然已再度急增,但供不應求的情況仍然經常出現。

界巴士路線：

1933 年 6 月 11 日起，九巴營辦的九龍及新界巴士路線：		
1	尖沙咀 ↕ 深水埗	原由中華汽車經營
2	尖沙咀 ↕ 荔枝角	原由九龍汽車經營
3	尖沙咀 ↕ 九龍城	原由九龍汽車經營
3A	尖沙咀 ↕ 大環	原由啟德客車經營
4	佐敦道碼頭 ↕ 九龍城	原由啟德客車經營
5	尖沙咀 ↕ 柯士甸道（紀念碑）	原由啟德客車經營
6	尖沙咀 ↕ 九龍塘	原由啟德客車經營
7	尖沙咀 ↕ 九龍城	原由九龍汽車經營
8	尖沙咀 ↕ 九龍灣	原由中華汽車經營
9	佐敦道碼頭 ↕ 元朗	原由九龍汽車經營
10	佐敦道碼頭 ↕ 牛池灣	原由九龍汽車經營
11	土瓜灣 ↕ 深水埗	原由中華汽車經營
12	尖沙咀 ↕ 深水埗	原由九龍汽車經營
13	佐敦道碼頭 ↕ 九龍城	原由九龍汽車經營
15	元朗 ↕ 錦田	原由中華汽車經營
16	粉嶺 ↕ 大埔	原由中華汽車經營
17	元朗 ↕ 上水	原由中華汽車經營
18	粉嶺 ↕ 沙頭角	原由中華汽車經營

1935 年的太子道（當年稱「英皇子道」），圖中可見一輛九巴 Thornycroft 巴士正行走路線 10 往來尖沙咀至牛池灣。（照片提供：高添強）

新界的巴士服務

在英治時期的香港，政府一直將發展重心放在香港島，這個小島除了肩負政治作用，軍事責任也不輕。相反，由於新界鄰近中國大陸，若內地發生任何大小事，也較易受到影響。因此，新界整體發展較遲，交通發展也不例外，巴士服務也不多。

在新界區公共巴士服務專營權下，九巴主要提供五條巴士路線服務，分別是路線 9、15、16、17 及 18。路線 9 行走佐敦道碼頭至元朗，路線 15 行走元朗至錦田，路線 16 行走粉嶺至大埔，路線 17 行走元朗至上水，路線 18 行走粉嶺至沙頭角。以上全部路線也集中於新界北部及西部，是新界五大氏族（侯、廖、文、鄧、彭）有關的居住地方。但基於人口分佈問題，故西貢等地並沒有常設的巴士服務。

當時，新界巴士服務設有分段收費，以路線 17 為例，設有凹頭、竹園、米埔、落馬洲、洲頭、金錢及松柏朗七個分段收費點，全程收費 4 毫。1935 年 4 月 1 日減價至 2 毫 5 仙，服務時間由早上 6 時至下午 5 時半；又如路線 18，設有龍躍頭、軍地、紅嶺（即現孔嶺）、麻雀嶺

《天光報》，〈九龍巴士將直達深圳〉，1933 年 5 月 22 日。

和石涌凹五個分段收費點,全程收費 3 毫,1935 年 4 月 1 日減價至 2
毫,服務時間由早上 6 時半至下午 6 時半。

由此可見,巴士服務亦配合鄉郊的生活模式——農民晚上生活較平
淡,也較少外出,因此巴士公司也就沒有提供晚上的巴士服務。新界人
口及客運需求變動不大,該路線在戰前均沒有變動。

1930 年代,新界巴士服務較市區少,與氏族村民生活習慣有關。
市區居民居住和工作的地方並非同一地,他們要早出乘車上班或上學,
直至黃昏才乘車歸家;假日時,他們又喜歡外出玩樂,對巴士服務有一
定的需求。新界的情況則相反,村民居住和耕種的地方往往相連,不需
要乘巴士往返,親戚又多聚居在一起,大家生活在圍村內,較少外出探
親,除非是如農曆新年般的大節日,否則不輕易出村,所以對外交通的
需求相對地少。再者,當時衛星城市與新市鎮仍未出現,較少非原居民
遷往新界居住,因此,巴士服務也較缺乏。

大嶼山方面,1930 年代仍未有一條正式的道路,村民大多徒步至
梅窩或大澳,再乘船至市區。直至戰後,大嶼山交通道路網絡才逐漸有
了改善,大嶼山第一條貫通大嶼山南部的主要道路——大嶼山東南公路
(現稱「嶼南道」),於 1957 年 8 月至 1966 年 7 月分階段通車,連接
梅窩至姜山。1958 年,第一輛九巴開始在大嶼山試行。當時,九巴尚
擔憂客量不足,直至 1960 年九巴取得大嶼山專營權,才開始有定期的
巴士服務。

1949

細訴 1930 年代
的巴士發展

05

1930 年代，香港巴士服務不斷優化，如引入廣告、更改路線、與電車進行競爭實行減價及延長路線戰等，可見證本港巴士服務不斷改良發展。

20 世紀初，巴士服務在港出現。隨着人口增加及城市發展，對巴士需求不斷增加，巴士服務質素也不斷提升。

巴士車身刊登廣告

1931 年，本港各間電油公司加價後，九龍區的巴士公司（九龍、中華和啟德）均增加長線及短線巴士路線車費，以彌補成本增加，在 1931 年 7 月 1 日實行。香港島巴士公司則擔憂本身車費已頗高，加價

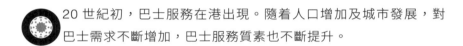

▲專訪
香港仔湖南街四號二樓、

▲老婦搭車被騙
在尖沙咀車站

巴士營業新策
實行加設告白位
本港大酒店巴士汽車、前

《香港華字日報》，〈巴士營業新策：實行加設告白位〉，1931 年 5 月 12 日。

會影響客源。因此，大酒店巴士公司向政府申請在巴士車身的左右後三方安置廣告招牌，增加收入。九龍區巴士公司得知後，也同樣申請在車身安置廣告。根據 1931 年 5 月 12 日《香港華字日報》記載，巴士規定每 10 分鐘或 25 分鐘開行一次，屆時有無搭客，亦須照規定時間開行，故其中所受損失不可數計。該公司已得當局批准照行，藉廣告收入或可得些少之彌補。

巴士公司要求減電油稅

1930 年代初，政府增加電油稅一毫，影響巴士營業甚大。全港各大巴士公司聯名致函政府，請求減免，設法減輕成本，以維持營業。有關巴士公司包括香港大酒店、九龍汽車公司、啟德汽車公司、中華汽車公司和香港仔街坊車公司等。經過多月後，政府仍未批准。但由於巴士公司是電油公司的大客戶，一些電油公司也對部分巴士公司略減價格，有助紓緩成本增幅。

巴士支援軍部

1930 年代初，香港政局不穩。金鐘兵房曾向大酒店、香港仔街坊汽車公司借用多輛巴士，以作運輸車隊之用。根據 1931 年 10 月 3 日《香港工商晚報》記載，因近日市面平靜，故昨日已將車歸還給各公司（即香港大酒店和香港仔街坊汽車公司）。當時，軍部需要巴士用來運兵，以作應變支援。惜軍部資源有限，只能向民間借用巴士。由此可見，巴士服務不限於社會，更涉及軍事調動。

1949

香港區改善巴士服務

　　中巴除改善巴士路線、加密班次，如在泳季加密路線 2 巴士班次，在下午 2 時改為 15 分鐘開行一次之外，最重要的變革是車身之改革。巴士公司將車身舊裝拆卸，車蓋加以抗熱膠；其次車窗由原有的百葉木改為方便推上拉下的玻璃窗，車尾的鐵篷亦拆去，使車內空氣通爽，車行走時，四面皆風。車身旁邊亦加設路牌，讓乘客登車時在車身可見路線往何處。

　　在特別季節，巴士公司會增加巴士班次。如 1935 年 1 月 28 日《香港工商日報》記載，由大坑至西環，途經皇后大道的路線 5 巴士，平日搭客甚多。在歲晚之際，巴士公司甚至會增派八至九輛巴士行走，班次由以往 5 分鐘改為 3 分鐘。

　　堅道居民在 1935 年曾致函中華巴士公司要求行走路線 3 及 4 的巴士增設二等座位，羅便臣道居民亦要求中華巴士公司派車行走羅便臣道。該公司總司理顏成坤表示路線 3 及 4 巴士難增設二等座位，因該道路太窄，未能派大車行走，現時的車只能容納 20 人，故難增設二等座位。至於羅便臣道斜度太高轉彎亦多，不太適合巴士行駛。

　　路線 3 及 4 巴士原以皇家碼頭為終起點站，但因該處較為遙遠，中區方面的搭客感到不便。因此，中巴決定將該站遷移至統一碼頭。統一碼頭地點頗為繁榮，且面積廣闊，宜於搭客候車。因此，中巴在 1936 年 4 月 21 日將路線 3 及 4 巴士總站移至統一碼頭。

電車巴士爭客

　　1935 年 3 月，中巴申請在 4 月 1 日前設立二等位及延長巴士行走路線，電車公司得知後，立刻表示反對。電車公司希望如前一樣，可以申請以巴士行走某些路線，但未被允許。因中巴擁有專利權，其他公司不可加入，否則會抵觸法例。當時，中巴首申請將路線 1 及 5 巴士增

設二等位，徵收車費 5 仙，以惠及社會人士，得到警察總監亨利批准執行。為配合這變動，巴士公司改動了車輛內部。除此之外，巴士公司亦申請將路線 1 巴士路線延長，由咸魚欄至跑馬地，至於路線 3 和 4 改為循環線。路線 3 由卜公碼頭至花園道至大學堂，後由大學堂經皇后大道返回卜公碼頭。路線 4 則由卜公碼頭經皇后大道至大學堂，之後由大學堂經花園道返回卜公碼頭。這個安排便利了堅道及般咸道以上一帶的居民，不致候車失時。

當時，巴士公司增設二等位，電車公司抗議。議政局召開會議，邀請兩間公司出席討論。中巴代表有總司理顏成坤及其代表律師甸臣，電車公司代表有董事史挑活、總司理巴林美和律師丹拿。電車公司反對的理據，是巴士公司路線 5（行走堅尼地城至大坑）和電車路線重覆，政府不應批准；又指出電車初辦時，全無利潤可圖，及後才漸入佳境，政府應予以保障。中巴提出的理據是電車條例是保障電車，對巴士路線不可干預；其次，巴士公司減價是為大眾謀利，政府和巴士公司的合同只有限制車費不可多於若干，沒有少過若干，因此沒有違例。最終，巴士公司獲得勝訴。

1936 年 6 月 1 日，電車公司為回應中巴減價，將銅鑼灣及跑馬地路線車費減低，頭等減至 6 仙，三等減為 3 仙。當電車減價後，搭客急增，由屈地街至銅鑼灣線，增加十輛車，至於跑馬地至屈地街五輛，合共十輛車。即每日由原本派 61 輛，增至 76 輛。自此之後，電車在 1936 年搭客量增至四千餘萬，打破

《香港工商晚報》，〈電車公司反對巴士公司增設二等位〉，1935 年 3 月 9 日。

專營巴士的誕生

1932 年之最高紀錄，溢利五十餘萬，每股派息 4 毫。

　　1936 年 6 月 1 日，中巴和電車在中環至太古船澳線正面進行競爭。由 6 月 1 日至 9 月 30 日止，中巴路線 2 由原本由早上 8 時開始行走，現改為 6 時開始，每 15 分鐘一班；至下午 2 時則改為每 10 分鐘一班，晚上 8 時後再次恢復為 15 分鐘一班，直至 10 時為止；同時增設二等座位，收費五仙。電車公司亦將鰂魚涌線票價減低，頭等收 8 仙、三等收 4 仙。

九龍區改善巴士服務

　　九龍區巴士服務亦不斷改善。根據 1933 年 10 月 20 日《香港工商晚報》記載，九巴有不少改良計劃，包括訓練司機及賣票的適用人才，現擬設立晚間工人學校，安排工人下班後到校聽課。課程內容包括如何對待顧客態度、道路規則、機械知識等，其中更有在發生意外後如何處理應對。除此之外，巴士公司更購置大量新車，改換新式機件，更可作為計劃拓展新界路線之策略。九巴在 30 年代曾經減價，1934 年 7 月 2 日《香港工商日報》記載，行走九龍城及荔枝角等路線的頭等向來收取二毫，而 1934 年 7 月 1 日前，所有九龍各路線頭等減至毫半，二等仍一律收一毫。

　　巴士車輛方面，1934 年 7 月 2 日《香港工商日報》記載九巴在 1934 年 7 月向英國訂購一種新巴士來港，載客量達至 37 人。這種巴士是英國勝利哥羅夫廠出品，燃燒火油渣作為燃料。當時，巴士每日每輛燃燒電油費用 60 元，而這款巴士只需 4 至 5 元，相差費用達 15 倍。將來巴士公司若採用這款巴士，便可大大減低成本。1938 年 4 月 15 日《香港工商日報》記載九巴向本港固敏洋行訂購了巴士 20 輛，每輛可載客 36 名至 40 名乘客。

九龍巴士公司

本月下旬行駛新車

本港九龍巴士公司，為發展對海居民交
通利便計，已訂購一部能乘坐三十八人
之大巴士、第一部經去月運抵本港、現
仍在裝配之中、大約是月下旬、當能駛
出行走各路線矣、查此種巴士乃英國勝
利哥羅夫廠出品、燃燒火油途、費用苦
微、聞現在之巴士每輛每日燃燒柴油、
費六十元、而該項巴士則只需四五元耳
、相差之數十五倍有奇、聞該公司將來
完全改用此項大巴士、以節經費、並能
容納多數之搭客云。

《香港工商日報》,〈九龍巴士公司本月下
旬行駛新車〉,1934 年 8 月 6 日。

　　路線方面，九龍居民在 1935 年請求改善路線 11 服務。路線 11
由九龍至深水埗，途經油麻地小輪碼頭，但該碼頭站為中站，巴士
與小輪行走之時間每不相接。小輪乘客要等候十數分鐘才有巴士，
不少居民感到不便。九巴決定增派巴士，以改善服務質素。候車室
方面，九巴在 1935 年在尖沙咀碼頭設立候車室，以免乘客在候車
時被日光風雨所侵。候車室內有電話電燈等設備。整個工程費用為
8,000 元。

　　1938 年 3 月 1 日，九巴的路線進行大變革。其中重要的路線變更
如下：

新加路線	2 號 A	由尖沙咀碼頭至欽州街逢星期日及假日停行
延伸路線	3 號	原行經佐敦道碼頭至九龍城現延至牛池灣
更改路線	7 號 8 號	至彌敦道和窩打老道交界時轉行窩打老道達至原終點
	10 號	改由佐敦道碼頭至牛池灣
	11 號	改來往荔枝角至九龍城
取消路線	12 號	由荔枝角至佐敦道碼頭

　　收費方面，九巴在 8 月 1 日起實行部分路線減費。如當時的收費
為頭等一分段 1 毫，二等一分段 5 仙，減費後，頭等及二等可乘兩個分

專營巴士的誕生

段。除此之外，亦有間接的減費，如路線 2、10 和 13，部分分段加以取消，或將兩個分段合為一個分段，如路線 10 和 13 便取消了由九龍城近啟德機場之分段。

車廠方面，九巴最初在旺角彌敦道設有車廠，但隨着車隊增加，原有的地方已不足用。1938 年 6 月 27 日，九巴以 123,750 元投得青山道長沙灣空地共 59,500 尺，增設建新車廠。

新界巴士網絡

1933 年，香港實行巴士專營權後，新界巴士服務日趨完善。當時，新界區巴士以元朗為新界總站。根據 1933 年 5 月 21 日《香港工商晚報》記載每日依時派車由旺角前往元朗，抵元朗後，則分兩路線，一往大埔，一往上水。將來上水往深圳之路修妥，則以上水為一站，經上水而直達深圳。由此可見，新界區巴士已慢慢發展，配合新界的發展所需。

1935 年 4 月，九巴決定將新界各路線減價，提升競爭力。如佐敦道碼頭前往青山，原本車費為 4 毫，現減收至 3 毫半；元朗至上水，原本車費為 4 毫，現減收至 2 毫半；粉嶺至沙頭角，原本車費為 3 毫，現減收至 2 毫。市民大眾受惠不少。

1938 年 5 月 1 日，原為九巴行走大埔和粉嶺上水之間，改由九廣鐵路派車行走。現時，九廣鐵路已從新裝有摩打車兩輛，沿鐵路車軌行駛，以替代巴士，每天八班。

嚴監巴士服務

政府實行巴士專利權制度後，加強了監管巴士公司服務。如在 1933 年 10 月 2 日及 5 日，交通部票控九巴行走九龍尖沙咀碼頭至九龍塘的路線 7 不依正常時間表行走。其中 10 月 2 日下午 12 時 35 分，

九龍塘住客林明和士勿夫二人指出在尖沙咀碼頭等候往九龍塘的巴士，直至下午 1 時才有巴士開行，違反 10 分鐘一班車的安排。巴士公司司理稱當天有多輛巴士在檢驗中，故行車略遲。法官指出不依時間行車會影響公眾，最終判罰巴士公司 40 元。

巴士輔幣

中巴在拓展路線及減低車資後，為便利乘客找續，參考了電車設有五仙輔幣。中巴亦設立一種輔幣，上刻有中華汽車公司和五仙的字樣，幣中則有三角形孔。搭客持有這種鎳幣可以乘搭中巴的巴士。

月票策略

九巴在 1935 年 12 月 1 日起實行月票減價，令市民大眾獲益不少。當時，成人月票由 10 元減至 8 元。學生票方面，每票原為 4 元，為了便利兄弟姐妹數人求學往還學校起見，三張學生月票收 10 元，四張收費 12 元，五張收費 14 元。凡購買學生票者，需要有校長證明。

中巴在 1937 年 3 月 1 日亦推出學生月票計劃，每張學生月票收費為 4 元。這些月票和其他普通月票可在中華百貨公司出售。月票可乘搭路線 1、2、3、4、5 之全部路線及路線 3A 中皇家碼頭至大學堂，路線 6 中皇家碼頭至東山台，路線 7 中統一碼頭至大學堂等，全港學校均為上述路線所經的地。

申請有樓巴士行走

配合巴士服務發展，多間巴士公司也申請有樓巴士行走，但在 30 年代初仍未成功。如在 1933 年 11 月 12 日《天光報》記載，中華汽車公司擬購置如電車一樣有二樓之最新式巴士行走街道。該公司主事者顏

《香港工商日報》,〈港政府不准有樓巴士行走〉,1933 年 11 月 12 日。

成坤表示,政府認為本港馬路過窄,加上各店招牌垂吊過低,恐發生意外,故不批准。

1937 年 4 月 9 日《香港華字日報》記載兩層巴士不宜行走本港。政府派人研究,指出車身高兩層,對於一般商店懸掛長條招牌,以及二樓民居之花架、花盆、金魚缸、晒衣竹竿與防盜鐵扇骨等物,不免時有碰撞,實屬危險。

1937 年 12 月 1 日《香港華字日報》記載九龍巴士公司曾試行兩層巴士,該巴士原運至上海再轉到香港,後因上海發生戰爭,須寄存在星洲貨倉,最近終輾轉由九龍巴士公司承接,在九龍區試行行走。

游泳巴士路線

香港島有不少泳棚,因此香港區巴士亦提供有關服務。如 1934 年 7 月 20 日《天光報》記載,路線 2 由中環卜公碼頭開行、經尖沙咀小輪碼頭,往七姊妹各泳場,再前往太古船澳。車上路牌只標示太古船

中華汽車公司
曾派巴士
來往七姊妹

近來天氣酷熱，七姊妹泳場無日不有人滿之患，由往游泳者無慮路途壅塞，咸謂中華汽車公司正欲向外界行走七姊妹路線之巴士，苦正欲向外界解釋，咸以為本公司派出車輛太少，此經非事實，昨澳各界未明映該路線，以為該路線第二端路線，由中環卜公碼頭開行，經筲箕灣小輪碼頭，而直往七姊妹浴場，現往太古船塢，各界有未明該路線者，以為逕往前往游泳，益有便搭客前往游泳，本公司自入夏以來，輪便照原定規則開行，由上午十時，拜單備有車輛，以便搭客之需，得隨時增開車輛，來往各路稍，以為讀客之需，改為每十五分鐘行一次，至下午二時，則以昨（十八）日天氣燥熱情形而論，泳客倍增，而本公司亦加派車輛行走，每隔十分鐘則開一次，則付搭客極為安善，車輛仍收一毫，深望各界人士明瞭該公司路線係直達七姊妹泳場，則無碼頭車輛短少案云。

《天光報》，〈中華汽車公司曾派巴士來往七姊妹〉，1934 年 7 月 20 日。

澳，各界未明該路線，以為不經泳場，因此該公司司理顏成坤特向記者解說。

九龍區亦有類似發展。如在 1934 年 6 月 28 日《天光報》記載九龍汽車公司（即九龍巴士公司）鑒於近期搭客到荔枝角游泳者日眾，政府批准將行走尖沙咀至深水埗路線 12，改由佐敦道碼頭經上海街、荔枝角道，轉欽州街、青山道，直達荔枝角。又如路線 9，1934 年 6 月 29 日《香港工商日報》記載原由佐敦道碼頭至元朗的路線 9，向來派七輪巴士行走，即每隔 30 分鐘開車一次，現加派三輛巴士，改為每隔 20 分鐘開車一次，以便中西人士前往遊樂或海浴，不致過於擁擠。

1949

三年零八個月的
日治時期

昔日繁華的街道變得蕭條，從前安逸的生活變得艱苦。三年零八個月的香港淪陷時期，公共交通服務亦不能獨善其身。

1941 年 12 月 8 日，日軍對香港實施攻擊。曾號稱可以堅守一個月的醉酒灣防線只消兩天便告失守，兩天後英軍更棄守九龍轉戰港島。同年 12 月 18 日晚，日軍利用炮轟造成的大火及濃煙掩護下，渡過維多利亞港登陸香港島，沿岸防守的英軍不敵日軍，日軍深入港島。香港守軍與日軍抗戰一星期，終於 12 月 25 日下午在彈盡糧絕的困境下，由港督楊慕琦與守軍司令莫德庇及輔政司詹遜等政府高層商議後決定投降。港督楊慕琦在晚上抵達被日軍作為總司令部的半島酒店簽署降書，香港進入日本佔領的黑暗時期，史稱「黑色聖誕」。

1941 年 12 月 25 日，香港淪陷，開始三年零八個月的黑暗日子。戰前，本港巴士數量約有三百多輛；戰時，不少巴士受到戰火破壞，或被日軍掠奪充公，或被改為貨車，巴士數量只剩下百多輛，半數更需要維修。

直至 1942 年 1 月 10 日，九龍半島來往尖沙咀至九龍城的巴士服務得以恢復。1 月 25 日，香港島的四條巴士路線亦得以恢復行走，包括來往大坑至堅尼地城，以及三條由中環油麻地碼頭分別開往香港仔、大學堂及赤柱的路線等。

戰時的公共交通服務

除巴士外，由 1942 年起，香港電車、山頂纜車和天星小輪亦逐漸重新投入有限度的服務，九廣鐵路亦在 1943 年恢復通車。可惜，戰時燃料嚴重不足，不少公共交通工具被迫停駛，巴士也不例外。因此，市面上又出現載客的單車、三輪車，和由載貨手推車加上座椅改裝而成、可坐二至六人的客運手推車。

在物資匱乏下，九龍市區出現馬車。1942 年 12 月 7 日，九龍馬車公司開業，馬車分為兩種，一種為客車、一種為貨車。馬匹數量為 30 匹，其中 20 匹供客車之用，10 匹供貨車之用。客車有四條固定路線，分別行走尖沙咀至九龍城、紅磡至九龍城、尖沙咀至荔枝角、尖沙咀至九龍塘之間。行車時間為上午 10 時至下午 6 時，每隔 15 至 20 分鐘一班車。當時，馬車公司極為強調衛生，更派人在馬車奔馳時，沿途清理馬糞。

香港自動車運送會社

1942 年 10 月，日本軍政府指令香港公共運輸的商人集資組成「香港自動車運送會社」，由日本人擔任會社的顧問，重整陸上交通運輸，希望以此增加車輛數目，改善交通情況。可惜，資源仍然不足，巴士仍供不應求，因此被迫大減路線。當時，香港和九龍分別只有三條及四條巴士路線，新界則有兩條路線，與戰爭爆發前相比，巴士路線數量大減。

雖然巴士數量不足，居民並沒有表現不滿。因為香港淪陷時期，居民生活貧困，再加上日軍在港有不少暴行，如搶掠、強姦婦女等，不少居民沒有必要都不願外出，寧願留在家中較安全。1942 年 1 月，軍政府頒佈華人疏散方案，以勸喻、利誘，甚至強迫的方法，使居民，特別是無業者，離港返回鄉居原籍。香港淪陷後的一年，估計已超過 50 萬

1933

1942 年 10 月至 1943 年 8 月，提供服務的巴士路線：

香港島

1 油麻地碼頭 ⇅ 香港仔

2 油麻地碼頭 ⇅ 大學堂

3 油麻地碼頭 ⇅ 赤柱

九龍半島

1 尖沙咀 ⇅ 九龍城（途經：彌敦道及窩打老道）

2 尖沙咀 ⇅ 深水埗

3 尖沙咀 ⇅ 荔枝角

4 尖沙咀 ⇅ 九龍城（途經：漆咸道）

新界區

1 尖沙咀 ⇅ 上水

2 深圳 ⇅ 沙頭角

居民離港回鄉。及至 1943 年，糧食供應日漸緊張，日本軍政府更強硬地執行「歸鄉政策」，在日佔香港末期，本港人口僅餘 60 多萬人，較戰前約 150 萬人口大幅減少。

　　由於本港物資匱乏，為了節約燃油，自 1943 年 8 月 12 日起，香港島的三條巴士路線的班次均大幅縮減；九龍半島只提供由尖沙咀來往窩打老道、深水埗南昌街及土瓜灣等三條巴士路線，班次亦有所縮減；而原本來往尖沙咀至上水的新界區巴士路線亦縮短為旺角至荃灣，每日僅提供對開三班來往旺角至上水。

　　在人口減少及居民貧困的情況下，巴士需求比以前更為減少了，乘搭交通工具也變成一件奢侈的事情，不少居民往返各地都是徒步行走的。

1942 年底，在德輔道中巡邏的日軍及印警，旁為已恢復行駛的電車。（照片來源：《吞聲忍語：日治時期香港人的集體回憶》）

1949

專營巴士的誕生

戰後時期的
巴士服務

隨著日治時期結束,跨越國共內戰,短短五年間香港人口由僅 60 萬人以倍數暴升,以致巴士公司車隊一時間未能應付如此龐大的乘客量。

1945 年 8 月 15 日,日本宣佈戰敗無條件投降。然而,由於兩間巴士公司在戰時損失不少巴士,故未能即時恢復提供巴士服務。中巴損失的巴士數量高達 76%,只剩下 26 輛巴士仍然完好;九巴損失巴士數量更高達 96%,大都是被棄置或沒有引擎的。九巴從界限街運動場接收日軍留下的 17 輛巴士,當中更只有六輛可以運作。

後來,巴士公司發現部分的巴士引擎是被漁民擅自取下來推動漁船。戰時,日本軍政府曾計劃將一些巴士運往日本,這些巴士後來在太古船塢被人發現,並歸還給港英政府。日本投降後,日本雖然將日佔時期徵用的車輛和船隻歸還給港英政府,但仍未能即時歸還給所屬公司或機構,因此一些仍能夠運作的車輛被政府徵用來運送物資。由 1946 年開始,政府才開始逐步將徵用車輛歸還給所屬機構。

巴士服務逐漸恢復

1945 年 9 月,中巴應政府的要求,首先恢復跑馬地和赤柱的巴士服務,接濟被圍困的英軍。10 月 31 日,中巴恢復往來中環和大坑銅鑼灣道的巴士服務。當時,乘客眾多,巴士未能應付龐大載客量,因此超

載情況十分嚴重，一輛巴士甚至經常超載數十人。

根據 1946 年 3 月 3 日《工商晚報》記載中華巴士恢復夜行。中華巴士公司尋回數輛損毀巴士維修，加入行駛。以前中環開往大坑至下午 6 時許便停止行駛，現因巴士數量增多，便恢復夜車至 9 時 30 分止。

當時，中巴公司尋回戰爭期間遺失的四輛巴士，惟四輛巴士已改建作運貨車，故要恢復原來面目，始能行走。

1946 年 4 月 30 日，中巴恢復統一碼頭至香港仔的巴士服務，每程收費 7 毫。據 1946 年 5 月 9 日《工商晚報》記載，中華巴士公司當時有 17 輛巴士行走各線。相比戰前有 110 輛巴士行走港島，數量實在差天共地。

1946 年 5 月，中華巴士公司行走的路線如下：

路線	路程	時間	班次	車費
1 號	統一碼頭至跑馬地	0800 至 1930	15 分鐘一班	2 毫
3 號	統一碼頭至大學堂	0800 至 2115	15 分鐘一班	2 毫
4 號	統一碼頭至瑪麗醫院	0805 至 1905	1 小時一班	3 毫
5 號	統一碼頭至大坑	0815 至 2130	15 分鐘一班	2 毫
6 號	統一碼頭至淺水灣	1200 至 1900（星期六） 1000 至 1900（星期日）	1 小時一班	1 元
7 號	統一碼頭至香港仔	0700 至 1900	20 分鐘一班	7 毫

1946 年 5 月 17 日，電燈工人罷工，電車無法開出。中巴立刻作出回應，加派巴士行駛，補救電車停駛之影響。5 月 18 日，中巴加派兩輛巴士行走中環至西營盤，另增加三輛巴士行走大坑至中環街市。及至 5 月 30 日，電燈公司工潮完結，電燈工人獲得加薪 20%，曾中斷 14 天的電車服務至 6 月 1 日早上得以恢復。

至於對岸的九巴，在 1946 年 2 月中在獲港英政府歸還八輛巴士後，旋即恢復兩條往來尖沙咀及九龍城與深水埗的巴士服務。由於乘客需求大，九巴面對的情況與中巴相近，不少巴士亦是經常超載。乘客冒險乘車的情況日趨嚴重，引起了政府的關注。巴士車資方面，增幅高達

《香港工商晚報》，〈本港巴士待車輛充足後將分段收費〉，1949 年 2 月 9 日。

一倍，使市民的負擔增加不少。

1946 年 4 月 9 日《工商日報》記載元朗巴士當日恢復，全程票價收 2 元。當時，九龍巴士公司以兩輛卡車行走尖沙咀至元朗，全程分為尖沙咀、荃灣、青山及元朗共四站。該卡車由貨車改裝，約可載客二十餘人。

1946 年 11 月 1 日，鐵路巴士推出，每次可載客 45 人，由尖沙咀至終點粉嶺，每客收 1 元 1 毫半，和普通鐵路三等票同價，途中在任何站上下車也一律收此價格。

1946 年 4 月 11 日《工商日報》記載，九龍巴士公司再次向政府呈請設置雙層巴士。內文指出九龍現有之巴士路線，一為由尖沙咀至九龍城線，一為由尖沙咀至深水埗。每客全程收費 2 毫，客多車少，非常擠迫。九巴希望此為理據，盼望政府批准雙層巴士行駛，改善現時情況。

當時，中巴和九巴的巴士數量嚴重不足，難以應付需求。政府經過深入考慮後，決定向兩間巴士公司提供十多輛軍用貨車，其中包括從印度運來的舊軍車，將之改裝為巴士。這些另類的巴士總算暫時解決了巴士嚴重不足的問題。

除了巴士改裝的貨車外，一些貨車更當作巴士載客。1946 年 8 月，當時有 27 至 30 輛貨車行走巴士各線，每站必停，收費較巴士多收 1 角，不論乘搭長短，一律收 3 毫；至於司機旁的車頭位，收費 4 毫。1946 年 9 月 9 日，政府回應巴士投訴貨車損害其利益，下令禁止貨車載客。自此之後，因缺少了 46 輛貨車行走，以致巴士擠擁情況更

為嚴重。9 月 10 日，九龍巴士公司經理雷瑞德和九龍汽車同業會席馬榮開會討論對策。最終共識是：

1. 貨車車主每天須交 10 元給巴士公司；

2. 巴士公司給與車票及隨時派員查票；

3. 貨車車主負責僱用司機和售票員；

4. 貨車車主負責汽油；

5. 巴士公司每天需要 30 輛車，現時 46 輛無業可營，因此每五天更換 15 輛車，全體營業均等；

6. 車費每程收費 2 毫。

因貨車純利可觀，每月有 100 元純利。因此，不少貨車司機也希望加入。當時，貨車來源除新車外，更有由政府拍賣行拍賣所得。至 10 月，已有約 90 輛貨車加入。

當時，新界地區限制貨車載客，大量貨車混入市區載客來往各巴士線，遂成漫無秩序，巴士及規定之 30 輛貨車的生意均受到打擊。因此，巴士公司決定進行改革，將 30 輛貨車座位改裝成巴士式樣，車梯亦放在車後部正中位置，左右兩旁有鐵條便利乘客上落作扶手之用。車身下半部髹上紅色，上半部髹黃色，與巴士顏色相符。車旁書有「九龍汽車 1933 有限公司管理」的字樣，以資與黑市行走之車輛有別；同時，

《香港工商晚報》，〈九龍貨車卅輛今晨正式分路載客〉，1946 年 9 月 11 日。

交通部亦對黑市車輛多加檢控拘捕。

及至 11 月 1 日，九巴提出新的條件：

1. 每車均為新車；
2. 車輛的油漆及式樣均依照巴士樣式；
3. 每車需先交 500 元以資保證；
4. 每車每日須交公司權益費 10 元；
5. 港府稅項由車主負責；
6. 每日收入超過 160 元，其超過之數與巴士公取平分；
7. 訂明以六個月為期，不可中途退出。

1947 年，九巴交通日漸改進，貨車改裝的巴士數目已日漸減少，相比之下新型巴士更舒適。1947 年 2 月 13 日晚上 10 時，一輛貨車改裝的巴士在彌敦道平安戲院翻車，造成四死五傷。此後，貨車改裝的巴士已不如初時般受歡迎。及至 1949 年，貨車改裝的巴士已持續淘汰，逐漸消失。

月票方面，兩間巴士公司在戰後初期不發售月票，指因車輛缺乏，供不應求，在新車未到或車輛未增加前，不發售月票。因恐過度擁擠，反使乘客不便。

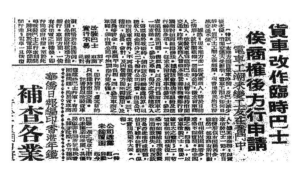

《華僑日報》，〈貨車改作臨時巴士〉，1950 年 1 月 1 日。

兩間巴士公司工人為了爭取本身權益，在 1946 年 7 月向公司爭取權益。7 月 24 日，兩間巴士公司員工代表和中巴代表顏成坤、九巴代表雷瑞德在九巴寫字樓開會討論。討論成果如下：

1. 工資：司機每天 2 元 8 毫半／稽查每天 2 元 9 毫半／站長 2 元 5 毫／修理分五等（A 3 元　B. 2 元 8 毫　C. 2 元 6 毫　D. 2 元 4 毫　E. 2 元 2 毫）。新界線工作辛苦，按以上所定的薪金加一計算。
2. 補薪：工作逾時超過 10 分鐘以半小時計，40 分鐘當一小時計。
3. 津貼：照政府規定辦理。
4. 例假：每月公假兩天，另每年公假 18 天。

以上條文雙方在 9 月簽署落實。

　　戰後，本港人口激增。在日佔香港末期，本港人口只有 60 萬人；1946 年，人口已急升至 168 萬人了，升幅實在驚人；1949 年，人口更進一步增加至高達 185 萬人。人口急升，交通需求也急增。兩間巴士公司亦及時配合當時交通方面的發展，向英國訂購巴士，以改善服務。這些巴士在 1947 年至 1948 年間陸續到港，本港巴士服務才逐漸回復正常。根據香港 1949 年年報，九巴在 1948 年的乘客量高達五億六千多人次，中巴的乘客量也高達二千多萬人次。

　　巴士公司缺乏司機人才。根據 1946 年 12 月 30 日《大公報》載中華汽車公司總經理顏成坤指出，目前最感困難者為司機人才缺乏。戰前在本公司服務之司機人員，因戰時分散到內地工作，多未復員；而本港商業急速發展，私家汽車日見稠密，司機人才多被僱用。故本公司雖有新型巴士補充，而一時無司機可用，頗感困難。

　　1948 年，九巴引入第一批雙層巴士，自 1939 年的計劃終於得以實踐。在此之前，香港從未有雙層巴士，因此成為市民大眾的熱門話

題，不少市民更爭相觀看。

　　1949 年 2 月 8 日，九巴一輛雙層巴士由工程人員駕駛試行九龍市面，試行的道路包括彌敦道、青山道和太子道等主要幹道。1949 年 4 月 17 日，四輛雙層巴士行走路線 1，由九龍城至尖沙咀碼頭。雙層巴士上層載客 31 人，下層載客 29 人，可准企立 6 人。但因雙層巴士車身太高，且重量超過普通巴士一倍，故司機不敢開超過 10 咪。上層乘客落車，須先由樓上吹一聲哨子，梯口的管理員再鳴鐘一下，讓司機得知停車。

戰後的 1950 年代的油麻地，圖中可見不少穿梭其中的雙層巴士，是九巴為應付龐大載客量需求而衍生的產物（照片提供：高添強）。

《香港工商晚報》，〈雙層巴士終可在港出現〉，1946 年 5 月 9 日。

1950

巴士成為

陸路交通主力

1979

變革中的 50 年代
巴士服務

08

戰後，人口急增，城市發展，巴士服務需求日增，除引入雙層巴士外，更有不少新變革，迎合這個新時代。

1950 年代，香港人口急增，衣食住行也很大需求。交通方面，市民大眾出外工作上學也需要往返港九新界各地。當時，大型集體運輸系統除尖沙咀至羅湖的鐵路和港島北岸電車外，便主力在巴士身上。因此，巴士角色十分重要，舉足輕重。

電車工潮巴士長龍

1950 年初，電車公司發生工潮事件，服務停止。港島交通主力依賴巴士行走，但當時戰後巴士數量仍不多，更未有雙層巴士。據 1950 年 1 月 9 日的《華僑日報》報道，搭客在中途站皆無法擠上巴士，原因在於統一碼頭總站、銅鑼灣總站或堅尼地城總站等，每日大清早至晚上時，已有無數搭客大排長蛇陣，因此中途搭客每每只會看到「滿座」紅牌而興歎。

兩巴工潮勞資爭議

除電車工潮外，巴士公司本身也有工潮，九巴工友代表摩托車九

龍分會曾在 1950 年 1 月 8 日提出要求每日特別津貼 3 元、年底 5% 酬勞金和年尾半個月雙糧等，改善待遇。1 月 15 日，九巴回覆工友，答允酬勞金和年底雙糧等可以，但酬勞金不能依照勞方所定的日期發放。1 月 17 日，九巴勞資雙方談判陷入僵局。1 月 20 日，九巴工友發表一封告社會人士書，談及與資方談判已 15 天，更指出整天困在像白鴿籠的車廂內工作，使人頭昏腦花，現時的物價飛漲，實在不能支持下去，因此工友們再提出相關要求。後來，九巴資方終允工友年終獎金在 2 月 22 日發放，談判得以完圓解決。

中巴工友也提出改善薪酬建議，但公司方面未見正面回應。巴士工人決定在 1 月 13 日起實行「三不辦法」，即不做雜工、不載客超額和不開快車，更於必要時實行集體請假，務使公司減少收入。同日，中巴工友也發表一封告社會人士書，大意重點在於解釋工友此次要求，主要由於物價高漲，目前生活難以維持。由此可見，當時生活十分艱辛，因此工人要求加薪改善生活。1 月 16 日，中巴代表鄧和、吳炎和陳德三人和勞工處副處長何基見面，表達工友苦況。後來，何基和中巴總經理顏成坤商談解決方法。1 月 20 日，中巴同意勞方的要求，即每位工友每 7 日可發放 1 元 1 角辛勞金，但該工友須有優良服務成績；年尾 5%

《香港工商日報》，〈港九巴士恢復常態〉，
1950 年 1 月 29 日。

酬勞金亦得以發放,至於每日 3 元特津金則沒有談及。最終,中巴工友決定不罷工。

　　兩間巴士公司勞資雙方經過多次談判,最終先後簽訂協議。在 1 月中旬,兩間巴士公司服務維持正常。據 1950 年 1 月 29 日的《香港工商日報》標題為「港九巴士,恢復常態」,內文談及巴士服務已恢復工潮前狀態。1955 年,中巴開始興建員工宿舍,改善員工福利。員工宿舍位於北角寶馬道琴行街之間,樓高六層,共分三座,共有 124 個單位。

巴士交通日趨方便

　　1952 年 10 月 1 日的《華僑日報》標題為「巴士交通日趨方便」,內文談及港九兩區巴士公司的巴士總數將至 500 輛;新界線學生月票正考慮發售,九巴雙層巴士日內再推出 20 輛。1952 年,中巴巴士數目為 170 輛左右;九巴巴士數目為 300 輛左右,其中三分一為雙層巴士。如以繁華街道計算,每三分鐘便有一輛巴士經過。由此可見,當時巴士服務已逐漸回復至戰前情況,更甚至超越發展之趨勢。

　　巴士業務興旺,稅項也不少。根據 1953 年 2 月 13 日的《香港工商日報》報道,兩間巴士公司的專利稅均超預期。

	中華巴士	九龍巴士
政府預收	1,582,000 元	3,700,000 元
實際繳交	1,806,601.63 元	5,176,112.40 元

　　由此可見,選乘搭巴士的市民日多,巴士事業亦逐漸興旺。

巴士服務質素改善

隨着乘客增加，市民大眾盼望有更高的巴士服務質素。如 1955 年 8 月 12 日的《大公報》載，九龍總商會常務委員梁百全先生提議巴士加添百葉窗，減少西斜熱蒸曬之苦。他指一些乘客寧願放棄座位站在一旁也不坐下。他更擔心因此巴士車廂重量不平衡會發生危險，建議加設百葉窗簾。這個建議未見採納，或因窗簾易損壞難以保養維修。車燈方面，九巴因應部分新界地區濃霧較多，在巴士車頭安裝掃霧燈。安裝的路線為路線 21（九龍城至清水灣）及路線 22（九龍城至西貢）。當時，清水灣道和夏林斯道地勢險峻，霧濃時常 30 呎不能看東西。巴士站方面，新尖沙咀碼頭在 1958 年啟用，同時相連的碼頭巴士總站亦重新設計啟用，而相連碼頭的梳利士巴利道及亞士厘道亦相應加闊。車站茶水站方面，1959 年 10 月 29 日的《華僑日報》載尖沙咀碼頭有一個新的流動茶水供應部，這個茶水部以一輛舊巴士改建而成，內有咖啡紅茶、西餅麵包，還有座位，猶如一間小型咖啡廳。

1955 年，九巴推出雙門的雙層巴士，方便乘客上落。在此之前，雙層巴士只有一門，位於車尾供乘客上落；同時，九巴亦大量添置巴士。在 1955 年 12 月，九巴宣佈將購買 80 輛巴士；車廠方面，九巴將在土瓜灣和荔枝角興建新車廠，前者佔地 7 萬 5 千方呎，後者佔地更 14 萬 5 千方呎，兩者合用動用五百萬來興建發展。司機方面，中巴在 1955 年開始定期招聘司機，資格是有貨車牌照以上的經驗，身高 5 呎 4 吋以上，體重 115 磅以上。

當時，富翁也會搭巴士。1956 年 12 月 21 日的《華僑日報》載富商余近卿在 20 日下午 1 時由九龍城界限街私邸外出，在窩打老道電燈公司車站登車，乘 7 號巴士去尖沙咀碼頭。報道指車中搭客擁擠，他突被人向其懷中一撞。後來，他返至洋行後，發現放在西裝外袋的現款 1,200 元不見了。

1979

開闢路線擴展服務

　　50 年代，巴士公司開展不少新路線，便利市民往返各地。香港島方面，1953 年 2 月 10 日，統一碼頭新巴士站開始啟用。統一碼頭除一般渡輪服務外，更有汽車渡輪服務。這個新巴士總站十分重要，可說是港島巴士的重心點。不少巴士也由此出發，行走至港島各地。為配合柴灣徙置區發展，中巴在 1959 年底向政府申請相關巴士服務，因應柴灣徙置區和當時柴灣巴士站約有一哩的距離，更只有一條單程路可達。雖然政府正興建新路，但建築期預計為 18 個月，因此中巴申請暫時用小型巴士行走，服務區內 4,000 名居民。這種小型巴士可載 12 人，預定 15 分鐘開一班。1959 年 12 月 24 日，這條路線 8A 啟用，採用的是「福特」譚馬斯牌客車，除司機外，有 12 位搭客。1960 年 1 月，因應上環新填地發展，統一碼頭的路線 1 和路線 3 遷至新填地總站，以疏導巴士交通之作用。

　　九龍方面，自 1953 年，政府將牛頭角劃為徙置區後，區內人口數月急增，更出現鬧市景象。1953 年 3 月 7 日的《工商晚報》標題是「牛頭角將有巴士直達市區」。內文談及工務局已開始築路由牛池灣至

《工商晚報》，〈牛頭角將有巴士直達市區〉，1953 年 3 月 7 日。

深灣，途經牛頭角，九巴亦已有派車行走。1958 年 10 月 15 日，荔枝角有兩條新巴士線開啟，分別是路線 6C 由荔枝角至九龍城碼頭，和路線 6D 由荔枝角至牛頭角，兩條路線將九龍西和九龍中、九龍東相連起來。1959 年，官塘開始發展。1959 年 9 月 17 日的《工商晚報》標題「官塘各工廠聘請工人難，盼巴士公司多派車行走」。內文談及巴士公司增加車輛行走，使居於遠處的工人易於往返。由此可見，九龍東隨着衛星城市官塘誕生，巴士需求急增。

　　除新開巴士路線外，九巴在 1958 年 8 月中起將部分巴士服務時間延長，配合市民需要。如將路線 10 尖沙咀碼頭至佐敦道碼頭：尖沙咀碼頭由上午 7 時 15 分至下午 11 時 49 分開出；佐敦道碼頭由上午 6 時 59 分至下午 11 時 33 分。又如路線 11B 由九龍城碼頭至官塘，九龍城碼頭由上午 6 時 30 分至深夜 12 時 3 分開出；官塘由上午 6 時 3 分至下午 11 時 36 分開出。

　　新界方面，1953 年初，九巴增闢路線 23，由元朗至大埔，這配合當時林錦公路完成，便利兩地居民。1955 年 11 月 1 日，九巴調整路線及減價。資料如下：

路線	途經	原本車費	調整後車費
15	佐敦道碼頭至文錦渡	1 元 4 毫 5 分	1 元 4 毫
16	佐敦道碼頭至元朗	1 元	分段由 3 毫減至 2 毫
16A	佐敦道碼頭至荃灣	6 毫	5 毫
17	元朗至沙頭毫	1 元 5 毫	1 元 1 毫
18	元朗至沙頭毫（經粉錦公路）	1 元 1 毫（這條路線是新開闢）	
19	青山至橫台山	6 毫	5 毫
20	元朗至文錦渡	1 元	8 毫
21	九龍城碼頭至清水灣	7 毫 5 分	7 毫
22	九龍城碼頭至西貢	7 毫 5 分	7 毫

　　除了九巴外，當時九廣鐵路推出鐵路巴士。1956 年 1 月 15 日 8 時 38 分，鐵路巴士在沙田附近出軌，幸無人受傷。當時，鐵路路軌除

了火車外，還有這些巴士火車的混合體，作為支援交通服務不足。從 1956 年 1 月 16 日的《大公報》的照片可見，鐵路巴士頭似貨車，車身似火車車廂。1956 年 1 月，九巴回應荃灣居民訴求巴士服務不足，決定增派路線 16A 巴士。當時，路線 16A 巴士每隔七分半鐘開一次，增加班次後可改為隔五分鐘或六分鐘一班。除了增加班次，九巴亦決定派大巴士行走，增加載客量。當時，巴士只能坐 30 人，如以大巴士行走，便可以多載 20 人。

新界嚴重巴士劫案

1955 年 1 月 13 日，新界巴士發生嚴重的劫案。第一宗是發生在青山附近，一輛路線 16 巴士（HK4083）晚上 8 時 40 分由九龍往元朗，駛至該處時，兩名偽裝乘客的匪徒從懷中取出短槍，指向司機及乘客，隨即搜掠。結果，搶劫了 168 元。得手後，兩賊下車後從山邊小徑逃去。同晚 8 時許——與第一宗相隔數分鐘，另一輛路線 19 巴士（HK4596）由青山開往元朗，亦被兩名偽裝乘客的持槍匪徒打劫，共搶去 190 元財物。在這兩次劫案後，警察加緊巡邏和在各站嚴密檢查車輛。經過半個月的調查，警察在 2 月 2 日在元朗泰祥街 16 號 2 樓拘捕兩名疑犯。3 月 19 日，大埔法庭開審。兩名犯人最終判入獄十年。

單層巴士的光輝歲月

09

雖然英國早於 1920 年代已有雙層巴士服務，然而香港在很長一段時期仍以單層巴士穿梭於港九新界地區。現在讓我們來回顧單層巴士昔日叱咤風雲的日子。

隨着日治時期的過去，中巴及九巴可運作的巴士所剩無幾，兩間巴士公司除了復修舊巴士外，亦將軍用「道濟」（Dodge）貨車進行改裝以權充巴士，更要作出及時行動去訂購新車以應付巴士服務的需要。

九巴遂率先在 1946 年訂購了 30 輛「百福」（Bedford）OB 型凸頭巴士，以解旗下車源短缺的燃眉之急。這批「百福」OB 型巴士全長 25 呎，擁有傳統凸頭巴士（Bonneted Bus）的設計，引擎倉由狹窄的車頭車咀漸次向車身兩邊拉闊，內藏一副原廠汽油引擎並連接至一台四前速非同步嚙合式手動波箱，九巴後來將引擎更換為一台「Perkins」P4 柴油引擎，而車身則有兩道拉闊的車門，車廂設有木製座椅，可載客 25 人。

另一邊廂，中巴同樣亦引入十輛「百福」OB 型凸頭巴士；無獨有偶，中巴亦將原裝引擎換掉，取而代之的是一台「Perkins」P6V 柴油引擎。全車僅設有一道車門，可載客 29 人。

巴士成為陸路交通主力

「白水箱」單層巴士

其後，香港人口持續增加，巴士公司紛紛引進新巴士，以應付龐大的載客需求。1947 年至 1948 年間，兩間巴士公司不約而同地向英國「Tilling-Stevens」公司訂購單層巴士：九巴引進 50 輛 K5LA7 型長軸距版本，全車長 27 呎 6 吋；而中巴除了同樣引進 52 輛長軸距版本外，更先後訂購兩批共 108 輛 K5LA4 型短軸距版本，全車長 25 呎。中巴並在車務上特意安排短陣的 K5LA4 型巴士主要行走需要爬坡的路線，而長陣的 K5LA7 型巴士則安排於港島北岸服務。

購車取態分道揚鑣

踏入 1950 年代，兩間巴士公司的購車取態開始有了較明顯的分野。

中巴在 1954 年至 1967 年的短短 14 年間，引進達 353 輛「佳牌」(Guy) 亞拉伯型 (Arab) 單層巴士，當中包括 107 輛亞拉伯四型 (Arab Mk.IV) 巴士、100 輛亞拉伯 UF 型 (Arab UF) 巴士，及 146 輛亞拉伯五型 (Arab Mk.V) 巴士。亞拉伯四型 (Arab Mk.IV) 巴士雖然機械配搭上均配用「吉拿」5LW 引擎及 Wilson 型先選式手動波箱 (Preselective)，但仍各有特色。

與亞拉伯四型巴士同期引進的，還有 100

1948 年投入服務的九巴「白水箱」單層巴士，上下車門採用拉閘設計。

長軸距版本的中巴「白水箱」單層巴士，車身頭幅的路線牌箱組件乃屬 1960 年代款式。

中巴獨有的短軸距版本「白水箱」單層巴士，正於租庇利街巴士總站準備行走路線 6A 前往淺水灣。

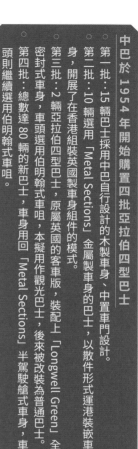

中巴於 1954 年開始購置四批亞拉伯四型巴士

第一批：15 輛巴士採用中巴自行設計的木製車身、中置車門設計。

第二批：10 輛選用「Metal Sections」金屬製車身的巴士，以散件形式運港裝嵌車身，開展了在香港組裝英國製車身組件的模式。

第三批：2 輛亞拉伯四型巴士，原屬英國的客車版，裝配上「Longwell Green」全密封式車身，車頭選用伯明翰式車咀，本擬作觀光巴士，後來被改裝為普通巴士。

第四批：總數達 80 輛的新巴士，車身用回「Metal Sections」半駕駛艙式車身，車頭則繼續選用伯明翰式車咀。

1960 年代的中巴「水翼船」（AD4563）與 1940 年代的中巴「白水箱」（4943）全面修復至服役時的模樣，並加以保存。

輛亞拉伯 UF 型巴士。後者因其載客量較大，致使新巴士被俗稱為「大雞」，取自「佳牌」的英文諧音；而亞拉伯四型巴士則順理成章地被稱為「細雞」。

為數 100 輛的「大雞」，除首兩輛於英國裝配「都普」Midland 車身外，其餘新巴士則以「都普」車身零部件配以「Metal Sections」車身散件在港裝嵌。機械配搭上，先選式波箱仍然是當年的標準設備，但卻有別於常見的前置式引擎，新巴士的「吉拿」5HLW 型引擎採用臥式引擎設計縱置於車身地台之下、尾車軸前之位置，故巴士型號中的 UF 有着「Under-Floor」之意。

踏入 1960 年代，中巴再進一步增購「佳牌」單層巴士，型號為亞拉伯五型。當中包括 106 輛 25 呎 1 吋的短陣版本及 40 輛 35 呎 7 吋的特長陣版本。新巴士用上高達 135 匹強大馬力的「吉拿」6LX 引擎驅動，短陣版本的巴士在攀上港島區爬坡路線可謂綽綽有餘，故有着「水翼船」的稱號；而特長陣版本則別號「長龍」，主要安排行走柴灣區對外交通路線。

中巴半山區豪華巴士服務

1974 年，為吸引私家車車主轉乘巴士，中巴計劃開辦半山區豪華巴士服務，遂訂購兩台中型巴士以作試驗性行走。

兩輛巴士分別為採用「Pennine」車身的「薛頓」（Seddon）236 型和配上「都普」Dominant 車身的「亞比安」（Albion）維京（Viking）EVK55CL 型，車內設有高背豪華座椅，擁有舒適的乘坐感。

隨後雖然半山區豪華路線 5C 獲得港府批准而得以開辦，然而始終未能吸引半山區居民乘搭，難逃客量不足的命運。「薛頓」巴士只好擱在車廠一旁，並於 1985 年被雅高巴士購入；而「亞比安」巴士則主力作私人租賃用途，並於 1991 年 11 月除牌，其後被私人收購珍藏。

1965 年九龍上海街一景，圖中的九巴「薛頓」Mk.17 型單層巴士正穿梭其中。（照片提供：高添強）

裝嵌上「Metal Sections」金屬製車身的「佳牌」亞拉伯四型單層巴士。

有「水翼船」之稱的短陣版本「佳牌」亞拉伯五型單層巴士，以大馬力引擎征服港島區爬坡路線。

擁有 35 呎 7 吋特長車身的「長龍」巴士，主要安排行走柴灣區對外交通路線。

中巴「薛頓」236 型中型豪華巴士，車內設有高背豪華座椅。

巴士成為陸路交通主力

中巴引入另一輛「亞比安」Viking EVK55CL 型中型豪華巴士，車身長度僅 25 呎。

中巴於 1973 年至 1974 年間陸續將 34 輛「水翼船」，上圖的 AH4004（#725）一樣被更換上「吉拿」6LW 引擎，而換出的「吉拿」6LW 引擎則被套用到雙層巴士上。

隸屬九巴的「百福」SBO 型巴士，正行走路線 7 號途經尖沙咀梳士巴利道前往尖沙咀碼頭。

九巴「薛頓」Mk.17 型單層巴士，首次採用軟墊座椅設計，十分舒適。

九巴凸頭單層巴士　百花齊放

　　說回九巴，九巴在 1946 年引入「百福」OB 型凸頭巴士後。踏入 1950 年代，甚至 1960 年代初，九巴仍然引入凸頭巴士提供服務。當中包括 1952 年引入 30 輛「金馬」（Commer）Superpoise Mk.II 巴士及 30 輛「丹尼士」（Dennis）Pax 巴士；又於 1956 年引入 30 輛「百福」SBO 型巴士，最後於 1961 年引入 10 輛「福特」（Ford）Thames Trader 巴士。

　　當年凸頭設計十分流行，但隨着時代的改變、設計的革新，購車取態亦會隨年月所轉變。

1968 年的元朗大馬路，圖中一輛九巴「丹尼士」Pax 凸頭巴士仍然採用傳統拉閘設計的上下車門。（照片提供：高添強）

　　1957 年，九巴向英國「薛頓」車廠購入 100 輛 Mk.17 型單層巴士。新巴士的座椅首次採用軟墊設計，十分舒適；而車廂地台設計相對同期服役的巴士較低矮，故在車務上主要被安排在九龍塘區服務。

亞比安與薛頓　爭一日之長短

　　時至 1960 年 3 月，「亞比安」向九巴提供一輛 Victor VT17AL 型樣板巴士，為「亞比安」巴士在香江的服務生涯揭開序幕。九巴隨後於 1961 年及 1963 年先後引入各 100 輛 Victor VT17AL 型及 VT23L 型單層巴士，全部新巴士以 CKD 散件形式付運，在港組裝車身。前者選用「英國鋁材」（British Aluminium Company, BACo）提供的車身產品；而後者則以「Metal Sections」車身裝嵌成形。新巴士投入服務

巴士成為陸路交通主力

後，VT17AL 型巴士主要被安排到老虎岩（即今樂富）及慈雲山一帶行走；而 VT23L 巴士則成為了元朗、上水、西貢等新界往市區巴士線的主力。1965 年，九巴更進一步引進 35 輛短車身的 ChieftainCH13AXL 型巴士。新巴士以長度僅 24 呎 10 吋半的「Metal Sections」短身車身，成功克服了不少狹窄彎多、路面特斜的特殊環境。

踏入 1970 年代，九巴於 1970 年 10 月開始引進「亞比安」VikingEVK41XL 型巴士，選用「MetalSections」提供全長 33 呎 7 吋的車身，設有座位 46 人及企位 38 人，總載客量可高達 84 人之多；憑藉其高載客量，新巴士在投入服務之初，隨即被安排在東九龍區的高乘客量路線服役。

九巴最初欲引進 150 輛同型號巴士，惟因「亞比安」母公司「利蘭」車廠未能在短時間供應如此大量新巴士，只能履行引進當中的 50 輛。九巴惟有改為向英國「薜頓」招手，引入 100 輛與「亞比安」VikingEVK41XL 型巴士性質相近的 Pennine 四型巴士，「亞比安」在九巴單層巴士車隊中的領導地位受到威脅。

「薜頓」Pennine 四型巴士全長 32 呎，總載客量更高達 89 人，包括座位 47 人及企位 42 人。然而新巴士在車隊中只服役了十個年頭便退下火線，主要原因乃其「Perkins」V8-510 型引擎未能切合營運需要之餘，零件儲存方面亦不及「利蘭」及「吉拿」方便；而時常維持高載客量亦令地台負荷問題加劇，因而出現下垂情況。

最後在 1976 年九巴再度向「利蘭」車廠購置 34 輛「亞比安」巴士，當中包括 30 輛 EVK55CL 型巴士及四輛 EVK41L 型巴士；新巴士特別採用「Union Auto Body」車身，車廂設有座位 49 人、企位 12 人、總載客量 61 人。新巴士主要被派往穿梭於林錦公路及荃錦公路的巴士路線。

九巴「亞比安」Victor VT17AL 型巴士，於 1975 年已獲安排實行「一人控制」模式。

往來上水至市區的九巴路線 70 號，這天特別安排「亞比安」Chieftain CH13AXL 型巴士前來支援。

九巴「薛頓」Pennine 四型巴士，性質與「亞比安」Viking EVK41XL 型巴士相近。

九巴於 1975 年 1 月開辦豪華巴士服務，並以「亞比安」Viking EVK55CL 型豪華巴士行走。

為數共 30 輛的九巴「亞比安」EVK55CL 型巴士，特別採用香港設計及組裝的「Union Auto Body」車身。

巴士成為陸路交通主力

1978 年興建中的九龍彩雲邨，圖中一輛九巴「亞比安」VictoryVT23L 型巴士仍未被改裝成雙門設計。（照片提供：高添強）

九巴豪華巴士服務

1970 年代中期，九巴銳意發展豪華巴士服務，開辦了多條 200 系豪華巴士路線。九巴遂引入「亞比安」Viking EVK55CL 型豪華巴士，及「百福」YRQ 型豪華巴士；兩者均裝配有「都普」（Duple）Dominant II 型及 Dominant 型車身；全車車廂內裝有人造皮面高背座椅，車廂豪華，惟美中不足的是新巴士未附空調設備。

根據 1974 年 12 月 6 日《華僑日報》載首批九巴豪華巴士由英運港，每輛價值 20 萬元。這些豪華巴士全部在英國裝嵌好再原架運港，車身美觀，車內設有舒適梳化高背坐椅，不設企位。

隨着香港人口持續急速上升，加上雙層巴士的引入，單層巴士所發揮的功能性已大不如前，並於 1980 年代逐步被新型號雙層巴士所取代，正式為單層巴士的光輝歲月劃上句號。

雙層巴士
新勢力

10

香港首批雙層巴士於 1949 年 4 月 17 日
正式投入服務，標誌着香港雙層巴士踏入
普及化，亦見證着香港社會的發展。

隨着香港首批共四輛綽號「烏咀狗」的「丹拿」（Daimler）
CVG5 型雙層巴士於 1949 年 4 月 17 日正式投入服務，行走路
線 1 來往尖沙咀至九龍城，標誌着香港踏入雙層巴士時代。

「丹拿」CVG5 其實是指旗下的勝利型（Victory）車系，全寫為
「Commercial Victory Gardner 5-cylinder」，正正代表着其裝配上五
汽缸「吉拿」5LW 引擎的設計，連結至 Wilson 型先選式手動波箱以驅
動巴士。先選式（Preselective）手動波箱的設計，是先移動波棍至合
適波檔，才再踏下波掌（即離合器）完成轉檔程序，是相當花氣力操縱
的變速系統。

伯明翰式及曼徹斯特式車咀

從 1949 年至 1952 年間，九巴分五批引入共 125 輛同型號雙層巴
士，並於 1952 年開始加裝前門，並改良尾門設計，以配合人手操作閘
門模式。時至 1954 年 7 月，首批配上「伯明翰」式（Birmingham）
車咀的「丹拿」CVG5 投入服務。「伯明翰」式車咀的特色是車頭燈組
件被安排收藏在車咀上，而車咀設計則更為完整，有別於「烏咀狗」的

傳統式車咀。然而這批共 40 輛新巴士仍舊採用單門車身設計，直至 1956 年增購的 50 輛巴士訂單才將雙門設計訂定為新車標準。

1958 年，九巴續向英國「丹拿」車廠引入 70 輛 CVG5 型雙層巴士，並於 1959 年 9 月開始陸續投入服務。與以往「丹拿」雙層巴士的不同之處，在於新巴士的車身自尾軸後被增長 1 呎至全長 27 呎，另下層尾門前加裝路線顯示牌。前置的引擎倉則改用「曼徹斯特」式（Manchester）車咀設計，車頭燈組件改為收藏在沙板組件上。

九巴更以「丹拿」A 型和「丹拿」B 型來分辨舊型號巴士與新引入的「丹拿」雙層巴士。「伯明翰」式車咀及「曼徹斯特」式車咀的意思，是指有關車咀款式最早出現在伯明翰市及曼徹斯特市。

1959 年，正當踏入雙層巴士投入服務的第一個十年，當時已有為數 245 輛雙層巴士投入服務，同期則有 267 輛單層巴士在營運。

1960 年九巴再進一步增購 40 輛「丹拿」B 型雙層巴士，令「丹拿」CVG5 雙層巴士的總數達 325 輛之多。同年 10 月 1 日，為配合荃灣發展為衛星城市，九巴遂開辦路線 16B 來往荃灣至佐敦道碼頭，並安排雙層巴士行走，是首次有雙層巴士行走的新界路線。

「烏咀狗」的車門上設有路線顯示牌，圖中的手拉繩則為人手拉繩控制的下車鐘。

「丹拿」CVG5 的下層車廂，木製座椅是當年的標準。

《工商晚報》，〈雙層巴士今晨開始行走〉，1949 年 4 月 17 日。

「丹拿」Ｂ型巴士與「丹拿」Ａ型巴士的分別，在於「丹拿」Ｂ型巴士的尾軸與車身尾閘之間增長了一呎。

AD4742（D286）是九巴於 1962 年開始引入的「丹拿」C 型巴士，型號為 CVG6，正行走路線 6 前往荔枝角。

4212（D11）是香港現今唯——輛被安排作私人收藏的「丹拿」A 型巴士，仍然保留着退役前的外貌。

「丹拿」CVG6 雙層巴士面世

1962 年，「丹拿」再為九巴提供 70 輛新型號巴士—— CVG6。顧名思義，新巴士與舊有「丹拿」CVG5 最大的分別，是改用馬力較大的「吉拿」6LW 六汽缸引擎。外觀上的不同則在於「Metal Sections」車體進一步增長至 30 呎，寬度亦改為 8 呎，載客量可達 99 人。這款車原裝採用人手推拉式雙閘門設計，後於 1964 年至 1965 年間改為電動閘門。新巴士被定名為「丹拿」C 型。

「大水牛」奠下雙層巴士新標準

步入 1960 年代，九龍半島多個大型屋邨先後落成入伙，面對龐大的客源，九巴遂與英國「丹拿」車廠洽商引入更高載客量的新巴士。惜當年 30 呎長的「丹拿」C 型巴士已屬英國法例許可之限，「丹拿」車廠並無意研發僅供本港使用的新巴士，九巴惟有向英國另一巴士生產商「AEC」（Associated Equipment Company）招手。當時「AEC」車廠以出口予非洲國家的「Regal」型單層巴士底盤為藍本改良，並開發

出 Regent 五型雙層巴士底盤,全長 34 呎,綽號為「大水牛」。

　　新巴士的機械配搭,對九巴來說確是新嘗試:「大水牛」巴士以一台原廠 AV690 型 11 公升直列式六汽缸引擎驅動,馬力達足足 135bhp,遠較「丹拿」CVG6 使用的 108bhp「吉拿」引擎擁有更大馬力。另一方面,其配備的半自動波箱令駕駛巴士變得更輕鬆,亦成為

AD4818(A30)是九巴首批裝配上由「英國鋁材」提供車身的「AEC」Regent V,全長 34 呎,綽號「大水牛」。

(A19)被九巴安排保留作古典巴士,並加以翻新成後期版本的前置上車門、中置樓梯款式;車身則翻鬃上 1960 年代標準色彩。

1975 年的九龍雞寮一帶,雙層巴士如貫地走上翠屏道;圖中的七層大廈現已被重建為居屋寶珮苑。(照片提供:高添強)

AD4807（A19）的車頭水箱欄柵仍然保留有後期更換的九巴款式，有別於原裝「AEC」款式。

了往後採購新巴士的新取態。

九巴為 70 輛新巴士安排裝嵌上「英國鋁材」（BACo）車身和「Metal Sections」車身。首 30 輛配用「英國鋁材」車身的「AEC」巴士於 1963 年 1 月投入服務，全車共有 76 個座位，總載客量達 118 人；緊接而來的新車則裝上「Metal Sections」車身。

「大水牛」的空前成功，引領九巴隨後共增購兩批共 140 輛 Regent 五型新巴士，並全數選配「Metal Sections」車身。首批 40 輛新巴士的下層車廂採用高載客量設計，司機位後最前端安放一列反方向座椅，兩旁靠窗位置則全屬單座位設計，以騰出更多企位空間，進一步提高載客量；而隨後一批則於 1965 年 11 月投入服務。

「大水牛」除了讓九巴在大馬力引擎和半自動波箱有更大的啟發之餘，新巴士亦開始轉用玻璃纖維座椅，取代沿用已久的木製或藤製座椅，改善座椅有木虱咬人的情況；而且上下車車門亦由以往的手拉閘門改為電動閘門。這些設備，均奠下了雙層巴士新標準。

「丹拿」「AEC」正面交鋒

面對突如其來的競爭，英國「丹拿」車廠不得不作出積極回應，並於 1967 年向九巴供應 20 輛「丹拿」CVG6LX-34 型新巴士，成為「丹

「大水牛」的上層車廂，座椅採用 2+2 排
列方式。

「大水牛」的下層車廂，青蘋果綠色的玻璃
纖維座椅是當年的標準。

九巴於 1970 年代中期為「大水牛」進行
改裝，前置登車門、中置樓梯及下車門是
主要的改裝項目。

拿」D 型編制。新巴士以「大水牛」作出針對性的設計，最基本是以
34 呎長的特長車身提供與「大水牛」同樣的高載客量；又例如在機械
配搭上轉用擁有 150bhp 強大馬力的「吉拿」6LX 引擎，波箱方面亦改
用「Daimatic」四前速自動波箱，實行正面狙擊「AEC」車廠，最終「丹
拿」小勝一仗。

　　當時乘客對巴士的需求仍舊龐大，同時面對新過海隧道通車的機
遇，九巴需要進一步增購高載客量的巴士。惟「AEC」自 1960 年代
初被收歸「利蘭」車廠成為旗下品牌後，原有「AEC」的巴士型號於
1968 年正式宣告停產。九巴在缺乏選擇下，惟有繼續向「丹拿」招手。

　　九巴於 1969 年至 1972 年間先後引進共 325 輛「丹拿」CVG6LX
型新巴士，當中包括 200 輛全長 34 呎、綽號「長牛」的「丹拿」E 型
巴士，和 125 輛全長 30 呎的「丹拿」F 型巴士。全數新巴士均採用
前置樓梯設計，對隨後實施的「一人售票」（OCO, One-Conductor-

Operated）及「一人控制」（OMO, One-Man-Operated）模式有莫大幫助。

「丹尼士」雙層巴士登陸港島

雖然彼岸的九巴自 1949 年已提供雙層巴士服務九龍半島，但對岸的中巴卻要到 1962 年才正式引入首輛雙層巴士，這主要歸咎於香港島較窄而多彎的路面設計，使得中巴一直未能引入高載客量的雙層巴士。故此當中巴正式試用雙層巴士時，其採購巴士的款式和路向亦與九巴迥然不同。

當初九巴於九龍半島推行雙層巴士服務，需要將彌敦道沿綫的商戶招牌調整高度或移除；而在 1962 年 7 月籌備於香港島上運行雙層巴士時，情況也是雷同，範圍包括路線 2、5、5B 及 10 的沿途街道。

首輛被中巴引入的雙層巴士，屬「丹尼士」車廠旗下的 Loline III 型巴士，於 1962 年 6 月 9 日運抵本港，以評估雙層巴士在香港島行走的可行性。新巴士裝嵌上「Northern Counties」低矮車身，全車高 13 呎 6 吋，以配合港島區的路面環境；而長度和闊度分別是 30 呎和 8 呎，則屬英國巴士的標準。

「丹尼士」Loline III 型巴士的底盤設計是源自「Bristol」Lodekka 巴士，「丹尼士」車廠於 1956 年由「Bristol Commercial Vehicles」車廠授予 Lodekka 底盤的生產權後，便隨即易名「Loline」並逐漸發展成 Loline III 型的平直地台版本。前置引擎巴士之所以能夠提供平直地台，是廠方把引擎、波箱以至後輪變速器等都安排靠在底盤的一邊，並率先引入 U 型（Dropped-centre）尾軸設計，從而降低登車地台高度和營造出平坦而不設梯級的地台設計，因此車廂內部顯得十分寬敞，全車可設 75 個座位，並可容納 14 個企位，總載客量 89 人，與九巴同期引入的「丹拿」C 型巴士相若。

新巴士以一台「吉拿」6LW 引擎驅動，馬力 112bhp，並配備新穎的四前速半自動波箱。

　　然而新巴士抵港後，巴士在試車期間車軸發出奇怪噪音的問題，就連廠方也未能予以解決，以致新巴士要到 1963 年 1 月 22 日才能正式投入服務，作為路線 2 行走中環與筲箕灣之間。然而「Northern Counties」車身上的原裝車門屬橫趟式開啟設計，未能應付繁忙的巴士運作，中巴遂替巴士更換慣常使用的摺門。

「丹拿」車廠為應對「AEC」Regent V 型巴士的市場而向九巴提供的「丹拿」D 型巴士，整體巴士規格與「大水牛」沒有兩樣。

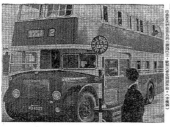

《華僑日報》，〈港島昨晨七時首次行駛雙層巴士〉，1963 年 1 月 23 日。

《香港工商晚報》，〈九巴特大巴今派出服務〉，1963 年 1 月 24 日。

1965 年的彌敦道一景，圖中可見雙層巴士
已成為九巴車隊重要的一員。（照片提供：
高添強）

中巴首輛雙層巴士「丹尼士」Loline III 型
巴士 AD4527（LW1），車身由「Northern
Counties」車廠提供。

　　根據 1963 年 1 月 23 日的《華僑日報》報道，港島第一輛啟用行
走的雙層巴士路線 2 號，昨晨 7 時從筲箕灣總站開出駛往庇利街總部。
這輛巴士是 AD4527。甚多搭客為了新奇，皆群趨此一首輪雙層巴士
嚐新。

　　「丹尼士」車廠原定還有第二輛 Loline III 型巴士付運予中巴，惟新
巴士的表現和成本效益未被中巴所接受，故中巴於 1964 年 3 月 2 日正
式取消第二輛 Loline III 型的訂單。這輛將近建造完成的新巴士最終被
廠方留作示範車之用，而在往後十年間，「丹尼士」車廠亦未能憑藉其
產品進軍香港市場。

嶄新設計的「佳牌」Wulfrunians

　　正當中巴訂購了兩輛「丹尼士」Loline III 型巴士作試驗的同時，中
巴亦向「佳牌」招手，訂購了兩輛新推出的 Wulfrunians 雙層巴士。

　　「佳牌」Wulfrunians 雙層巴士擁有革命性的設計，前置式引擎裝
置於頭軸前的偏右位置，右側設有駕駛席，左側則安放前車門。這種設
計對於 1960 年代的巴士來說可謂一大突破。中巴亦對這款巴士寄予厚
望，準備一口氣訂購 100 輛，並計劃裝嵌上「Metal Sections」車身，

總載客量達 93 人。

　　然而，新巴士在英國未有被廣泛採用；而營運中的表現亦強差人意。最後，中巴惟有將有關訂單取消，另覓新車款。

「佳牌」亞拉伯五型　重新上路

　　「佳牌」未能以 Wulfrunians 雙層巴士在中巴車隊中佔一席位，時值中巴對雙層巴士求之若渴，「佳牌」為免失去中巴這大客戶，便轉為向中巴推介「亞拉伯五型」巴士。中巴對「佳牌」亞拉伯型巴士絕不陌生，因為「佳牌」車廠自 1954 年至 1962 年間開始已向中巴提供 107 輛「亞拉伯四型」單層巴士，表現亦令人滿意。

中巴於 1960 至 1970 年代引進大量「佳牌」Arab V 型雙層巴士，經過多次翻裝車身後，後期安排重新裝上「亞歷山大」車身。圖中 CV3955（LX332）是最後退役的同型號巴士。

自 1963 年起，中巴開始展開以「佳牌」亞拉伯五型（Arab Mk.V）雙層巴士作大展鴻圖的籌碼，而歷史亦印證着亞拉伯五型雙層巴士在中巴的光輝歲月。由於巴士上裝有貌似印第安人頭像的「佳牌」車廠廠徽，故其「紅番頭」的綽號亦是深入民心。

中巴在 1963 年至 1979 年間共引進 330 輛「亞拉伯五型」雙層巴士，由起初採用 112bhp 馬力的「吉拿」6LW 引擎，全長 30 呎、高 14 呎 7 吋標準的「Metal Sections」車身，發展至後期全數改用 135bhp 馬力的「吉拿」6LX 引擎，車身長度分為 26 呎、28 呎、30 呎、31 呎等，高度更有 14 呎 2 吋的矮車身版本和 14 呎 8 吋的車身版本；車身供應商亦擴散至「黃州」（Wong Chow）、「英國鋁材」、「亞歷山大」（Alexander）等。部分巴士底盤更是先後翻裝上三套全新車身，服務中巴三十多年才退下火線，而有關「紅番頭」的經典故事，將有另文詳述。

印度巴士落籍香江

時至 1970 年代，正值中巴大展拳腳的黃金歲月。中巴繼續物色新巴士車款以求打造全雙層化車隊，惜當時「亞拉伯五型」雙層巴士因

中巴於 1973 年引進的「Ashok Leyland」Titan ALPD1/1 雙層巴士，車身由孟買「Sion Coachworks」車廠提供。

「佳牌」車廠遭「丹拿」車廠收購而停產，其他英國車廠也幾乎不再生產傳統的前置引擎產品。在面對後置引擎巴士技術尚未完全成熟的誘因下，中巴遂將目光投放在印度「Ashok Leyland」車廠。

印度「Ashok Leyland」車廠原身為「Ashok Motor」，後於 1950 年代獲英國「利蘭」車廠授權生產旗下的商用車輛，供應印度市場；隨後正式易名「Ashok Leyland」。

中巴於 1973 年向印度「Ashok Leyland」車廠引進一輛「Ashok Leyland」Titan ALPD1/1 來港試用。顧名思義，新巴士是以英國「利蘭」車廠授權生產的 Titan PD3 為設計藍本。機械配搭上，新巴士選用「Ashok Leyland」O.680 型引擎，搭載上「利蘭」SCG340 半自動波箱。巴士車身則由印度孟買「Sion Coachworks」車廠提供鋁質車身，總長度為 31 呎 6 吋，總載客量為 84 人。

新巴士於 1974 年 5 月投入服務，主要行走路線 2、20 等來往筲箕

中巴於 1970 年代引入的「利蘭」Titan 二手雙層巴士，AZ8572（LA5）及 BG7108（LA16）正停泊在路線 112 位於銅鑼灣裁判司署的總站。總站現為港鐵天后站及柏景臺。

灣與中環之間。可惜新巴士的表現差強人意，最為人詬病的是那笨重的車身和經常故障的車門，最終未能獲得中巴垂青而進一步增購。

英國二手雙層巴士的過渡時期

面對 1970 年代香港人口持續增長，適逢前置引擎巴士在英國已再無市場空間，中巴及九巴窺準這機遇，向英國巴士公司引進二手雙層巴士，以解決車隊載客量不足的燃眉之急。

中巴自 1970 年開始向多家英國巴士營運商引入各式各樣的二手雙層巴士，包括「佳牌」亞拉伯四型及「利蘭」泰坦（Titan）雙層巴士等。中巴在引進這些二手雙層巴士的同時，亦嘗試沿用富英國本土特色的路線牌箱，將服務路線的起訖點和終點站同時顯示在路線牌上，惜易令沿途乘客混淆而其後被改回標準中巴路線牌箱。

另一樣值得留意的是「Bristol」Lodekka 巴士。正如前文提及，中巴首輛雙層巴士——「丹尼士」Loline III 型正是以「Bristol」Lodekka 為設計藍本的。無獨有偶，港府在 1971 年批准中巴在郊區、中半山等地區拓展雙層巴士服務，中巴遂希望憑藉「Bristol」Lodekka 的低矮車身設計行走山頂路線。但當時中巴鍾情的「吉拿」6LX 大馬力引擎並不適合安裝於「Bristol」Lodekka 巴士上，而原有引擎亦恐怕未能應付攀上太平山頂，故最終未有成事。

至於九巴在面對港府大力開拓及發展新界地區而急增的乘客量，對雙層巴士亦求之若渴。然而鑑於英國巴士製造商正集中研發後置引擎巴士，故九巴也惟有向英國巴士營運商引進「AEC」Regent Mk.V、「丹拿」CCG6 及「利蘭」泰坦等多款二手雙層巴士，投入服務後主要被派往元朗及上水等新界區路線行走。

縱橫港島的紅番頭巴士

11

中巴自 1950 年代開始引進「佳牌」巴士，帶領着一群樹立在引擎車咀上的印第安人頭像，在港島的大街小巷縱橫穿梭，見證其巴士服務的光輝歲月。

「佳牌」成立於 1914 年，是坐落於英國 Wolverhampton 的一間巴士及貨車製造廠。

中巴和「佳牌」的不解之緣始於 1954 年中巴引入俗稱「細雞」的亞拉伯四型和俗稱「大雞」的亞拉伯 UF 型單層巴士。有關「細雞」和「大雞」的故事，上文已有解說，本節不予詳述。

亞拉伯五型巴士　初試啼聲

自 1963 年 3 月首輛「佳牌」亞拉伯五型巴士登記出牌後，中巴開始以亞拉伯五型巴士作為大展鴻圖的籌碼，而歷史亦印證着亞拉伯五型巴士在中巴的光輝歲月。

在 1963 年至 1967 年間，中巴共引入 115 輛「佳牌」亞拉伯五型雙層巴士。新巴士採用附有「伯明翰」式車咀的「Metal Sections」車身，全長 30 呎、闊 7 呎 11 吋、高 14 呎 7 吋，以 CKD（Complete Knock Down）散件形式付運抵港，並安排在中巴車廠裝嵌巴士車身。

新巴士被安排配置了一台 112 匹馬力的「吉拿」6LW 引擎、「佳牌」或「Daimatic」半自動波箱，以及電動風壓制動系統。然而工程人

員發現「佳牌」的半自動波箱未能與高轉速的「吉拿」引擎運作相配合，故中巴遂自行換上「SCG340」波箱。

完成裝嵌車身的亞拉伯五型雙層巴士旋即自 1963 年 4 月 16 日起投入服務，行走路線 10，但只服務北角碼頭至中環租卑利街之間的路線，直至 5 月 20 日開始才提供全線服務。接續亦有派往行走乘客量大的路線 2，來往中環至筲箕灣之間。新巴士的載客量為 91 人，當中包括上層 43 個座位、下層 30 個座位及 18 個企位。

上下分流模式

中巴為提升上下車的效率，遂於雙層巴士實行一種上下分流的運作模式。上層乘客只能利用前門上下車，而下層乘客則以前門登車，中門下車。而為了配合有關運作模式，前門選取了闊門設計，而通往上層的樓梯亦設在車廂最前端的駕駛艙後，正對著前門。

中巴自 1963 年開始引入 115 輛「佳牌」Arab V 型雙層巴士，圖中的 AD4556 (LW31) 便是裝嵌了伯明翰式車咀的「Metal Sections」車身。

水翼船與長龍

另一邊廂，緊隨着亞拉伯五型雙層巴士於 1963 年 3 月投入服務，是自同年 10 月開始陸續引入的單層型號。新巴士配用「Metal Sections」車身，全長 25 呎 1 吋，屬短陣版本。中巴更試驗性地為新巴士選用「吉拿」6LX 引擎驅動，引擎經過調低輸出後仍能提供高達 135 匹的強大馬力，攀上港島區的爬坡路線可謂綽綽有餘，故有着「水翼船」的特別稱號。

時至 1965 年 7 月底，中巴再進一步引入 40 輛全長 35 呎 9 吋的特長陣版本。同樣選配「Metal Sections」車身，而總載客量更高達 79 人，包括 20 個座位及 50 個企位；因其車身修長，故別號「長龍」，主要安排行走柴灣區對外的交通路線。至於機械配搭方面，新巴士同樣選用「吉拿」6LX 引擎驅動，而且更提供原輸出的 150 匹的強大馬力。

大馬力引擎巴士攀半山

隨着「水翼船」與「長龍」的先後引入，為亞拉伯五型巴士製造出一種奇怪現象，就是雙層型號選用低效能的「吉拿」6LW 引擎，反而單層型號則選用動力澎湃的「吉拿」6LX 引擎。

面對港府於 1969 年 9 月 1 日默許小型巴士合法化所帶來的正面競爭，翌年剛轉任中巴交通經理的李日新先生提議全面引入雙層巴士行走半山區路線。與此同時，中巴亦將旗下五輛「佳牌」亞拉伯五型雙層巴士試驗性改裝上擁有 150 匹更大馬力的「吉拿」6LX 引擎，以取代只有 112 匹馬力的「吉拿」6LW 引擎，並評估雙層巴士在應付斜路和半山區，或路窄多彎路段的表現。當中包括途經薄扶林道的南區路線，例如 1968 年 10 月配合華富邨落成而延長路線 4、路線 7 及 1969 年 1 月開辦的黃竹坑新邨新路線 7B 等。

另一方面，中巴亦於 1970 年 6 月至 1973 年 4 月間替為數 16 輛

狀態較佳的「佳牌」亞拉伯 UF 型單層巴士更換引擎，由原來僅 98 匹輸出馬力的「吉拿」5HLW 引擎更換為 118 匹馬力的「吉拿」6HLW 引擎。新引擎源自不同的供應商，部分更由「吉拿」6LW 引擎改裝為縱置臥式設計而成。一如更換引擎後的亞拉伯五型雙層巴士，獲更換引擎後的「大雞」的水箱欄柵亦由原有的紅色改髹上奶白色以資識別。

佳牌最後的亞拉伯五型巴士

及後於 1971 年，為配合海底隧道過海巴士路線投入服務，以及推行一人控制模式，中巴進一步增購了 10 輛大馬力「吉拿」6LX 引擎的亞拉伯五型雙層巴士。這亦為「佳牌」車廠被收購後最後出廠的產品，故部分零件如前軸、尾軸均是「丹拿」的出品。新巴士仍然選用「Metal Sections」車身，不同的只是通往上下層的樓梯改設於車身的中央，正向着中門的位置；以便稍後推行一人控制計劃時，疏導車廂人流。前門登車、中門下車，而中置樓梯正對着中門位置亦有助方便上層乘客下車。

巴士車身的前車門原以闊車門設計，以便加快乘客上下車的速度，可是在大量乘客登車時，混亂情況仍是難以避免。為有效地控制乘客上下車的秩序，中巴便試驗性地改動前車門的門掣，分開控制前車門的左、右兩頁的獨立運作，甚至把前車門的右半頁永久封閉。及至

更換引擎計劃

中巴於 1973 年至 1974 年間陸續將 34 輛「水翼船」改裝以配合一人控制模式（OMO），並編入 700 車系。試驗成果非常顯著，中巴遂展開歷時 7 年的更換引擎計劃，把全數亞拉伯五型雙層巴士改換上「吉拿」6LX 引擎，而換出的「吉拿」6LW 引擎則被套用於「水翼船」上。更換引擎後的雙層巴士，車咀的水箱欄柵會由原有紅色改髹上奶白色以資識別。右圖為更換上「吉拿」6LW 引擎的 AH4004（#725）。

1975 年至 1978 年間，中巴更索性將巴士車身的中門封掉，並在前車門的右半頁位置安裝旋轉閘，讓乘客以「左上右下」的形式上下車。

這款巴士曾發生幾次重大意外。據 1977 年 12 月 30 日《華僑日報》的一則關於佳牌巴士意外的報道，標題是「北丁三巴士交通意外慘劇，老婦被拖千碼，殘骸支離破碎沿途血跡斑斑」，這次意外是一場悲劇。1977 年 12 月 29 日中午，一輛中巴佳牌亞拉伯五型 25 呎雙層巴士（AD4566），由北角前往華富的路線 41，於英皇道轉入炮台山道時，一名 75 歲老婦被捲入巴士車底。司機全不知情，被拖行近三公里，及至怡景道始被發現。該老婦已告慘死，肢離破碎，腦漿塗地，慘不忍睹。

另一則意外發生於 1984 年 1 月 28 日。據 1984 年 1 月 29 日《工商日報》的一則關於巴士的意外報道，標題是「跑馬地巴士闖大禍，衝行人路六死八傷」。1984 年 1 月 28 日早上 8 時 45 分，一輛行走路線 1、來往中環至跑馬地的中巴巴士（CT5776）沿黃泥涌道向藍塘道方向行駛。當巴士駛至樂活道口的巴士站時，司機準備停車，但不知何故無法停下。當時巴士右邊剛巧有電車經過，司機為免撞倒電車，於是將巴士駛向左邊，失控撞毀路旁鐵欄。鐵欄內的行人路有一批正在排隊索取聖保祿天主教小學小一入學報名表的家長。由於他們均貼牆排隊，當巴士撞向他們時無處退避，幾乎全部被波及，部分家長甚至被捲進車底。事後，無線電視《新聞透視》拍攝了一個特輯，指意外來自巴士一粒螺絲長度不合格。

單層巴士車身重建計劃

回說 1968 年，適逢一輛「水翼船」單層巴士失火，車身嚴重損毀，剩下巴士底盤擱在車廠一旁。中巴靈機一觸，試圖將一套 28 呎長的「Metal Sections」車身散件改裝，長度縮短至 26 呎並套用在這輛「水翼船」底盤上。完成改裝後的「雙層水翼船」共設有 63 個座位，包

←

括上層座位 36 個及下層座位 27 個，加上 23 個企位，令全車總載客量高達 86 人，較「單層水翼船」總載客量的 48 人有相當可觀的提升。新巴士於 1969 年 11 月重投服務，被派往行走路線 7，來往香港仔至中環統一碼頭。

時至 1971 年，「長龍」單層巴士亦因經常超載而影響地台結構。有見「水翼船」重建工程成效顯著，中巴首席工程師 Mr. Trevor Williams 遂安排將「長龍」巴士底盤軸距縮短 3 呎半，並重新組裝一套雙層巴士車身。

隨着單層巴士重建工程取得空前成功，加上中巴面對 1970 年代乘客量急劇上升，中巴遂於 1972 年開始着手部署，展開一個為期四年的「車隊雙層化計劃」，包括把狀況較佳的單層巴士重建成雙層巴士，並於四年內淘汰車隊內未有安排重建雙層車身的單層巴士。

中巴在車隊雙層化進程當中，主要把「水

高載客量的「佳牌」亞拉伯六型

值得留意的是，中巴在考慮「長龍」巴士重建雙層車身工程的同時，也有計劃引入一款早已於 1965 年引入南非行走的「佳牌」亞拉伯六型（Arab Mk. VI）三車軸雙層巴士，這款長達 36 呎的亞拉伯六型巴士能提供總載客量高達 175 至 190 人。然而，中巴有了「長龍」的經驗，擔心動輒滿載的巴士表現失準，才將計劃擱置。

AD4566 (LS20) 重解後的高度出現偏差，故被安排歸入 S 車系，編號 S41。

「翼船」重建為短陣版 S 系或短陣矮身版 LS 系雙層車身；而 40 輛「長龍」則重建標準版 LX 系雙層車身。

「水翼船」的雙層車身重建工程主要利用本身的單層車身作為新的上層車身，而下層車身則來自退役巴士的車身組件，或是從「Metal Sections」車廠訂購全新組件，因此予人一種上、下層設計不太協調的感覺。

1971 年，正當短陣版 S 系的車身重建工作如火如荼地進行之際，中巴將一輛 S 系雙層巴士駛上太平山試車，才發現其 14 呎 7 吋的車身高度未能通過加列山道天橋橋底，遂將 S 系雙層巴士的重建工程限定 40 輛，並於 1973 年 4 月完成重建工程；其餘則重建為高度矮至 5 吋的短陣矮身版 LS 系雙層車身。然而後期重建工作出現偏差，其中九輛 LS 系雙層巴士高度竟達 14 呎 4 吋，故最終被編回 S 系，LS 系巴士總數則只有 19 輛。

至於 40 輛「長龍」重建工程方面，更可謂五花八門。最初中巴以重建「水翼船」的概念，以「長龍」的單層車身作為新車身的上層

被重新安裝「亞歷山大」車身的「紅番頭」巴士，在退役前整齊地排在一起。

組件，再以散件重建下層車身，遂成為一輛標準版 LX 系雙層巴士。中巴把這個自行設計的車身藍圖，交予其車身承建商黃州先生負責，故新車身又名「黃州車身」。然而因裝配需時，加上車身有欠穩固，重量亦遠較「Metal Sections」車身重逾一噸！因此，中巴決定放棄「黃州一型」車身；改為從英國多間公司購買二手巴士車身，款式包括「都城嘉慕威曼」（Metropolitan Cammell Weymann）Orion 輕量金屬車身、「Northern Counties」車身等。中巴繼而在 1975 年向「英國鋁材」車廠訂購車身組件裝配在餘下的 17 台「長龍」底盤上。

現代化亞歷山大車身

時至 1974 年，中巴向英國的 West Midlands PTE 購入 16 輛1965 年出廠的二手亞拉伯五型巴士底盤，首 10 輛被安排安裝「英國鋁材」車身，然而有兩輛卻誤裝上「黃州二型」改良版車身，至於餘下的六輛巴士底盤，中巴將其中一輛於 1977 年運返英國，並交予「亞歷山大車身公司」（Walter Alexander）開發一款專為半駕駛艙式底盤設計

CK1486 (LX300) 以翻新巴士的姿態重投服務行列。

CM7830 (LX306) 的「亞歷山大」車身設計作出改良,與 LX200 系巴士車身有所不同,上層擋風玻璃也改為推拉式。

的新車身。同年「亞歷山大」車廠將裝有全新「亞歷山大」車身的亞拉伯五型雙層巴士輸港,正式為亞拉伯五型現代化工程揭開序幕。

中巴有見車隊內的 LX 車系巴士已漸露疲態,遂於 1978 年至 1986 年間為全數 150 輛亞拉伯五型巴士進行現代化工程。包括重裝「亞歷山大」車身,以及為巴士的底盤、機械及制動系統進行徹底翻新。翻新後的「亞歷山大」新車身的總載客量可達 98 人,包括上層座位 45 個、下層座位 35 個和企位 18 個,車廂內以 2+2 座椅編排形式,並附設厚座墊,更見寬敞舒適。首 40 輛翻新巴士的座椅更裝有軟墊靠背,其餘的 110 輛則以木板靠背取代。翻新後的巴士擁有出色的爬坡表現,因此主要被派往行走經常需要攀爬大量斜坡的路線,故亦有「爬山號」的綽號。

亞拉伯五型巴士服務香港不經不覺已 25 個年頭,加上其安全性於 1984 年的跑馬地嚴

> **末代紅番頭**
>
> 1993 年及 1995 年,碰巧中巴兩度被削減路線,「紅番頭」巴士在中巴車隊中長達 42 年載客生涯正式畫上句號,而最後一輛「紅番頭」巴士(車隊編號 LX332)亦於 1997 年 3 月正式退役。

重交通意外中備受關注,中巴遂於 1988 年開始計劃大規模淘汰車隊內載客量少於 100 人的雙層巴士。雖然「紅番頭」巴士在中巴載客車隊中退下火線,然而部分被納入服務車隊,繼續負起為中巴服務的重責。

不少「紅番頭」巴士在退役後被改裝並納入服務車隊,AC4726 (S22) 前身是 26 呎長巴士,後於 1983 年被改為錢箱車。

HK4840 原為「佳牌」Arab IV 型短軸距單層巴士,於 1960 年 6 月投入服務;退役後被改裝為工程車,仍然保留有非常原裝的車頭組件設計。

一人控制模式

12

一直以來，傳統車上售票模式在香港巴士服務中被廣泛採用。然而，到了1970年代，一人控制模式開始從英國引入，為巴士服務帶來革命性的突破。

傳統車上售票模式早在香港有巴士服務之初已被廣泛採用，巴士上除設有司機外，還設有一名售票員負責售票。

1930年代初，巴士已分為頭等、二等服務，路線亦設有分段收費，每隔1英里為一段。以九龍半島為例，頭等車票首兩段收費1毫，之後每段加收5仙；二等車票首兩段收費5仙，之後每段加收5仙；軍人及小童可以二等票價乘坐頭等。港島區的巴士票價則較電車為高，電車頭等收費1毫、三等收費5仙。

車上售票模式

巴士上設有的售票員，一般隨身會配備「四寶」，包括：錢袋、車票，以及俗稱「飛鉗」的剪票機和輔幣盤。乘客登上巴士後，售票員會向乘客售票，並在車票印上字樣的部分鉗孔，收取相應車資。輔幣盤上亦會預先放置不同數量輔幣供找續用，以盡量加快售票速度。

直到1960年代末期，英國巴士生產商推出第一代後置引擎巴士。由於巴士設計適合推行「一人控制模式」（One-Man-Operation, OMO模式或稱為 Driver-Only-Operation, DOO模式），英國政府更特別推

「佳牌」Arab UF 型單層巴士的上車門設計
正對着駕駛室,方便司機監察乘客上車的
狀況,故特別適合推展一人控制模式。

1973 年的中環干諾道中,一輛 2 號「紅
番頭」巴士,車頭兩側均貼有「乘客上車
請給車資(Pay As You Enter)」字樣的投
幣標誌。(照片提供:高添強)

出購買巴士津貼資助計劃,以鼓勵巴士公司轉用後置引擎巴士,並推行
一人控制模式。

「大雞」的先天設計優勢

當時,每輛巴士均需要有三人負責運作,包括駕駛員、售票員和拉
閘員。及至 1970 年代,中巴時任交通經理的李日新(Lyndon Rees)
着手研究從英國引入一人控制模式,由司機兼任拉閘員及售票員的工
作,除在巴士上裝設自動閘門,又以錢箱收集車資,取消在車上隨行的
拉閘員及售票員。

1971 年 3 月,首輛安排實行一人控制模式的「佳牌」亞拉伯 UF
型單層巴士,車上設有中巴自行研製的錢箱。巴士在一個早上來到筲箕
灣巴士總站,準備行走路線 2 前往中環急庇利街。中巴挑選亞拉伯 UF

型單層巴士作為推行一人控制模式的試點，主要由於這款巴士的駕駛倉設於登車門旁，司機較易同時兼顧乘客登車及繳付車資的情況。

根據 1971 年 3 月 10 日《華僑日報》的報道，一人模式巴士數量漸多，中巴公告請市民合作。內文談及一人控制巴士將會日益增加，司機雖可代為找贖，但為免費時阻事，最好應先備妥角子，不致延誤行車時間。

然而巴士車頭兩側及登車門旁雖然均貼有「乘客上車　請給車資（Pay As You Enter）」字樣的投幣標誌，但由於宣傳不足，新模式的運作引起混亂，一人控制模式迅即被叫停。

直到同年年底，情況有了戲劇性的轉變。中巴約有六成車隊已裝設錢箱；而除了在巴士車頭兩側及登車門旁均貼有投幣標誌外，車頭路線顯示牌下更貼有「乘客請自備角子　車費請於上車前繳付（Pay As You Enter Bus–Have The Correct Fare Ready）」字樣。中巴正式展開推行一人控制模式的五年過渡期。

中巴正式推行一人控制模式

中巴最初推行一人控制模式，安排了售票員於巴士站值勤，提供少量的輔幣找續。但這方法很快被市場所取代，報販紛紛在車站旁設立報攤，乘客如未有足夠輔幣，通常會自行到報攤購買報紙找續輔幣。

在推行一人控制模式的同時，中巴亦顧慮到司機要同時兼顧多個工作，遂實行多項措施減輕工作量和壓力。首先從英國引進新的路線顯示設計，就是在雙層巴士上設有兩個目的地顯示牌，本意是讓司機到總站後無需轉換目的地顯示牌。但此舉令乘客無法分辨路線的目的地與方向，後來為免造成混淆，這種設計很快又被淘汰。

在車身方面，中巴亦下了不少心思。早在 1971 年中巴引入全新亞拉伯五型雙層巴士時，已特別將原本前置樓梯的設計改為中置樓梯，正對着中置下車門，以方便上層的乘客下車，加快車廂上落人流。為了更

中巴為了推行一人控制模式，在雙層巴士上設兩個目的地顯示牌。

中巴於 1973 年開始陸續將雙層巴士的中門封掉，以集中乘客使用前門上下車，乘客在下車時需通過一道旋轉閘以防逃票。圖中 AD4596 (LW45) 正停泊在北角總站準備行走路線 10。

圖中的「利蘭」Atleatean PDR1/1 二手巴士（BE446 / 2L45）投入九巴於 1982 年 3 月正式全面推行一人控制模式。

有效控制乘客上下車的秩序，故中巴於 1973 年更把亞拉伯五型雙層巴士的中門封掉；而前登車門則以「左上右下」的形式供乘客使用，乘客在下車時需通過一道新安裝的旋轉閘，以防逃票。

九巴試行一人售票過渡模式

基於九巴車隊遠較中巴龐大，九巴在 1970 年代初需先實行一人售票模式（One-Conductor-Operation, OCO），作為一人控制模式的過渡期。1971 年 3 月，九巴於來往尖沙咀碼頭至蘇屋的路線 2 實行一人售票模式；同時又在來往彩虹至調景嶺的路線 30 試行。

在一人售票模式的實施下，巴士車頭會塗上俗稱「三劃黃」的三條黃線，表示車上售票員已由兩人或三人減至一人，乘客需由前門登車，後門下車。

然而同期引進的「丹拿」巴士，則特別以中門登車、前門下車，乘客須於靠近中門的下層車廂內的售票處向售票員購買車票。

隨着海底隧道於 1972 年通車，九巴派出簇新的「丹拿」E 型雙層巴士提供過海路線服務。新巴士採用前置式樓梯，配備錢箱，車頭更貼有投幣標誌，表示該巴士已實施一人控制模式。

九巴推行一人控制模式的誘因，主要是由於工資水平急劇上漲，已成為經營巴士業務的最大支出，並估計將來仍會繼續上升，遂開始研究推行一人控制巴士之可能性。九巴在 1972 年遣派高級職員赴海外考察現行一人控制巴士模式，經小心研究及試驗多種收費儀器

據九巴於 1971 年年報中所述，在詳細策劃及試驗後於 1971 年 3 月 26 日起實施新售票制度，此新制度有如下之作用：

施行單程制便利乘客上下車。

改善員工與乘客之間的良好關係。

所有乘客均須在售票枱前經過方能下車，致有較佳之車費收入。

圖中「丹拿」A 型巴士 (4966) 正以「三劃黃」作一人售票模式的展示，行走路線 2E 途經佐敦道前往石硤尾。

巴士成為陸路交通主力

後，九巴最後採用「卑路」廠（Bell Punch Company）生產的錢箱。

1973 年，九巴旗下所有車隊已由車上設有兩名售票員，改為只有一名售票員的一人售票模式。同時，車隊內已有 9% 為一人控制巴士的模式。

售票員轉職及遣散問題

九巴在一人售票模式推行以來，售票員數目由推行計劃前的約為 3,000 人按年遞減，面對這班逐漸過剩之職工，巴士公司將部分售票員訓練成為司機，或轉派到車站維持秩序等其他職位，部分職工則自行離職。

1982 年 3 月，一人控制模式已全面於九巴推行，而未獲分配工作之售票員尚有 141 人。最後須經九巴、勞工處及售票員三方面之磋商，遣散協議才得以達成，當中包括發給售票員遣散補償約港幣 500 萬元。

根據 1982 年 4 月 8 日《華僑日報》的報道指出，九巴資方讓步，增加四項補償，而勞方亦同意接受。資方新增的四項補償包括（一）發給 3 月份下半月的一期糧；（二）補發七天法定假期；（三）員工獲派 1,000 元大利是一封；（四）服務年資滿 20 年者獲發永遠免費乘車證。是次糾紛由上月 15 日解僱最後一批售票員而起，據悉今次事件涉及的僱員為數約 120 名。

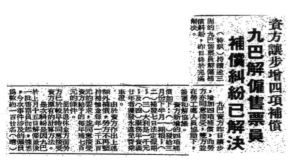

《華僑日報》，〈九巴解僱售票員〉，1982 年 4 月 8 日。

「丹拿」E 型巴士 AD7374 (D468) 在投入服務初期已適用推行一人控制模式，正行走過
海隧道路線 105 途經中環戾臣道前往荔枝角。

承先啟後的後置引擎珍寶巴士

13

珍寶巴士背負着第一代後置引擎雙層巴士之名，憑藉其革命性的劃時代設計意念，在 1970 年代的巴士服務可謂叱咤風雲。

要訴說珍寶巴士的歷史，不得不從 1950 至 1960 年代說起。1956 年，正當英國各大車廠仍然着手研發傳統前置引擎雙層巴士之際，「利蘭」車廠以四年時間研發出革命性的第一代後置引擎雙層巴士，並將之命名為「亞特蘭大」（Atlantean）。

第一代後置引擎雙層巴士面世

「利蘭」亞特蘭大巴士採用後置式引擎，引擎橫置於尾軸後的位置，連接着波箱驅動尾軸帶動巴士，整套機械組件連同引擎冷卻水箱全安排在位於車尾的引擎艙內。這樣的安排令車廂地台得以大大降低，方便乘客上下車之餘，車廂更見寬敞，而車廂內的噪音亦遠較前置引擎巴士為低。

面對「利蘭」亞特蘭大巴士的成功，「丹拿」車廠亦迫不得已作出相應行動，着手研發後置引擎（Rear-Engined）雙層巴士。新巴士於 1960 年正式面世，其設計的大方向與「利蘭」亞特蘭大異曲同工，其 125 匹馬力輸出的「丹拿」CD6 型 8.6 公升引擎及「Daimatic」四前速半自動波箱等整套機械組件，分別安放於車尾引擎艙內的左右兩邊，艙內並附設引擎冷卻水箱。

英國資助巴士公司更新車隊

時至 1968 年，英國政府銳意推行一人控制模式，遂透過購買巴士提供津貼的機制，資助巴士公司更換適合一人控制運作模式的新巴士。有見及此，巴士製造商一方面將前置引擎巴士的生產線逐步停產，集中資源生產後置引擎巴士；另一方面將新巴士的售價大幅調高超過兩倍，以賺取英國政府提供予巴士公司的津貼資助。

這樣一來，雖然往後的短期內巴士製造商仍繼續生產前置引擎巴士，但供應量將逐步下降，而巴士公司亦開始意識到需要為引進新型號巴士作好準備。

香港政府沒有為本地巴士公司提供購買新巴士的津貼，致使本地巴士公司需要以高昂的車價來購買後置引擎雙層巴士。雖然如此，中巴仍於 1971 年初率先以港幣 21 萬訂購一輛「丹拿」Fleetline CRG6-30 巴士引進香港作試驗。然而當時一輛「佳牌」亞拉伯五型巴士的售價才不過是港幣 12 萬而已。

中巴率先引進後置引擎雙層巴士

這輛首次引進香港的「丹拿」Fleetline CRG6-30（Chassis with Rear-mounted Gardner 6LX-engine, 30-feet）巴士，從巴士型號中已能看出其配用後置式「吉拿」6LX 引

「丹拿」新巴士的獨特之處

新巴士的尾軸以呈 U 型的 Drop-centre 設計，使新巴士底盤能夠安裝高度僅 13 呎半的低矮式巴士車身，相較標準高度的巴士車身足足矮達 1 呎之多。新巴士底盤以「Fleetline」名字命名，型號為 RE30，代表全長 30 呎的後置引擎巴士底盤。

中巴 AX6001 (RLX1 / SF1) 為香港首次引進的「丹拿」Fleetline CRG6-30 巴士。

中巴以「Jump on a CMB Jumbo」為口號,將新巴士比喻作「波音」747 型珍寶客機;「珍寶」的名字亦從此不脛而走。

「Metal Sections」車身的中巴,BK1278 (LF83),高度僅 13 呎 10 吋。

中巴 BH5613 (LF35) 是極少數在退役前仍然裝上「Metal Sections」車身的珍寶巴士。

擎、底盤全長 30 呎。新巴士的「吉拿」6LX 引擎原可迸發 150 匹強大馬力,然而為減低廢氣排放及節省燃料,馬力被限制至最高 95 匹,並連接上「丹拿」Daimatic Mk.I 四前速半自動波箱,以驅動巴士。

車身方面,中巴選擇以「Metal Sections」車身裝嵌在新巴士底盤上,並以 CKD(Completely Knock Down)的散件形式付運香港後,再安排於北角渣華道中巴車廠內組裝車身。

披上「Metal Sections」車身的「丹拿」Fleetline 巴士,將很多革命性的新設計帶來香港。首先,新巴士的闊度由以往雙層巴士標準的 8 呎增加至 8 呎 2 吋半,令車廂更見寬敞;其次,新巴士摒棄了沿用已久

的電動閘門，改用全風式開關閘門。通過寬闊的登車門，低矮的地台設計不須設梯級已能直達車廂，加上引擎艙改設於車尾，便能提供更寧靜的車廂環境。走進車廂，會發現通往上層車廂的樓梯的走向是自車後走向車前的，這種依據人體慣性的新設計大大減低乘客在巴士行走時出現意外失足的情況。另外，新巴士在上層車廂更引入潛望鏡，司機安坐於駕駛席便可觀察到上層車廂的情況。

　　新巴士於 1972 年 2 月 23 日正式投入服務，帶着總載客量 98 人穿梭於市區，主要安排行走山頂路線 15 及市區幹線路線 2。其後當連接港九兩地的海底隧道於同年 8 月 3 日通車後，新巴士便順理成章地安排行走隧道路線 102，以其高載客量應付龐大的乘客需求。

珍寶的名字不脛而走

　　隨着「丹拿」Fleetline 巴士成功引進香港，中巴遂於 1973 年至 1979 年間引進多達 335 輛 Fleetline 巴士，當中包括 305 輛 33 呎長陣版本及 30 輛 31 呎短陣版本。機械配搭方面，新巴士的引擎選用提升至 150 匹馬力的「吉拿」6LXB 引擎，並配用「丹拿」Daimatic 四前速半自動波箱或「SCG」340 型半自動波箱。車身方面，除開首的 106 輛長陣巴士採用「Metal Sections」車身外，其後的則全數改用「亞歷山大」車身。新巴士更於上層車廂首次採用 3+2 座位排列方式，使總載客量高達 121 人，包括：上層座位 61 個、下層座位 41 個及企位 19 個。面對前所未見的龐大載客量，中巴遂以「Jump on a CMB Jumbo」為口號，將新巴士比喻作當時的「波音」747 型珍寶客機；自此，「珍寶」的名字在香港不脛而走，為人所熟悉的程度甚至掩蓋了「Fleetline」的本名。

　　值得留意的是，隨「珍寶」巴士引入 3+2 座位排列設計，上層車廂載客量隨之而增加。為免新巴士載重增加因而令重心提高，巴士公司特意全數選用高度僅 13 呎 10 吋的「Metal Sections」車身及 13 呎 8 吋半的「亞歷山大」車身的低矮車身，以降低重心令行車時更加穩定。

《華僑日報》,〈九巴百五十輛珍寶巴士首批下月運港〉,1974 年 4 月 19 日。

　　據 1973 年 12 月 17 日的《工商晚報》報道,珍寶型雙層巴士車身長 34 呎,乃在港島行駛中最大型雙層巴士。其發動機設在巴士尾部,為英國 DAIMLER 廠出品,電動轉波,每輛為港幣 22 萬元,上層有座位 60 個,下層有座位 40 個,另企位 20 個,即可載客共 120 人。相比目前之雙層巴士載客 96 人,增加了 23 位乘客,對疏導搭客方面,幫助甚大。

　　九巴方面,自 1974 年起共分三批購入共 450 輛 33 呎長的「珍寶」巴士。當中首兩批各 150 輛巴士選用「Metal Sections」車身;而第三批則改用「英國鋁業」車身。前者憑着其圓渾的車身線條,被稱為「圓頂寶」;而後者的車身線條硬朗,外形平面方角,故別號「平頂寶」。最後一輛「平頂寶」於 1979 年 1 月購入,其實早於 1977 年九巴欲進一步增購第四批共 150 輛「珍寶」巴士,惟「珍寶」巴士的爬坡性能及表現始終有欠理想;故九巴最終將訂單改為購置 152 輛「利蘭」勝利二型前置引擎巴士。

　　據 1974 年 4 月 19 日的《華僑日報》報道九巴的珍寶巴士,標題是「九巴百五十輛珍寶巴士首批下月運港」。九巴為此派出兩名工程人員赴英國巴士車廠深造,研究巴士零件修理及保養技術;加上九巴現時

九巴自行設計的車身，帶有點「圓頂寶」的味道。

中巴 BN2647 (LF153) 剛完成翻髹標準中巴車身色彩，份外光潔亮麗，準備開赴蒲飛路。

裝配上「亞歷山大」車身的中巴 CD2229 (SF20)，正停泊於灣仔碼頭。

有「圓頂寶」之稱的「Metal Sections」車身珍寶巴士，BM2908 (D890) 的車頭已標示車內設有錢箱配合一人控制模式。

九巴「圓頂寶」BN8323 (D941) 行走路線30 從柴灣角西駛抵佐敦道碼頭。

巴士成為陸路交通主力

九巴為第三批引進的珍寶巴士改配上「英國鋁材」車身，1978 年 1 月，BR6227 (D974) 正行走路線 5C 途經尖沙咀。

九巴「平頂寶」BU9542 (D1022) 髹上八十年代車身色彩，至九十年代中期仍被派往行走路線 46 途經佐敦。

進行中的學徒訓練計劃，及利用新定購的儀器來檢查巴士機件，相信九巴公司對珍寶巴士的保養，定有進一步的改善。

倫敦運輸局「珍寶」DMS

　　正當本港兩家專利巴士公司在 1972 年 2 月至 1980 年 4 月的短短八年間，先後引進共 786 輛全新「珍寶」巴士，但似乎仍未能滿足當時求車若渴的巴士公司。適逢英國倫敦運輸局評估旗下 70 年代引進的「珍寶」巴士後，認為巴士可靠性不足，遂於 1979 年開始將這些巴士透過 Ensignbus 公司轉售至海外。

　　這批「珍寶」巴士於 1970 年至 1978 年引進，為數共 2,646 輛。其中約 2,000 輛巴士採用一人控制模式，車隊型號為 DMS；其他則設有售票員服務，車隊型號為 DM，一般會統稱為「DMS」（Daimler Mono Standard），即「丹拿」製統一標準型，車長 30 呎。這批「珍寶」巴士配備「吉拿」6LXB 引擎或「利蘭」O.680 引擎，並採用全自動波箱，車身方面則由「Park Royal」及「都城嘉慕威曼」所建造。

　　據 1977 年 9 月 22 日的《工商晚報》報道，標題是「珍寶巴士大派用場，行走數目雖減，乘客卻見增加」。內文談及兩公司能接載更多乘客之原因係新珍寶巴士載額較多。兩公司均有用珍寶巴士，每輛可載 120 人，當新珍寶巴士不斷加入時，公司便可以將舊而較少之巴士撥作後備。

　　自 1980 年至 1986 年間，中

《香港工商晚報》，〈珍寶巴士大派用場〉，1977 年 9 月 22 日。

九巴同樣從英國引進「倫敦寶」巴士，CM4727 (2D12) 的車身正向各乘客宣傳避免超載的訊息。

中巴「倫敦寶」的車尾設計，CV6742 (XF107) 正行走路線 2 途經銅鑼灣前往筲箕灣。

中巴從英國 Ensignbus 訂購「倫敦寶」二手巴士時，特別要求只選購配「Park Royal」車身及「吉拿」引擎，CX3570 (XF141) 便是其中一員。

巴、九巴、城巴及雅高巴士均先後購入這批車齡不高的「珍寶」巴士；由於巴士源自倫敦運輸局，故又稱為「倫敦寶」。然而，單是中巴和九巴，取態已大相逕庭。中巴為着加快擴充車隊步伐，以應付海底隧道巴士路線及地下鐵路接駁巴士路線的龐大需求，遂從英國 Ensignbus 中介公司引入 208 輛「倫敦寶」。當時更特別要求只選購配備「Park Royal」車身及同「吉拿」引擎的「倫敦寶」，原因不外乎「Park Royal」車身的造工較「都城嘉慕威曼」車身來得精細及耐用，而「吉拿」引擎又早已被中巴廣泛採用，這是可以理解的。然而由於 Ensignbus 一時間未能提供如此大量的「吉拿」引擎巴士，遂先將部分配用「利蘭」引擎的「倫敦寶」交付中巴，再在巴士投入服務後才更換回「吉拿」引擎。

反觀對岸的九巴，由於僅視「倫敦寶」為短暫的過客，長遠仍以三軸大型巴士為骨幹。當時引入 100 輛「倫敦寶」只為取代步入晚年的「丹拿」前置引擎巴士，務求以最短時間引入，故採購上沒多大要求。然而這批「倫敦寶」狀態參差，「利蘭」引擎表現不可靠之餘，欲自行更換「吉拿」引擎卻面臨零件不足而不划算。「SCG」自動波箱在設計上，說穿了也只是以電子自動換檔器套用在半自動波箱之上，然而技術仍未見成熟，波箱容易出現故障。最終，九巴的「倫敦寶」很快便被淘汰掉。

對於九巴來說，無論是「圓頂寶」、「平頂寶」還是「倫敦寶」，始終都未能煥發出「珍寶」巴士箇中的魅力。雖然其攀斜表現實在力有不逮，但最為人所詬病的始終是九巴未有為「珍寶」巴士選配俗稱「風油軚」的動力輔助轉向系統，司機們操控一台當時動輒滿載甚至超載的「珍寶」巴士，實在絕非易事。

然而「珍寶」巴士卻為中巴立下不少汗馬功勞，不僅因其「風油軚」設備而令駕馭「珍寶」巴士變得輕鬆，其足跡更遍佈中巴路線版圖中的絕大部分路線，無遠弗屆，其在車隊的重要性可見一斑。

1979

海底隧道貫通港九
打破地區專利

14

中巴與九巴自巴士服務專營權生效以來，一直各據一方。隨着海底隧道貫通港九兩岸，中巴巴士再次走進九龍半島，九巴版圖亦擴展至港島地區。

香港島與九龍半島中間隔着維多利亞港，用作往返兩岸間之交通工具，大致可追溯至 1888 年，一位波斯拜火教教徒創辦九龍渡海小輪公司，提供往來尖沙咀與中環的渡輪服務。隨後九龍倉集團於 1898 年提出收購並改名為「天星小輪公司」，繼續肩負起為往來香港島與九龍半島之間提供渡輪服務的重任。另一邊廂，在 20 世紀初葉，約有 16 間小型小輪公司提供來往中環至油麻地、旺角及深水埗等地的航線服務；當時香港總督司徒拔（Sir Reginald Stubbs）欲加強監管渡輪服務，遂於 1919 年引入專營權制度予以整頓，並將首個專營權批予四約街坊輪船公司，營辦港九之間的渡輪服務。1924 年 1 月 1 日四約街坊輪船公司專營權期限屆滿，之後便改由香港油蔴地小輪船有限公司接辦服務。

1950 至 1960 年代是渡輪業務的黃金時期，無論是載客小輪還是汽車渡輪，渡輪服務是穿梭於港九之間要主要的交通工具。然而港府亦意識到渡輪服務有欠經濟效益，長遠會窒礙社會發展。故籌劃以跨海大橋及隧道形式興建一條幹道連接兩岸。最終港府於 1960 年代中期決定採納隧道方案，並耗資 3.2 億港元興建海底隧道連接港九兩岸，並分別以銅鑼灣及紅磡為隧道出入口。

就海底隧道未通車前計算，單計 1970 年全年乘搭天星小輪的乘客量達 5,660 萬人次，而使用汽車渡輪服務的亦多達 609 萬輛汽車架次。

地區專利　名存實亡

自從 1933 年港府批出港島區與九龍及新界區的巴士服務專營權，中巴及九巴便以地區專利形式各據一方。

時至 1970 年代初，隨着海底隧道巴士服務開辦在即，九巴及中巴遂為有關服務進行磋商。九巴在其公司年報中亦有提及，磋商最終達成協議，在過海隧道啟用時，彼此准許對方之巴士行走於其專利地區之內，此兩間公司更合辦隧道過海巴士，試辦了三個月。

1972 年 8 月，連接港九兩岸的香港海底隧道正式落成。緊隨 8 月 2 日舉行開幕儀式後，海底隧道於 8 月 3 日正式通車，而首三條海底隧道巴士路線 101、102、103 亦於 8 月 5 日正式開辦，分別來往觀塘至堅尼地城、來往荔枝角至筲箕灣，以及來往九龍塘至蒲飛路，由中巴及九巴聯合經營。

《香港工商日報》，〈隧道延遲正式開放〉，
1972 年 8 月 3 日。

　　值得留意的是，來往九龍塘至蒲飛路的路線 103，最初只由九巴獨營，原因是中巴為着海底隧道巴士服務而購置的新巴士只有部分能趕及投入服務，遂優先派往行走路線 101 及 102；而路線 103 則要到同年 9 月 1 日起才正式由中巴及九巴聯合經營。

　　據 1972 年 8 月 6 日的《華僑日報》報道，海底隧道在 8 月 3 日晚上 11 時 45 分開放通車後，昨日上午 7 時，來往港九的海底隧道巴士亦展開了巴士歷史性的服務。昨日通行的隧道巴士，由中巴及九巴開辦的三線，計有路線 101（堅尼地城至觀塘），路線 102（筲箕灣至荔枝角），路線 103（半山蒲飛路至九龍橫頭磡）。三線車費都是 1 元。最初通車的兩小時，即由早上 7 時至 9 時左右，乘上述三線隧道巴士之市民，並不十分擠擁，因為多為上午上班的人士。但 9 時以後，無論九龍及港島乘搭隧道巴士的人大大增加，以記者在兩邊隧道口所見，通過的巴士均全車爆滿，很多市民望車興嘆，此情形以下更甚。

　　三線巴士的行駛時間，以橫頭磡至蒲飛路需時最短，平均約為 1 小時 10 分鐘；而觀塘至堅尼地城及荔枝角至筲箕灣，因路程較長，平均

《華僑日報》，〈海底隧道巴士通車首日〉，1972 年 8 月 6 日。

約需時 1 小時 30 分鐘才行畢全程。乘客多在六個總站分別上車；下午後，巴士由各總站開出時，已有三分二滿座。記者曾訪問多位乘客，他們大都是懷着觀光的心情，希望嘗試乘坐新巴士及一睹隧道為快。

　　據 1972 年 8 月 6 日《工商日報》報道一些乘客對隧道巴士的看法，一位李姓乘客說坐車通過海底隧道僅三分鐘，非常快捷，但希望能駛慢一點，讓乘客細看一番這個了不起的工程。然而有些乘客指出隧道巴士美中不足處為太悶熱，雖然過隧道只需三分鐘，可是隧道內的熱氣

BH5612 (LF34) 裝配上經改良的「Metal Sections」車身，駕駛席的擋風玻璃微向上斜，有助減低折射反光。這天為新巴士首日航，於 1975 年 4 月 10 日行走過海隧道巴士路線 101。

路線 103 早期由九巴獨自經營，往來蒲飛路至橫頭磡；AR7592 (D657) 屬「丹拿」F 型巴士，車身全長 31 呎。

過海隧道巴士路線 104 於 1973 年 1 月 28 日正式開辦，往來白田至石塘咀；圖中 BV2050 (MC7) 亦於早上繁忙時間前來支援作短途特別車前往中環。

真令人吃不消，假使能裝上冷氣該多好，縱使票價貴點也是值得的。一位老太太說巴士的窗戶又高又小，對小孩子倒很安全；她的兒子卻說：「行得咁快，都唔好玩。」

派出簇新巴士提供服務

隨着新路線的啟用，九巴和中巴除了於新路線全面採用一人控制模式運用外，更不約而同派出旗下車隊七十多輛簇新的雙層巴士提供服務。九巴派出 34 呎長的「丹拿」E 型雙層巴士，屬當時車隊中最新、最大型的巴士，並附以 30 呎長的「丹拿」F 型巴士作輔助。全部均特別裝設乳膠坐墊座位，較一般巴士採用的玻璃纖維座位更見舒適。中巴則派出 30 呎長的「佳牌」亞拉伯五型雙層巴士行走，車身設計更特意將樓梯移至中間位置，正對着中門，方便上層的乘客下車；另外亦有「利蘭」亞特蘭大二手雙層巴士作輔助。最為觸目的是中巴同時派出當年簇新的「丹拿」Fleetline「珍寶」巴士行走路線 102，是當時唯一輛後置引擎的新巴士。

巴士路線覆蓋港九各地

雖然隧道巴士路線收費單程高達一元，然而直至 1972 年底，單計首五個月的載客量已達 1,230 萬人次，受歡迎程度可想而知。隧道巴士路線的數目，亦由最初的 3 條按年增加至 1978 年的 13 條，新增路線包括路線 104、105、106、111、112、113、116、121、122 及170，服務地區進一步擴展至白田、荔枝角（荔園）、竹園、坪石、蘇屋、彩虹、北慈雲山、沙田、西環、中環急庇利街、銅鑼灣、鰂魚涌及香港仔等地。

當中，路線 111 及 112 更作為短程輔助路線改善隧道巴士服務。為改善路線 101 及 102 的龐大乘客量需求，兩巴首先於 1973 年 10 月

路線 111 服務早於 1975 年 2 月 1 日開辦，服務往來坪石至中環急庇利街。
AD7287 (D381) 圖中披上九巴 80 年代全新車身色彩途經德輔道中，目的地
已於 1981 年延長至中環港澳碼頭。

1 日開辦路線 112 服務來往旺角至銅鑼灣；又於 1975 年 2 月 1 日開辦
路線 111 服務來往坪石至中環急庇利街。同日起路線 101 的來回程不
途經彩虹道，路線 102 的來回程不途經怡和街及軒尼詩道，路線 112
則延長至來往蘇屋及北角。

　　另外，路線 121 及 122 則於 1975 年 12 月 17 日起投入服務，兩
線均為深宵巴士路線，分別服務來往彩虹至中環急庇利街，以及蘇屋至
北角。較為特別的是兩線沿途不設固定巴士站，乘客可在非禁止停車的
路段向司機伸手示意登車或通知司機落車。另外亦於 1976 年 4 月 1 日
起，兩線在海底隧道收費廣場巴士站轉車處可相互免費轉車，以吸納及
方便更多乘客。然而由於凌晨時分乘客稀少，兩線開辦以來一直處於虧
蝕狀態。

　　海底隧道巴士服務得以開辦，市民更方便往返於港九之間，促進了
香港社會發展。

1950

1970 年代的隧道巴士主力

① AD7432 (D526) 特別為行走過海隧道巴士路線而裝設乳膠坐墊座位，倍添舒適；這天行走路線 105 前往荔枝角。

② 九巴首輛「丹拿」珍寶巴士 BG5124 (D666)，這天僅為新巴士投入服務第五日，「Metal Sections」車身便已披上了香煙廣告。

③ BY6595 (N8) 與 CK147 (N138) 同屬「丹尼士」喝采巴士，分別披上不同年代的九巴標準車身色彩，服務過海隧道路線。

回歸前置引擎巴士
雞車　鴨車　鵝車

15

隨着後置引擎巴士的面世，不少車廠甚至將前置引擎巴士生產線停產。然而，另一波前置引擎巴士風潮卻再一次在香江牽起，前置引擎巴士載譽歸來。

1970 年代初，正當第一代後置引擎雙層巴士在英國大行其道之時，位於蘇格蘭的「艾爾莎」（Alisa）車廠一反潮流，與「富豪」（Volvo）車廠合作推出兩輛「艾爾莎－富豪」（Alisa Volvo）B55-10 型前置引擎雙層巴士樣板。

時值中巴銳意引進各種巴士產品作試驗，遂率先引入其中一輛「艾爾莎－富豪」B55-10 型樣板巴士，並於 1975 年 10 月伴隨兩輛「都城嘉慕－紳佳」（MCW Scania）大都會型（Metropolitan）後置引擎雙層巴士同船抵港。

中巴引入的八輛「艾爾莎－富豪」B55-10 型巴士，憑藉其高載客量被冠名「珍寶艾爾莎」，BW1365 (AV4) 正行走過海隧道路線 112 前往北角。

巴士成為陸路交通主力

亞歷山大車身　首現香江

　　裝嵌上「亞歷山大」車身的新巴士，同時將蘇格蘭製的「亞歷山大」車身首次引進香港，為中巴帶來一個嶄新形象的新巴士外觀。流線型設計的新車身上，上層頭幅和尾幅均安裝有以玻璃纖維製成的組件，極具線條美之餘亦大大減輕車身重量。長方形的鬼面罩能為引擎帶來不俗的散熱效果，而位於車頭的路線顯示牌，亦以極富蘇格蘭特色的三角形牌箱示人。走進車廂，通過全車唯——道自動閘門，是本港空前絕後使用三頁式的車門設計。車廂內壁以防火膠板取代昔日的金屬鋁板之餘，亦毋需再為整個車廂髹上油漆；而附設膠邊的車窗，也減少了玻璃車窗在巴士行駛時所產生的噪音。「亞歷山大」車身的革命性設計，部分為車廠在往後提供數千套的供港車身訂下標準。

富有後置引擎特色的新巴士

　　「艾爾莎－富豪」要在後置引擎雙層巴士主導的市場中分一杯羹，首要條件是巴士的設計需要適合一人控制運作模式。為此，「艾爾莎－富豪」遂將前置式引擎及駕駛室均安排在前車軸之較前位置，而前車門亦同樣被安排至左側車頭位置。這種設計，不難令人想起當年「佳牌」推出 Wulfrunians 雙層巴士的革命性設計概念。司機能同時照顧乘客上車及察看乘客有否將車資投入錢箱的情況，適合一人控制的運作，加上新巴士的尾軸採用呈 U 型的 Drop-centre 設計，委實是一款富有後置引擎特色的前置引擎巴士。「艾爾莎－富豪」B55-10 型巴士於 1975 年 11 月投入服務，帶着 100 人的總載客量穿梭於港島區。在機械配搭上，B55-10 型巴士採用「富豪」TD70E 直列式六汽缸附渦輪增壓引擎，僅僅 6.7 公升的引擎容積即能迸發出 201 匹的強大馬力，配合「SCG」GB350 五前速全自動波箱，更可謂無往而不利。故中巴隨即向「艾爾莎－富豪」增購七輛 B55-10 型巴士，並改用雙門設計；而底

盤長度則由原先全長 32 呎 4 吋半增加至近 34 呎。延伸的長度主要落在尾跨的位置，使載客量進一步提升至 121 人，中巴遂以「珍寶艾爾莎」（Jumbo Alisa）為其命名。另外中巴亦於其中一輛新巴士安排試用附有減速器的「福伊特」（Voith）D851 全自動波箱。

反觀於 1979 年新成立的城巴有限公司，將當時另一輛「艾爾莎－富豪」B55-10 型樣板巴士收歸旗下，成為其開國功臣之一。

對於中巴引入「艾爾莎－富豪」前置引擎巴士，彼岸的九巴絲毫不感興趣，但「艾爾莎－富豪」卻造就出新一代前置引擎雙層巴士的設計藍本。

後置引擎巴士技術尚未成熟

然而，被中巴及九巴寄予厚望的後置引擎的「珍寶」巴士，技術始終尚未成熟，投入服務後衍生的問題漸多。例如後置的引擎冷卻水箱未能發揮足夠的冷卻效能，「吉拿」6LXB 引擎套用在「珍寶」巴士上亦未能夠長時間處於高轉數輸出，以上種種皆令「珍寶」巴士未能應付爬山路線。加上九巴未有為「珍寶」巴士選配動力輔助轉向系統，司機們駕駛「珍寶」巴士應對動輒超載的本土特色，往往要費盡九牛二虎之力才能勉強將巴士駕馭起來，令九巴不得不着手籌劃引入新車種。

由於英國本土的巴士生產商正集中生產

「紅燈籠」車身

1977 年，「丹尼士」車廠將四輛喝采型巴士底盤交付九巴作試驗，以決定新巴士在本港環境下之適應性。新巴士以 CKD 散件付運方式被安排在香港裝嵌上九巴自行設計的「英國鋁材」車身，首輛「丹尼士」喝采巴士於 1977 年 11 月首以「紅燈籠」車身色彩在九巴位於深水埗東京街的仙樂車廠示人。上圖的 BR4474 (N1) 帶着「紅燈籠」車身色彩行走路線 13D 開赴大角咀。

後置引擎巴士，香港巴士公司要尋求合適的前置引擎巴士可謂大海撈針，最後也惟有向其他英聯邦國家招手。回首對岸的中巴於 1974 年在印度引入「亞索利蘭」泰坦 ALPD1/1 型巴士，彼岸的九巴也於 1976 年在南非尋得「南非利蘭」以「佳牌」勝利 J 型（Victory J）單層巴士為藍本而開發的新巴士，並由當地 Bus Bodies（South Africa）Ltd.（BUSAF）正式開發出勝利 J 型前置引擎雙層巴士。

「BUSAF」勝利 J 型雙層巴士的設計相對簡單，配用九巴標準的「吉拿」6LX 引擎和「SCG」四前速半自動波箱，似有回到過去之感。全數四輛樣板巴士的「BUSAF」自家車身全長 9.7 米，可載乘客 119 人。新巴士於 1976 年 1 月底投入服務，先後行走海底隧道路線及市區路線。隨後更有「非洲牛」的綽號，然而名字的由來已無從考究。

九巴從南非引進的「BUSAF」勝利 J 型雙層巴士，有着「非洲牛」的稱號。上圖為 BJ9268 (G3) 被安排行走路線 40 途經美孚。

丹尼士重投香港專利巴士市場

面對「BUSAF」勝利J型雙層巴士成功讓前置引擎巴士再一次引進九巴車隊，英國「丹尼士」車廠亦看準這個機遇，設計出以貨車底盤改裝而成的前置引擎雙層巴士——喝采（Jubilant），向九巴推介作試驗性行走，並成為「丹尼士」重投香港專利巴士市場之機會。

丹尼士喝采與利蘭勝利二型

在九巴於 1978 年先後引入的「丹尼士」喝采巴士及「利蘭」勝利二型巴士相繼投入服務，中巴亦於 1979 年至 1980 年間開始訂購兩款同型號巴士，以取締年事已高的「佳牌」亞拉伯五型雙層巴士。甚至在偏處一隅的大嶼山，嶼巴也於 1980 年至 1983 年間引入「利蘭」勝利二型巴士。

單從 1978 年至 1983 年間，引進香港服務的「丹尼士」喝采巴士就已有 390 輛，當中九巴佔 360 輛，中巴佔 30 輛。「利蘭」勝利二型巴士更達 716 輛之多，數字上更接近喝采巴士的兩倍，其中九巴引入 540 輛，中巴則有 167 輛，餘下 9 輛則為嶼巴所引入。

巴士車身方面，「亞歷山大」及「都普」（Duple Metsec）可謂兩款巴士的專用車身供應商，「亞歷山大」車廠更是當中的大贏家，包括為九巴全數 540 輛勝利二型巴士、首批共 210 輛喝采巴士提供 KB 型車身；又為中巴首批共 147 輛勝利二型巴士，以及全數 30 輛喝采巴士提供 CB 型車身；而嶼巴的全數 9 輛勝利二型巴士的車身皆為「亞歷山大」所提供。其餘 180 輛巴士，包括 150 輛九巴喝采巴士及 30 輛中巴勝利二型巴士，則採用「都普」車身。

機械配搭上，「丹尼士」喝采巴士及「利蘭」勝利二型巴士在巴士公司的要求下均採用 10.45 公升的「吉拿」6LXB 引擎，縱置於頭軸之前，以 180 匹強大馬力輸出，連接至附有液壓減速器的「福伊特」

九巴「利蘭」勝利二型巴士主要集中服務新界及九龍西區，直至晚年才大舉轉投九龍東區，CW9935 (G487) 更披上九巴自家「技術至上」廣告。

九巴後期引入的「利蘭」勝利二型巴士，其「亞歷山大」車身已作出顯著改良，圖中 CW5659 (G481) 及 CY2557 (G533) 的下層擋風玻璃既大且深。

屯門公路曾是「利蘭」勝利二型巴士馳騁之地，CJ4516 (G246) 正行走路線 52X 前往屯門，然而目的地卻錯誤顯示為深水埗碼頭。

中巴首批共 147 輛「利蘭」勝利二型巴士同樣選配上「亞歷山大」車身，型號則為 CB 型；CP9873 (LV135) 剛完成早上繁忙時間的支援服務工作。

首批共 210 輛「丹尼士」喝采巴士裝配上與「利蘭」勝利二型巴士近似的「亞歷山大」KB 型車身，CL8857 (N179) 正開往馬鞍山恆安邨作巴士機件測試。

九巴為第二批引進的 150 輛「丹尼士」喝采巴士改配上「都普」車身，CN9137 (N260) 是路線 91 的中堅份子，主力行走清水灣至鑽石山之間。

D851 三前速全自動波箱帶動大比率的尾牙驅動車軸，故特別適合需要經常爬斜的路段；然而時速亦相對較低，最高只有約時速 65 公里左右。另外，勝利二型巴士的尾軸更採用上恆星齒輪，這是喝采巴士所沒有的。

針對珍寶巴士的改良設計

「丹尼士」喝采巴士及「利蘭」勝利二型巴士等兩款新一代前置引擎巴士的引入，無疑是要針對「珍寶」巴士爬坡能力低、冷卻水箱過熱，以及未能承受超載的能耐而致主車陣斷裂等詬病。加上時值港府大力開發新市鎮及新發展區，遂令喝采巴士及勝利二型巴士成為了市區往返新界的路線主力車型——尤其是屯門公路及大埔道等長途或爬山路線，「珍寶」巴士委實無法勝任。

九巴將最後一批珍寶巴士訂單轉投「利蘭」勝利二型巴士，BZ9777 (G6) 帶着凱旋而歸的勝利姿態衝上荃景圍。

踏入 80 年代中期，可說是勝利二型巴士的盛世。單是九巴方面，其數目約佔九巴車隊兩成，但所負擔的行車哩數卻佔整個九巴車隊的三成。由此推論，勝利二型巴士的可靠性，從這個數字可見一斑。

然而，勝利二型巴士所牽涉的嚴重交通意外卻冠絕其他車型，尤其是涉及翻車的意外，這或可歸咎於其高重心的設計。當中最為社會哄動的交通意外，可追溯至 1986 年 11 月 5 日，當日早上一輛滿載乘客的勝利二型巴士行駛路線 61A 前往元朗途中，在屯門鳴琴路右轉石排頭路時失事翻側，造成嚴重傷亡。

根據 1986 年 11 月 6 日《華僑日報》報道，慘劇是發生於昨晨 7 時 20 分左右，肇事巴士由屯門蝴蝶邨巴士總站，接載近九成約百多名乘客前往元朗，當時為上學及上班時間，大部分乘客為學生及上班的市民。一名傷者描述當時巴士車速約 30 至 40 咪左右，在巴士駛經鳴琴路右轉入石排路時，巴士首先撞向路邊鐵欄，然後翻側。車禍中的五名死者，其中四人是車上乘客，包括三名男學童及一名男

九巴董事在機場巴士啟用禮上稱

**肇事勝利二型巴士
證實性能並無問題**

運輸署長稱會檢討巴士司機訓練及維修

《華僑日報》，〈肇事勝利二型巴士證實性能並無問題〉，1986 年 11 月 7 日。

子，另一男童死者則是路人，他是被巴士壓於車底致死。

根據 1986 年 11 月 7 日《華僑日報》報道，九巴董事總經理雷覺坤在受訪時指出勝利二型巴士設計絕無問題，而該公司已在四年前開始沒有訂購這種巴士，因九巴需要購買最新設計的巴士。目前九巴車隊中約有兩成乃屬於勝利二型巴士，約 460 架。雷氏指出訂購勝利二型巴士乃經過當局嚴格試驗，而生產這批巴士的英國利蘭車廠制造巴士嚴格，聲譽良好。

根據 1986 年 11 月 8 日《大公報》報道，標題是「巴士轉彎角左右搖晃，在場觀看人群齊嘩然」。事發後兩日，九巴工程經理潘強更戴上頭盔駕駛一輛同批次的勝利二型巴士，協助警方重經案情。巴士在事發現場以時速 30 哩速度駛過肇事路段，模擬當日出事巴士的行車情況。當轉彎時巴士極度傾側，有左右搖晃的情形，右輪明顯離地，令在場觀看的人群嘩然。

無論「丹尼士」喝采巴士及「利蘭」勝利二型巴士的功過如何，是設計的倒退，還是求車若渴的巴士公司在應對新市鎮開發、乘客量大增而催生的過渡性產物。這兩款香港獨有的車種，均在香港巴士歷史上留名青史。

家禽系列：雞車、鴨車、鵝車

「利蘭」勝利二型綽號「雞車」，有說是因為勝利二型巴士原以「佳牌」勝利型為藍本開發出來，遂以「Guy」的諧音俗稱為「雞」，故稱為「雞車」。另外有一說法則是指勝利二型巴士的頭軸避震較軟，在街上起伏道路行車時猶如一隻買食中的雞，故取名「雞車」。至於哪一說法才是真確，現在已無從稽考。惟有趣的是，部分人愛以勝利二型和喝采巴士互相比較，加上兩者車身設計相近，外觀上難以分辨，遂以「雞同鴨講」分別引申出「雞車」和「鴨車」，甚至乎後期更以「鵝車」來追封「艾爾莎—富豪」巴士。

1950

次世代後置引擎巴士
百花齊放

16

1970 年代，是香港巴士歷史甚至英國巴士生產歷史進程中一個重要年頭，後置引擎巴士從第一代設計走進次世代，見證着百花齊放的巴士產品的誕生。

1970 年代是香港巴士發展相當急速的年代，隨着英國進入後置引擎巴士的新時代，本港巴士公司所面對的，正正是由此而衍生出來的問題：英國具規模的巴士生產商均忙於為當地巴士公司生產後置引擎巴士，甚或前置引擎巴士生產線須停產，以集中資源應付後置引擎巴士的訂單等，每每令本港巴士公司尋求車源時大費周章。

中巴引入都城嘉慕紳佳巴士

中巴自 1970 年代中期開始，就為採購新巴士訂下兩個方針：一是能勝任港島區內陸攀山路線的車型；另一則是為解決過海隧道路線擁有高乘客量需求的高載客量車種。當中過海隧道路線的客量增長尤其顯著及急速，故巴士公司更需不斷引進新車種以應付當中的需求。

論最適合爬山路線的車種，固然是前置引擎巴士的專利。中巴除原有的龐大「佳牌」車隊外，於 1979 年還開始相繼引進「利蘭」勝利二型及「丹尼士」喝采巴士等後繼車種。

但令中巴最費煞思量的，是着手引進適合過海隧道路線高載客量的車種。誠然早年引入「珍寶」巴士的速度未及載客量增長，加上更

中巴於 70 年代中期求車若渴，遂引入「都城嘉慕－紳佳」Metropolitan 巴士作試驗，圖中 BJ4860 (MS1) 正途經中環干諾道中前往金鐘地鐵站，準備支援路線 10M 服務。

多過海隧道路線計劃開辦，面對車源緊張，中巴遂窺準 1975 年向由「都城嘉慕」及「紳佳」合作生產的「都城嘉慕－紳佳」大都會型（Metropolitan）巴士下手。當年瑞典「紳佳」車廠要打進英國市場，不得不與英國巴士生產商聯營，才促成「都城嘉慕－紳佳」的出現，並進一步將香港巴士再一次帶進新紀元。兩輛大都會巴士在 1975 年 10 月伴隨另一輛中巴新購置的「艾爾莎－富豪」B55-10 型樣板巴士以水路抵港，並帶着革命性的新設計向港人展示。

中巴引入大都會巴士原意是開拓來往赤柱與市區的豪華巴士服務先導計劃，然而計劃最後無疾而終。新巴士的技術雖然相對先進，但卻未獲中巴所垂青而增購，後來更因零件短缺而被迫留廠待修。

「都城嘉慕──紳佳」新巴士的特點

「紳佳」設計的雙層巴士底盤，屬於第二代後置引擎雙層巴士底盤設計。另外懸掛系統更以全氣墊式運作，有別於慣常的葉片彈簧避震。

原廠 DC 11C 06 型自然呼吸式 11 公升後置引擎，輸出馬力高達 190 匹。

車身方面：裝嵌了由「都城嘉慕」主打的大都會型一體化車身，全長 9.7 米。

載客量：上層座位 45 人、下層座位 29 人及企位 15 人，總載客量 89 人。

1979

巴士成為陸路交通主力

中巴銳意開拓豪華巴士路線

時至 1978 年，中巴對開辦來往赤柱與市區的豪華巴士服務滿懷信心，加上先前與「都城嘉慕－紳佳」的合作，遂向「都城嘉慕」車廠訂購 12 輛都城型（Metrobus）豪華巴士。

新巴士安裝上 2+2 排列方式的高背軟墊座椅，並設有上層座位 43 人、下層座位 29 人及企位 23 人，總載客量 95 人。以一輛全長僅 9.7 米的巴士來說，載客量可算是不俗；而全氣墊式懸掛系統仍然是新巴士的標準裝備。

首兩輛新巴士於 1978 年 2 月 28 日投入服務，中巴並聯同廠方對新巴士進行試驗：日間會被派往行走過海隧道路線，深宵則繼續通宵路線服務，每日安排服務 23.5 小時、行走 400 公里、載客 2,600 人以測試都城巴士的能耐。最終新巴士不負眾望，在行走柴灣道路段時，其高達 177 匹馬力輸出的「吉拿」6LXB 引擎在前置式設計的引擎冷卻水箱配合下，未見有過熱情況，而「福伊特」D851 三前速全自動波箱的發揮亦淋漓盡致。

中巴遂在其餘 10 輛豪華版都城巴士抵港後，於同年 9 月 1 日開辦兩條分別由中環來往赤柱及春坎角的豪華巴士路線 260 及 262。然而，

中巴於 1978 年開始陸續引進「都城嘉慕」Metrobus 雙層巴士，圖中 BV2049 (MC6) 以豪華巴士姿態行走路線 63 於北角邨巴士總站準備開赴赤柱。

《香港工商晚報》，〈中巴新購豪華巴士〉，1978 年 2 月 22 日。

新路線沒有達到中巴原先希望吸引居民放棄使用私家車,而改乘豪華巴士路線的目的;反而因為遊客上升而帶動有關路線的客量不斷上升,遂令中巴須進一步分拆出路線 261 來往於中環至淺水灣之間。

根據 1978 年 2 月 22 日《工商晚報》報道,中巴日內將派出豪華巴士行走,票價由 1 元增加至 1 元 5 毫,可載乘客 72 人。該批新雙層巴士共 12 輛,派出行走中區至赤柱,車費增幅為百分之五十,

高容量的大白鯊

「都城嘉慕」都城巴士豪華版的引入,標誌着第三代後置引擎雙層巴士的成功。中巴對都城巴士的表現深感滿意,遂進一步要求廠方研製更大型的雙層巴士。

最後廠方以豪華版都城巴士為藍本,將原先長達 4.95 米的前後軸距進一步延展至 6.55 米,使新巴士全車的長度由 9.7 米延長至 11.45 米;另外又將「吉拿」6LXB 引擎的輸出調高至 188 匹馬力,以應付預計將會增加的載重量。最為重要的,是將原先豪華巴士 2+2 排列方式的高背軟墊座椅,改為 3+2 排列方式的薄乳膠軟墊座椅,使載客量立即提升至上層座位 70 人、下層座位 48 人及企位 28 人,總載客量達 146 人。新巴士擁有如此高的載客量,中巴特意命名的「超級珍寶」不脛而走,而不少中巴司機更將之喻為「大白鯊」。

中巴對「都城嘉慕」Metrobus 雙層巴士的表現相當令人滿意,遂引入加長版本的「大白鯊」,巴士全長 11.45 米,總載客量可達 146 人。

巴士成為陸路交通主力

新巴士在行走過海隧道路線大派用場,故新巴士除投放在港島市區快線如路線 20、21 外,亦在過海隧道路線擔當重任。然而都城巴士相對其他車廠產品的技術無疑較為先進,但同樣地售價亦較貴,故中巴只有引入 40 輛同款巴士。

丹尼士冀來分一杯羹

面對「都城嘉慕」在香港巴士市場上的競爭,剛重投本港市場的「丹尼士」車廠亦有感喝采巴士暫未能進駐中巴車隊,遂從開發第三代後置引擎雙層巴士入手,研發出「統治者」(Dominator)雙層巴士底盤。

新巴士稱得上是第三代後置引擎雙層巴士,自然是基於其前置式引擎冷卻水箱的設計,配合「吉拿」6LXB 引擎和「福伊特」D851 三前速全自動波箱的完美配搭,但機械配置上沒有大驚喜。巴士底盤所採用的舊式葉片彈簧避震懸掛系統,亦顯得相對失色。

統治者樣板巴士被裝配的是「東蘭開夏」(East Lancs)車身,此乃首見於香港的款式。全長 10.1 米的車身,內設有上層座位 62 人、下層座位 42 人及企位 5 人,總載客量 109 人。新巴士於 1979 年 1 月投入服務,同樣被安排行走港島市區快線。

姍姍來遲的利蘭泰坦

英國「利蘭」車廠在新一代前置引擎巴士引入香港巴士市場此事上遲疑不決,這情況同樣應用在後置引擎巴士之上。

經過十數年的生產期,「利蘭」車廠明白到「珍寶」巴士的大勢已去,而香港作為最大的海外市場之一,「利蘭」不得不急就章地計劃將兩輛泰坦樣板巴士交付中巴試用。

「利蘭」將兩輛泰坦樣板巴士底盤送往車身製造商「Park Royal」,其中一輛全長 9.6 米的底盤會準備安裝豪華版車身,而另一輛全長 11 米

英國「利蘭」車廠準備兩輛以 Titan 巴士底盤配上「Park Royal」車身供中巴試用,卻只有豪華版的 CD1213（TC1）最終成功登陸香港行走豪華巴士路線 260。

的底盤則計劃安裝普通版車身。然而事與願違,適逢「Park Royal」車廠發生工潮,最終只有裝配豪華版車身的 CD1213（TC1）泰坦巴士能夠完成組裝,並付運香港行走豪華路線 260;而另一輛泰坦訂單最後亦改為兩輛裝配上「亞歷山大」車身的勝利二型雙層巴士,可謂一波三折。

泰坦巴士以豪華版都城巴士的相近車廂規格示人,包括安裝上 2+2 排列方式的高背軟墊座椅,設有上層座位 43 人、下層座位 30 人,但不設企位。

機械配搭上,新巴士同樣使用炙手可熱的「吉拿」6LXB 引擎,只是轉用「利蘭」原廠的 Hydracyclic 全自動波箱。引擎冷卻系統及風扇被安排在引擎室的右上方,左上方則設有喉管排出引擎的熱氣。

備受注目的利蘭奧林比安

面對泰坦 B15 這款第二代後置引擎設計的車系未能獲得中巴所垂青,「利蘭」遂於 1979 年開發出全新 B45 車系,並於稍後命名為「奧林比安」（Olympian）。

「利蘭」於 1981 年為五輛奧林比安巴士底盤裝配上集團旗下的「Eastern Coachworks, ECW」車身,當中一輛為短陣設計,全長 9.95 米,其餘的則為長陣版本,全長 10.3 米。五輛完成裝配「ECW」車身

工程的奧林比安巴士隨即交付予九巴及中巴測試,其中三輛長陣版本交予九巴試用,其餘的則由中巴測試其可靠度。全數奧林比安巴士均裝設有 2+2 排列方式的座椅,令全車的座位數目分別是長陣版本的 99 人及短陣版本的 89 人。中巴其後更為兩輛樣板巴士改漆上豪華巴士車身色彩,並轉用高背軟墊座椅,以另一樣貌繼續提供服務。

動力配搭方面,新巴士仍然沿用與泰坦 B15 巴士相同的機械配置,包括「吉拿」6LXB 引擎及「利蘭」Hydracyclic 全自動波箱;而不同的是,改用第三代後置引擎設計標準的前置式引擎冷卻水箱,加強引擎冷卻效能。

對於英國「利蘭」車廠的推銷,中巴卻絲毫沒有動搖。昔日中巴與「佳牌」緊密的合作關係,自「佳牌」被「利蘭」全面收購後,中巴與「利蘭」的關係就只靠那 167 輛勝利二型巴士所維繫。

時至 1982 年,能夠獲中巴增購的巴士,卻是來自「丹尼士」車廠的統治者雙層巴士。中巴向「丹尼士」車廠訂購六輛統治者雙層巴士,底盤長度由樣板巴士的 10.1 米縮短至 9.6 米,並配上「亞歷山大」R型矮身車身,以便行走山頂巴士路線。六輛統治者巴士當中,首三輛採用葉片彈簧避震懸掛系統,其餘三輛則改用氣墊式懸掛系統。

「利蘭」車廠向九巴提供的三輛 Olympian 樣板巴士,裝配上「ECW」車身,CP3323 (BL1) 這天特別出現於紅磡碼頭支援路線 7B。

「利蘭」車廠繼 Titan 巴士後再提供 Olympian 巴士供兩巴測試,中巴 CR4443 (BR1) 為短陣設計,全長只有 9.95 米,這天被安排行走路線 8 往返小西灣至灣仔。

九巴踏入兩軸巴士更替潮

　　一直未有異動的九巴，在引進最後一批「利蘭」勝利二型和「丹尼士」喝采前置引擎雙層巴士後，於 1983 年開始進入第三代後置引擎巴士的採購潮。

　　九巴於 1983 年開始向「都城嘉慕」車廠先後引進三批共 88 輛都城巴士，同期亦向「利蘭」車廠先後引進兩批共 120 輛奧林比安巴士。翌年，九巴再向「丹尼士」車廠引進 40 輛統治者巴士。

　　九巴自引進第一代後置引擎「珍寶」巴士後，又重投前置引擎巴士的懷抱，及後才大量採購第三代後置引擎巴士──這實實在在並非第二代後置引擎巴士的設計問題。

　　誠如前文提及，九巴引進新一代前置引擎巴士的目的，是為了針對「珍寶」巴士的缺點加以改善。前後共引入 900 輛勝利二型及喝采巴士，再加上 100 輛來自英國的二手「倫敦寶」，已足夠填補當時對巴士的急切需求，故不難推斷其實勝利二型及喝采巴士也不過是一種過渡產物，目的只為在當時英國車廠忙於應付英國本土訂單的同時，能向本港提供一款設計簡單而交貨期快的車種。及至 80 年代才正式重新引入後置引擎巴士，是可以理解的。

九巴自 1983 年開始向「都城嘉慕」車廠先後引進三批共 88 輛 Metrobus 巴士，圖中 DG9377 (M67) 帶着機警先生廣告行走路線 70。

獲得九巴增購的「利蘭」Olympian 未有沿用「ECW」車身，改為裝配上「亞歷山大」車身，DE3824 (BL55) 正支援路線 89B 服務。

九巴共引入 40 輛「丹尼士」Dominator 巴士，隸屬沙田車廠的 DC8429 (DM26) 這天遠赴葵芳支援路線 32M 服務。

中置引擎設計富豪雙層巴士

1984 年 7 月 5 日，九巴接收一輛「富豪」車廠打造的 B10MD 型樣板巴士。新巴士採用 B10M 型單層巴士底盤，「富豪」自家的 THD100 型引擎中置於巴士底盤，連接至「福伊特」D851 三前速波箱驅動巴士尾軸。

「富豪」車廠早於 1980 年便嘗試將 B10M 型單層巴士底盤運往蘇格蘭「艾爾莎」車廠，研究組裝雙層巴士車身的可行性。經改良後的 B10MD 型底盤被安排裝配上「亞歷山大」RV 型車身，車上裝設有上層座位 51 個、下層座位 40 個、企位 29 個，總載客量可達 120 人。新巴士更率先試裝上電子路線牌，以顯示巴士行駛路線，取代傳統的攪布牌，而目的地則繼續以攪布牌顯示。九巴未有再進一步增購同型號巴士，而這輛新巴士更於 1988 年在一次火災中報廢。

上世紀 70 年代是香港巴士發展相當急速的年代，短短十數年間由前置引擎巴士主導的市場，過渡至炙手可熱的第一代後置引擎巴士，再以前置引擎巴士作為過渡產品，才正正式式邁向後置引擎巴士的新世代。70 年代，確是巴士歷史中一個重要的時期。

1980

巴士公司

面對新挑戰

1995

大型三軸雙層巴士
登陸香江

17

為了配合香港未來新市鎮的發展，及集體運輸的需求，本港公共巴士亦要作出轉變。

1970 年代是香港巴士發展相當急速的年代，隨着英國進入後置引擎巴士的新時代，本港巴士公司所面對的，正正是由此而衍生出來的問題：英國具規模的巴士生產商均忙於為當地巴士公司生產後置引擎巴士，甚或前置引擎巴士生產線停產以集中資源應付後置引擎巴士訂單等，在在令本港巴士公司尋求車源時大費周章。

中巴引入都城嘉慕紳佳巴士

1980 年代初，港府對香港公共巴士服務發出前瞻性的指引：「為了配合香港未來新市鎮的發展，及集體運輸的需求，本港公共巴士亦要作出轉變；現時 9.5 米雙層巴士將被調配行走港島區或一些路窄多彎的山路及市區內的橫街小巷。至於載客量需求較大的主要路線，將由一批新巴士提供服務，新巴士有更大的載客量，車身全長 12 米，為避免車軸負荷過重，新巴士有三條車軸，多扇車門，以減少乘客上下車的時間。……」

香港作為英屬殖民地，但過往多次因香港地少人多的限制而迫使本地巴士發展較英國本地還走得更前，回望昔日有「大水牛」之稱的

「AEC」Regent Mk.V、有「長牛」之稱的「丹拿」CVG6LX-34，以及有「長龍」之稱的「佳牌」亞拉伯五型，凡此種種皆遠較英國的 30 呎長標準為大。香港市民對巴士服務求之若渴，在 1970 年代引進的兩軸巴士已不能滿足服務的需求。

為回應香港龐大市場的需求，英國多間車廠紛紛希望將既有的產品加長，及多加一條車軸於底盤上，務求於最短的時間內研發出新產品。

早起的鳥兒有蟲吃

「都城嘉慕」自 1978 年為中巴提供第一輛都城型雙層豪華巴士，進而再向中巴提供 11.45 米加長版都城型雙層巴士的一刻開始，說穿了也是希望在香港專利巴士市場分一杯羹。

「都城嘉慕」這回再一次以都城巴士為藍本，將底盤再進一步加長至 12 米，並在尾軸前加裝一條沒有動力的車軸，新底盤設計初步完成。憑藉其不假外求的車身裝嵌運作，利用自家車身組件裝嵌上阿波羅

中巴的首輛「都城嘉慕」Super Metrobus
(CM8935/ ML1) 的車廂以企位為主。

《華僑日報》，1981 年 5 月 7 日。

都城型雙層豪華巴士

① 九巴引進的三輛「都城嘉慕」Super Metrobus，車廂以座位為主，載客量160人。；圖為 CS1204（3M3）正行走高乘客量的過海隧道路線112前往北角。

② 中巴 CR4882（ML2）在車身設計上特別使用三車門設計，包括一上車門及兩下車門，樓梯則安排在前車軸後。這設計成為了九巴日後三軸12米巴士的標準。

（Apollo）車身，最終在五個月後便宣告成功研製新一代巴士，並在 1981 年 4 月 26 日便率先將兩輛新巴士完成組裝並付運抵港，車主分屬中巴及九巴。

「都城嘉慕」將新巴士命名為「超級都城型」（Super Metrobus），為隆重其事，廠方除了於新巴士抵港當日邀請傳媒及巴士公司代表到葵涌貨櫃碼頭迎接新巴士外，更於同年 5 月 6 日中午於中環愛丁堡廣場舉行新巴士移交儀式。「都城嘉慕」為中巴及九巴提供五輛超級都城型三軸雙層樣板巴士，這五輛樣板巴士稍有不同。

根據 1981 年 5 月 7 日《華僑日報》載「九巴和中巴向英國都城嘉慕車廠訂購的兩部特大型雙層巴士，昨日舉行正式移交儀式。該特大型雙層巴士可載客 170 人（包括 110 人座位和 60 個企位），較現時行走的超級珍寶型載客量 146 人更多。巴士移交儀式昨午在大會堂對出廣場舉行。中巴主席顏成坤在移交儀式上表示，該巴士長 12 米，裝有三車軸。該特大雙層巴士命名為巨鷹型，將於短期內派出服務，行走港島各不同路線。」

九巴及中巴的超級都城型三軸雙層樣板巴士比較		
	中巴	九巴
座位佈局	下層以企位為主	下層以座位為主
載客量	169-170 人	160 人
車身設計	ML2 特別使用三車門設計：一上車門及兩下車門，樓梯組件則安排在前車軸後。	日後三軸 12 米巴士的標準沿襲中巴。
機械配搭		
變速器	西德「福伊特」D851。三前速全自動波箱附內置減速器。	西德「福伊特」D851。三前速全自動波箱附內置減速器。
引擎	「吉拿」6LXCT 引擎，馬力 210 匹。Eagle III 230L 引擎，馬力 230 匹。	「勞斯萊斯」（Rolls Royce）

艾爾莎－富豪　神龍擺尾

　　第二款引入香港的三軸巴士是「艾爾莎－富豪」車廠提供予中巴的兩輛 B55-10 型三軸雙層巴士，新巴士順利於 1981 年 12 月 21 日在港登記。機械配搭上，這兩輛巴士配用前置式「富豪」TD70H 渦輪增壓引擎，帶動「福伊特」D854 四前速全自動波箱驅動中軸，全球僅此兩輛。裝配上「亞歷山大」RX 型車身的新巴士，全車設有 101 個座位，企位則分別為 65 人（AL1）及 68 人（AL2）。

　　其實「艾爾莎－富豪」車廠除向中巴提供兩輛 B55-10 型三軸巴士外，亦有建造多一輛樣板予九巴試用，可惜被九巴拒諸門外，最終這輛無功而回的巴士被運往印尼首都雅加達行駛。

神龍擺尾

「艾爾莎－富豪」悉心安排的四輪轉向系統，即尾軸設有逆位輔助轉向功能，當轉彎時尾軸輪胎會反方向轉動，令中軸頓成轉向的中心，從而減少迴旋半徑。雖然有關功能會於時速高於 18 英里時關閉，然而這設計對於在港島區轉入狹窄街道時容易造成「神龍擺尾」現象，影響行駛安全。

中巴唯一輛選用「亞歷山大」車身的「丹尼士」禿鷹巴士 CW3359 (DL2)，現正在風和日麗的天氣下在灣仔碼頭總站準備行走路線 2A 前往耀東邨。

雙層 B55-10 型巴士，屬前置引擎設計；CT1003 (AL2) 剛於早上繁忙時間完成支援路線 601 服務返回柴灣。

丹尼士三軸統治者

「丹尼士」於 1982 年上半年開始，陸續將五輛樣板巴士提供予中巴及九巴試用，成為第三間推銷三軸 12 米巴士予香港的巴士生產商。新巴士以兩軸「統治者」（Dominator）為藍本，再加以修改設計，於後置驅動軸前加上兩組配獨立連桿的車輪組，而之間沒有實質車軸連接，新車系被命名為「巨龍」（Dragon）。然而中巴則特別向廠方要求旗下型號改以冠名「禿鷹」（Condor），以便與九巴有所區分。雖然如此，但兩者在設計上其實沒有兩樣。

「丹尼士」付運五輛樣板新巴士予中巴及九巴，機械配搭上，210 匹馬力輸出的「吉拿」6LXCT 引擎與西德「福伊特」D851 三前速全自動波箱的配搭仍然是巴士公司的首選。車身方面，首輛提供予中巴的樣板巴士特別選用「都普」Metsec 車身，下層車廂以企位為主，總載客量達 171 人之高；而其餘四輛樣板巴士則選用「亞歷山大」RX 型車身，然而中巴仍採用以企位為主的下層車廂設計，總載客量為 164 人；九巴的下層車廂則設有較多座位，總載客量僅 151 人。

四輪轉向的奧林比安

　　姍姍來遲的「利蘭」，是最後一間提供 12 米三軸巴士輸港的巴士生產商。新研製的巴士同樣沿自兩軸奧林比安（Olympian）型號，但有別於「都城嘉慕」及「丹尼士」的做法，三軸版奧林比安巴士新加上的車軸特別引入隨動轉向功能，中軸輪胎會隨着巴士的轉彎角度而自動調整轉向幅度。這種四輪轉向系統設計有助減低中軸輪胎的消耗之餘，亦可紓緩中軸在轉彎時的扭曲現象，有助提升行車安全。

　　奧林比安樣板巴士裝配上 Eastern CoachWorks（ECW）三車門車身，與中巴 ML2 同樣設有一上車門及兩下車門，下層設計以企位為主。這亦有別於其他車廠提供予九巴的樣板車設計模式，令總載客量可達 157 人。

唯一採用「都普」車身的 Condor 樣板巴士，總載客量達 171 人，仍是有關紀錄的保持者。

九巴 CV2718 (3N2) 的車頭水箱欄柵被更換為九巴自行設計款式，並退出過海隧道巴士路線服務，轉而行走市區路線 43B 來到荃灣碼頭。

城巴 DE4281 (#102) 原為「利蘭」車廠提供予中巴試用的 Olympian 市區版巴士，最後輾轉被改裝成客車版加入城巴隊伍，成為過境巴士服務一員；退下載客行列後改作車長訓練用途。

新巴士的機械配搭也與別不同，以原廠 TL11 引擎帶動同是原廠的 Hydracyclic 五前速液壓全自動波箱，這種配搭可說是當年「利蘭」廠方的標準。新巴士入籍九巴後，隨後於 1982 年 4 月投入服務。

值得留意的是，「利蘭」廠方曾生產另一輛同樣配置 Eastern Coach Works 雙門車身的奧林比安 12 米三軸樣板巴士，準備供中巴作試用。新巴士在英國已漆上中巴的標準車身色彩，並曾進行「傾側測試」（Tilt-test），唯最終因某些原因未有成事。後來廠方安排將之改裝成空調樣板巴士，工程包括加裝獨立引擎驅動的空調系統，更換巴士頭幅及換上密封式車窗、車廂加裝冷氣槽等；而原有的下車門亦遭封閉，上車門則安排加闊。稍後這輛巴士被城巴引入，並用作提供過境巴士服務。

不同時期的「亞歷山大」車身擁有不同的車咀設計，這輛九巴 DA3604 (3BL8) 便帶有早期車咀設計的款式。

「富豪」車廠在收購「利蘭」車廠後仍繼續推出 Olympian 產品車系，九巴 FV5139 (S3BL449) 及 GK3578(S3V8) 分屬「利蘭」及「富豪」產品，裝嵌上「亞歷山大」車身後，就只能靠上層車窗及下層車頭燈組件予以辨識。

路線 690 是云云過海隧道路線中最後轉用全空調巴士服務，九巴 DH7439 (3BL104) 正在中環港澳碼頭準備開往將軍澳康盛花園。

學無前後 達者為先

「都城嘉慕」Metrobus 為中巴提供了兩輛超級都城巴士，換來兩批合共 82 輛新巴士的訂單。「都城嘉慕」巴士曾是九巴服務荃景園多條路線的主力車種，但後來卻未有增購更多 12 米三軸超級都城巴士。但隨後在 1986 年至 1989 年間卻引入了 254 輛 11 米版本的三軸超級都城巴士。下圖的 EG2346（S3M186）便是行走由荃威花園至荃灣地鐵站的路線 39M。

「利蘭」推出的奧林比安三軸車系，雖然 12 米版本只能讓九巴增購 162 輛，並改以「亞歷山大」承造車身，但隨後的 11 米版本卻吸引到九巴及中巴分別引進 470 輛及 10 輛。九巴主要為旗下「利蘭」Olympian 巴士選用「亞歷山大」車身，惟下圖的 GP7528（S3BL174）早年因遭祝融光顧而被安排運往廣州「穗景客車」設計及承造車身。

「丹尼士」憑藉統治者的後繼車種──「巨龍」與「禿鷹」，吸引到九巴先後增購 188 輛 12 米版本和 370 輛 11 米版本的巨龍；而中巴亦增購了 48 輛 12 米版本和 28 輛 11 米版本的禿鷹。下圖的九巴 GD605（S3N370）是九巴車隊中最後一輛「丹尼士」非空調巴士，並披着區域市政局宣傳廣告於街道穿梭。

中巴的巴士採購取態

若細心留意中巴的巴士採購取態，會發現中巴並不熱衷於「利蘭」產品，在云云 168 輛三軸巴士當中，也只有運輸署於 1993 年因豪華巴士過多而被迫改裝為普通巴士的 10 輛奧林比安巴士。

進而再深入瞭解，不難發現中巴在試用各家車廠的三軸大型巴士後，在 1983 年至 1988 年間一直也只是獨沽一味的增購「都城嘉慕」超級都城 12 米巴士。原因不外乎因為「都城嘉慕」早於 1970 年代提供予中巴的兩軸都城巴士可靠性高，加上交貨期短，故一直至「都城嘉慕」在 1989 年倒閉，中巴才在同年開始引入「丹尼士」禿鷹三軸巴士。

殖民地保護政策解除
巴士車種國際化

1842 年第一次鴉片戰爭結束後，英國海軍與清朝大臣簽訂《南京條約》，將香港島割讓予英國，香港正式展開長達 150 多年的英國殖民統治。

香港作為英屬殖民地，沒有政治、經濟、軍事和外交方面的獨立權利，是一個完全受宗主國控制的地區。宗主國為了保護其貨品在殖民屬地的獨佔地位，便運用權力阻止殖民屬地與他國建立緊密的貿易關係，此之為「殖民地保護主義」。

香港專營巴士推行殖民地保護政策，大致可追溯到 1932 年 6 月，時值港府計劃重新整頓香港巴士服務，遂將港島區、九龍及新界區等以公開招標模式，讓巴士公司投標承辦專營巴士服務。最終港府於 1933 年 1 月公佈招標結果，中華汽車公司（簡稱「中巴」）取得港島區的巴士專營權，而九龍巴士公司（簡稱「九巴」）則獲得專營九龍及新界區的巴士服務權。有關專營權為期 15 年，當中條款規定巴士公司必須向英國或其他英聯邦國家的生產商購置巴士，而巴士公司的董事及股東亦需要是英籍人士，專利巴士的殖民地保護政策正式展開。

殖民地保護政策展開

回望自 1930 年代初開始的 50 年專利巴士發展史，在殖民地保護政策推行下，為香港提供巴士的生產商起初主要有「福特」（Ford）、

「利蘭」、「丹尼士」和「丹拿」。二次世界大戰後更可謂百花齊放，「百福」、「金馬」（Commer）、「道濟」（Dodge）、「佳牌」、「薩頓」（Seddon）、「亞比安」（Albion）等加入戰團，冀望能在香港專利巴士市場分一杯羹。

其後香港進入雙層巴士普及的年代，中巴和九巴分別屬意向「佳牌」和「丹拿」招手，而「丹尼士」和「AEC」亦進軍香港成為提供雙層巴士的生產商行列。時至 1970 年代，「利蘭」車廠全面收購「佳牌」和「丹拿」，展開了與「丹尼士」及新晉車廠「都城嘉慕」三分天下的局面。

「都城嘉慕」在巴士生產業界其實並非新手，於英國伯明翰（Birmingham）起家的它早在 1930 年代已為倫敦運輸局（London Transport）承造巴士車身；並於 1975 年向中巴提供兩輛與瑞典「紳佳」（Scania）共同研發的大都會型（Metropolitan）雙層巴士試用。

德國巴士偷步抵港

隨着 1984 年 9 月 26 日中、英兩國草簽關於香港問題的聯合聲明——中國將於 1997 年 7 月 1 日對香港恢復行使主權，同年 10 月 10 日香港立法局亦三讀通過放寬專營巴士條例，容許巴士公司向英國或其他英聯邦國家以外的生產商購置巴士。有關的殖民地保護政策正式解除，意味巴士公司在選購巴士時將有更多選擇及更具彈性。

其實早在 1983 年 6 月，德國「平治」（Mercedes-Benz）代理商仁孚行汽車有限公司已安排一輛採用無大樑式底盤的 O305 型雙層巴士付運抵港，並於同年 8 月 1 日於尖沙咀新世界中心露天廣場舉行移交儀式，供九巴作試驗性「樣板車」行走。新巴士裝嵌上英國「亞歷山大」（Walter-Alexander）R 型車身，並漆上特別的車身顏色塗裝，投入服務後隨即被派往行走過海路線 101 來往觀塘裕民坊及堅尼地城。

隨後九巴再於 1985 年增購 40 輛同型號巴士，用作行走屯門公路

「平治」O305 巴士是路線 68 系的主力車種，其卓越的行車表現足以輕易駕馭屯門公路。

九巴「平治」巴士的晚年主要被派往大埔及新界北區服務，DF9534 (ME13) 這天便被安排支援路線 73X 前往荃灣。

路線 68，來往佐敦道碼頭及元朗東，以及過海路線 105 來往荔枝角及西環。但其後因紅磡海底隧道公司更換新型拖車，在拖車過程中或會對無大樑式底盤造成損害，故最終「平治」巴士須全面撤離過海隧道路線，改為派駐行走屯門公路 68 系路線。

根據 1985 年 8 月 2 日的《大公報》標題為九巴將派出平治巴士 40 輛服務。內文談及 11 米的平治巴士快將投入服務，行走九龍至屯門及元朗的長程路線以及過海隧道巴士路線 105。新巴士的上層裝有新型的通氣系統，可令車廂空氣保持暢通，即使巴士停下來時，車內特設的氣窗亦可確保空氣流通。平治巴士的另一項特色是強力的引擎，使巴士加速較快及具有較佳的行駛斜路性能，縮短上斜的行車時間。九巴去年以 2,400 萬元購買 40 輛長 11 米的平治巴士，應付在五年路線發展計劃中巴士增加的需求。

日本巴士姍姍來遲

另一邊廂，隨着九巴使用多年的「亞比安」維京（Viking）單層巴士陸續退役，九巴於 1987 年至 1990 年間先後引進 91 輛日本「豐田」

隨着更多大型空調巴士投入服務,「豐田」Coaster 巴士在九巴車隊的重要性日漸淡卻,在正式退役前只作為支援角色。EK4546 (AT70) 這天便被安排運送車站物資來到荃灣碼頭巴士總站。

九巴引入「豐田」Coaster 長陣空調巴士主要為開拓豪華空調巴士服務的市場,豪華路線 203 便是其中一個成功的例子。

(Toyota) Coaster HB30 型長陣空調巴士,全車載客量 24 人,投入服務初期主要被派往行走豪華路線 208 來往尖沙咀東至廣播道,與路線 90 來往彩虹至調景嶺。

　　面對豪華巴士服務的需求日增,九巴需要引進載客量更大的空調巴士,遂於 1990 年開始向雅高巴士以長期租賃方式租用 25 輛日本製「日野」(Hino) RK176K 單層空調巴士,當中包括六輛矮身版及 19 輛為高身版;前者設有 58 個 3+2 形式排列的相連座椅,而後者則裝上 48 個 2+2 形式排列的獨立坐椅,全車不設企位。

中巴兩輛「都城嘉慕」Metrorider 巴士的
服役生涯只有短短七年，在 1996 年 2 月
便被安排退出中巴的車隊行列。

「都城嘉慕」Metrorider DY835 (CM1) 屬
中型單層巴士設計，可載客 33 人。

英國都城騎士　無功而還

正當更多非英聯邦國家的製造商打入香港專利巴士市場，形成異軍突起之勢，英國「都城嘉慕」車廠在 1980 年代末期為香港提供四輛 Metrorider 中型單層巴士，冀能令香港專利巴士市場重回正軌之餘，更意圖開拓中型巴士的市場空間。

四輛 Metrorider 中型單層巴士裝配上原廠巴士車身，全長 8.4 米，可載客 33 人，但不設企位。四輛單層巴士先後於 1988 年投入服務，所走遍的足跡，包括中巴的港島北市區路線 10、山頂及赤柱豪華路線、南區路線，甚至是為着應對城巴非專利巴士服務而走上過海隧道巴士路線服務；而對岸的九巴主要安排駐守廣播道豪華巴士路線、荃灣及沙田區屋邨短途接駁路線等。

「都城嘉慕」中型單層巴士的引入，似是成功開拓了中型巴士的市場，但隨着「都城嘉慕」車廠於 1989 年被「Optare」車廠全面收購，而未能進一步在香港市場分一杯羹之餘，甚至連這四輛 Metrorider 巴士也先後於 1993 年底及 1996 年 2 月分別退出九巴及中巴的車隊行列，在香港的營運生涯僅五至七年之短。

然而，由「都城嘉慕」巴士開拓出的中型巴士市場，造就了九巴於 1990 年至 1995 年間向日本「三菱」（Mitsubishi）車廠先後引入 184 輛 MK 系單層空調巴士，全車載客量為 45 至 50 人，投入服務初期主要被派往行走一些 200 系豪華巴士路線，以替代將退下火線的「亞比安」豪華巴士。值得一提的是代理商環宇汽車，更特別為九巴提供 10 年保養期。

新界北區路線 273 的班次頻密，EV8606（AM98）及 GJ3026（AM177）分屬「三菱」MK117J 及 MK217J 型單層巴士，穿梭行走華明邨至粉嶺火車站之間。

九巴首輛引入的「三菱」MK117J 巴士，這天 EL8611（AM1）便被派往支援路線 30 往來荃灣及長沙灣。

啟德機場
巴士服務

自 1925 年開始有飛行紀錄的啟德機場，在香港已服務超過 70 年。然而卻要到運作 70 年後才開始有機場巴士服務提供。

啟德機場原址為填海區，名「啟德濱」，原先由兩名商人——何啟爵士及區德先生於 20 世紀初計劃發展住宅區，後因公司面臨破產，港府認為此幅土地適宜作機場之用，及後便提出將之購入並發展成為啟德機場。

隨着啟德機場發展成為香港國際機場，機場新跑道及第六代客運大樓先後於 1958 年 9 月 12 日及 1962 年 11 月 12 日正式啟用。大樓位處於九龍城太子道旁，旅客除可前往九龍城巴士總站乘搭巴士前往尖沙咀碼頭（路線 1）、大澳門（路線 21）、西貢（路線 22）、調景嶺（路線 30）外，亦可乘坐途經太子道的巴士路線。

1975 年至 1976 年間，九巴引入豪華巴士服務，開辦了 200 系

《華僑日報》，〈九巴豪華巴士首批由英運港〉，1974 年 12 月 6 日。

豪華巴士路線，當中包括路線 200 及路線 201 來往啟德機場至中環雪廠街及尖沙咀碼頭。當時派往行走豪華巴士路線的主力是「亞比安」Viking EVK55CL 型豪華巴士，亦有「百福」YRQ 型巴士，兩者分別裝配有「都普」Dominant II 型及 Dominant 型車身。雖然內部未設有空調設備，但人造皮面的高背座椅及行李存放架的車廂仍予人感覺豪華。

根據 1975 年 3 月 26 日《大公報》記載「中區至機場巴士開辦以來乘客疏。豪華巴士設有座位 42 個，並保證每個乘客都有座位。每隔 15 分鐘 1 班，車費 3 元。」《大公報》並於同年 12 月 29 日記載「面

早期的啟德機場巴士服務主要是來往啟德機場至中環雪廠街及尖沙咀碼頭，裝有人造皮面高背座椅及行李存放架的「亞比安」Viking EVK55CL 型豪華巴士 (BL1830)，便是有關路線的主力車種。

九巴於 1985 年引入「丹尼士」Falcon 豪華空調巴士，作為機場巴士服務的主力；DH972 (AF3) 正行走機場巴士路線 A2 抵達啟德機場。

「丹尼士」Lance 大型單層巴士是通天巴士的主力，行走路線 A2 的 FS7776 (AN19) 剛抵達中環港澳碼頭。

九巴「三菱」MK117J 巴士，亦有部分被安排加裝行李存放架作為機場巴士用途。EW918 (AM108) 正在機場巴士總站等候開往九龍塘地鐵站。

臨停辦,最後一招,機場巴士減收票價。若此辦法仍無效即於 1 月 16 日停辦。」而根據 1976 年 1 月 7 日《工商日報》記載「中區至機場巴士減費後,乘客平均每日增加逾倍。」可見巴士公司的策略湊效,否則路線 200 的豪華巴士可能一早已在歷史洪流中消失了。

新一代機場通天巴士

隨着空調技術提升,九巴於 1985 年引入「丹尼士」獵鷹(Falcon)型豪華空調巴士行走兩條機場巴士路線。新巴士車廂除設有高背座椅、特大行李存放架外,還配備有超卓(Sutrak)空調設備及電子報站系統等。這些設備均成為日後機場巴士的標準。

1986 年 11 月 6 日,九巴將兩條機場巴士重組,以「通天巴士」(Airbus)命名,路線編號則改為路線 A1(來往尖沙咀循環線)、路線 A2(來往中環港澳碼頭)及 A3(來往銅鑼灣循環線)等。

隨着啟德機場旅客日增,九巴引入豐田 Coaster 長陣空調巴士,在

啟德機場巴士服務的路線資訊屏,可見不同巴士公司對機場服務的心思和重視。

1990 年 1 月 24 日開辦路線 A4 來往旺角火車站（循環線），並於同年 7 月 28 日延長至中港碼頭，然翌年 5 月 1 日起卻取消服務。

九巴續於 1990 年至 1993 年間先後引入三菱（Mitsubishi）MK117J 豪華空調巴士、「丹尼士」長矛（Lance）型大型豪華空調巴士及「丹尼士」飛鏢（Dart）型豪華空調巴士，以擴充機場巴士車隊。另分別在 1992 年 12 月 20 日及 1994 年 6 月 5 日開辦路線 A5 來往太古城（循環線）及路線 A7 來往九龍塘地鐵站（循環線）等；亦曾於 1992 年至 1995 年的農曆新年期間開辦路線 A8 來往太子地鐵站（循環線），以疏導農曆新年假期的龐大旅客流量。

城巴酒店接駁巴士

另一邊廂，剛於 1991 年 4 月透過公開投標獲港府授予港島專利巴士路線 12A 專營權的城巴，亦與多間酒店合辦機場接駁巴士服務，以非專利巴士形式於同年 5 月 18 日開辦路線 757，為沙田麗豪酒店、沙田帝都酒店及荃灣悅來酒店提供往來機場的酒店接駁服務，班次為 15 分鐘一班，成人單程票價 15 元。

城巴以「富豪」B10M 豪華空調巴士行走機場非專利接駁巴士路線 757，往返機場及多間酒店。

九巴及中巴分別為旗下飛鏢巴士裝上兩種不同的車身，相比之下，GD5694 (CX6) 的「Marshall」車身設計感覺圓渾；而 FP915 (AA12) 的「都普」車身設計則感覺硬朗。

新巴士線獲安排以富豪（Volvo）B10M豪華空調巴士行走，車廂採用可調較式航空座椅、特大行李存放廂等，更備有流動電話、視聽設備、洗手間設施等。有關巴士路線除讓城巴汲取營運機場巴士路線經驗外，更為日後機場的酒店接駁服務「Hotelink」服務模式奠定基礎。

機場巴士

① 中巴為全新機場巴士路線 A20 特別安排兩輛雙層巴士髹上宣傳廣告，十分搶眼！

② 中巴在旅遊高峰期為機場巴士路線加派雙層巴士行走，加強疏導旅客。HR2439（VA63）在投入服務後不久便被派往支援路線 A20，惜隨後於 1998 年 7 月 3 日清晨誤入機場客運大樓往離境層的通道，整個車頂被撞開。

①

②

中巴沾手機場巴士服務

　　一向無意開拓機場巴士服務的中巴，在 1994 年開始與港府協商開辦機場巴士路線，至 1995 年 9 月 17 日終能開辦路線 A20 來往機場至中環交易廣場，路線的定線巧妙避開九巴路線 A2 途經的告士打道，而改為取道灣仔道及軒尼詩道，並以 12 輛「丹尼士」飛鏢空調巴士行走，全部裝設有行李存放架。

　　面對中巴加入機場巴士服務的競爭，每逢旅遊高峰期，兩巴均會分別為旗下的路線 A2 及路線 A20 加強服務，加派雙層巴士行走，疏導旅客。

　　經過二十多年的機場巴士服務發展，雖然所有啟德機場巴士路線最終未能過渡至赤鱲角機場繼續營運，並於 1998 年 7 月 6 日起暫停服務。但卻為往後的機場巴士服務訂立了新的標準。

往來啟德機場的九巴巴士路線一覽

年份	巴士號碼	路線
1958	1	尖沙咀碼頭（途經太子道西）
1958	21	大澳門（途經太子道西）
1958	22	西貢（途經太子道西）
1958	30	調景嶺（途經太子道西）
1975	200	啟德機場 -> 中環雪廠街
1975	201	啟德機場 -> 尖沙咀碼頭
1986	A1	來往尖沙咀（循環線）
1986	A2	來往中環碼頭
1986	A3	來往銅鑼灣（循環線）
1990	A4	來往旺角火車站（循環線）
1992	A5	來往太古城（循環線）
1992	A8	來往太子地鐵站（循環線）
1994	A7	來往九龍塘地鐵站（循環線）

公共交通
協調政策

20

港府於 1986 年實施「公共交通協調政策」，希望鼓勵新界區居民使用鐵路出入市區，藉此減少繁忙市區的交通流量。

新市鎮的發展依靠公共交通帶動人流，隨着新界東部的沙田第一條公共屋邨——瀝源邨於 1975 年正式入伙，第一條貫通新界、九龍及港島南區的港九郊區隧道巴士路線 170 亦於 1975 年 10 月 12 日正式通車。當時只提供逢星期日及公眾假期的服務，直至 1978 年 7 月 17 日才擴展至每日均提供服務。然而新界西部的屯門第一條公共屋邨——新發邨雖更早於 1971 年落成入伙，惟因道路配套問題一直未有開辦來往港島之巴士路線，市民往來港島主要依靠以深水埗碼頭或大角咀碼頭作總站的巴士路線，再轉乘渡輪前往港島。

隨着地下鐵路「修正早期系統」（Modified Initial System, MIS）於 1979 年底啟用，荃灣綫、觀塘綫、港島綫（除上環站外）於 1985 年 5 月 31 日全綫通車，而九廣鐵路亦早於 1983 年 7 月 15 日完成電氣化工程並通車，港府認為本地公共交通應以載客量極高的鐵路為主導模式。遂於 1986 年實施「公共交通協調政策」，藉行政手段從新巴士路線入手，以改變市民生活模式；又從中鼓勵新界區居民使用鐵路出入市區，從而減少繁忙市區的交通流量。

根據港府所頒佈的「公共交通協調政策」，對新開辦的巴士路線有以下限制：

新界區各市中心線，總站不可越過佐敦道；

新界東部屋邨路線，總站不可越過亞皆老街，往九龍城方向不准以紅磡碼頭或九龍車站作總站；

新界西部屋邨路線，總站不可越過欽州街；

巴士公司不可開辦新界區來往港島之巴士路線。

「公共交通協調政策」的實行，致令九巴的屯門公路特快線只能以佐敦道碼頭為市區終點站。FP8617 (S3BL422) 正行走路線 60X 由佐敦道碼頭開往屯門市中心。

頒佈公共交通協調政策

屯門公路早於 1983 年 5 月 17 日已全線開通，荃灣路則要待到德士古道至屯門公路一段荃灣繞道部分於 1986 年完成才全線通車。惜時值「公共交通協調政策」實行，致令九巴在新界西區開辦市區特快線時，只能以佐敦道碼頭為市區終點站，受影響的包括屯門市中心路線 60X 及元朗市中心路線 68X。

輕鐵專區的實施

另一邊廂，港府在早於 1970 年代發展屯門新市鎮時，已預留空位以興建的輕便鐵路系統，終於 1985 年 7 月 14 日開始動工，並於 1988 年 9 月 18 日正式通車。

輕鐵通車時，當時屯門區及元朗區已有巴士網絡，當中約有 10 條路線跟計劃中的鐵路網絡重疊。為了發展一個地區性的鐵路服務，運輸署遂將大欖至元朗（後來擴展至天水圍）一帶劃為「輕鐵專區」，屯門至元朗區內的交通改由九廣輕鐵及接駁巴士負責，用以取代九巴及專線小巴

輕便鐵路系統於 1988 年 9 月 18 日正式通車，令新界西北區居民的交通模式起了變化，輕便鐵路遂成為了主要的交通工具。

新特快巴士路線 59X 是在「輕鐵專區」措施實施後經運輸署及九巴協商後的產物，GK9398 (S3V19) 正駛經屯門公路前往旺角火車站。

在區內的原有路線，以免輕鐵受過大的競爭。港府亦同時引入措施，自 1988 年 9 月 25 日起，分別限制所有服務屯門區及元朗區的九巴路線在「輕鐵專區」範圍內讓乘客上下車：往市區方向，屯門及元朗區沿途的巴士站，乘客不准下車；往屯門及元朗方向，區內沿途的巴士站，只供落車。有關措施最後直至 1993 年 6 月 1 日起才因配合輕鐵專區的法例修改而得以取消，來回程的沿途所有巴士站均可讓乘客上下車。

當時「輕鐵專區」措施的實施固然受到九巴及屯門、元朗居民大力反對，港府為予以安撫，遂容許九巴分別於屯門碼頭（即蝴蝶邨）、大興邨及兆康苑等屋苑開辦屯門至旺角的新特快巴士路線 59X、66X 及 67X 作交換條件，三線於 1988 年 8、9 月間相繼投入服務，但終點站仍不可越過亞皆老街，只可設於旺角火車站。

「公共交通協調政策」的實行無疑是剝奪市民對選擇公共交通的權利，自政策頒佈以來不斷遭受當時新界區居民的猛烈抨擊。

放寬政策帶來新機遇

然而有關政策維持近兩年，市民一方面習慣利用巴士接駁地鐵前往

「公共交通協調政策」於
1988 年得以放寬，路線 81C
更於 1989 年順利開辦，往來
馬鞍山與尖沙咀。

地鐵彌敦道沿綫的載客量幾近飽和，港府
遂於 90 年代初批准開辦路線 300，往返太
子地鐵站及上環地鐵站，以疏導地鐵彌敦
道沿綫的擠迫情況。

荃威花園路線 30X 是三條新界西特快巴
士路線中唯一設有非空調巴士的路線，
DA7157 (DM1) 正途經美孚前往荃威花園。

往來尖沙咀至海濱花園的特快巴士路線
238X 於 1990 年 2 月 18 日開辦，「丹尼
士」Lance 巴士是該路線的主力，FP2943
(AN4) 便是其中一員。

荃灣西路線 234X 一直以「三菱」MK117J
單層巴士作為主力，後期才轉派「丹尼
士」巨龍雙層巴士提供服務；這天 EM263
(AM8) 重投路線 234X 作出支援。

市區的模式，另一方面卻造就了地鐵彌敦道沿綫的載客量幾近飽和。直至 1988 年 5 月，由於地鐵彌敦道沿綫每小時載客人次接近危險水平，地鐵遂於 1988 年 5 月開始實施繁忙時間附加費：於平日的上午 9 時至晚上 9 時於荃灣、油麻地與彩虹之間的車站入閘，前往佐敦、上環與銅鑼灣之間的車站的乘客徵收附加費，以疏導地鐵彌敦道沿綫的擠迫情況。港府在同年年底放寬此政策，並於 1990 年代初先後批准開辦多條 300 系的過海巴士路線配合。

根據 1988 年 5 月 2 日《華僑日報》載「八個青衣居民團體召開記者會，要求取消行政局於 1986 年 5 月訂定的公共交通協調政策，認為是維護地鐵和輕鐵的利益。影響由青衣往九龍市中心的巴士服務，間接強迫市民在無可選擇下選乘地鐵。」

第一條因放寬「公共交通協調政策」而受惠的，便是 1989 年 1 月 16 日起投入服務的路線 81C，由馬鞍山耀安至尖沙咀東成為該政策放寬後，新界首條直達尖沙咀的全日路線。九巴其後亦開辦多條新界西往來尖沙咀區的特快巴士路線。包括海濱花園路線 238X、荃威花園路線 30X 與荃灣西路線 234X 等。

根據 1988 年 10 月 28 日《大公報》載「運輸司梁文健主持西沙路通車禮後稱將軍澳擬建輕便鐵路，連接馬鞍山與市中心。」由此可見，當時曾有計劃希望以輕便鐵路發展這兩區。

新市鎮發展帶來
的機遇

21

香港在 1940 年代末期開始有大批難民
從內地湧入。為解決住屋問題,港府遂
在 1960 年代開始策劃新市鎮規劃,並於
1970 年代初正式展開工程建設。

港府發展新市鎮(第一代新市鎮計劃原稱為「衛星城市」)的目
的,是希望新社區能達至「自給自足」與「均衡發展」之效,
以紓緩市區過分擁擠的人口。規劃中的新市鎮是希望在房屋、就業、教
育、康樂及其他社區設施方面,均能滿足區內居民的基本需要,從而減
低其對舊社區中心的依賴及就業的壓力。然而,不少新市鎮的居民在就
業和其他生活需要上與市區的關係仍然密不可分,交通問題亦隨之而起。

觀塘作為香港首個衛星城市,目的是吸引鄰近的牛頭角寮屋區居民
入住,以便港府能拆卸寮屋以改善衛生問題。然而觀塘雖說是香港新市
鎮發展的開端,卻因鄰近市區而被指只是市區內的一個新發展區域。

香港首三個新市鎮發展

隨着新界區發展計劃出台,荃灣和葵涌區率先於 1959 年建區;而
為荃灣新市鎮而設的巴士路線陸續由 1962 年開始投入服務。自此,荃
灣人口急速增長。新界西區首條快速公路——葵涌道及荔枝角大橋於
1968 年 10 月通車,九巴安排多條路線改經葵涌道及荔枝角大橋之餘,
亦為往後開辦新界西區特快路線留下誘因。

葵涌七個分區委員會會議

瞭解區內公共事務

王霖解釋九巴對新市鎮交通政策

荃灣大會堂非牟利租用可獲減費

（特訊）荃涌區七個分區委員會於詐候荃灣大會堂舉行聯席會議，並邀請政府各部門首長列席洽談各項有關事務。會議由洪局議員、主席王志士、太平紳士宣佈，此次會議由荃涌區區主任歐平太平紳士主持。王霖太平紳士及荃涌大會堂經理高小平作專題演講。據會議主席王志士太平紳士於講詞中表示，對於候車時間問題，則應盡量使每一站的乘客有大量巴士載客，如某站有巴士班次可減少，則可由其他繁忙站抽調。至於大會關心的巴士安全問題，每一車輛經三星期均有定期機件之檢修。閘門安全方面，各委員為乘客安全設想，先進及免費。各委員附各項設計種修，其款多用途之設計賞，並可於兩個月內全部完成。

王霖表示，解釋九巴公司之基本政策，在新市鎮方面，要將各較偏僻地區之搭客，接載最近的市鎮中心，例如介紹荃灣大會堂之各項。在荃灣葵涌而言，則為荃灣碼頭總站，在該處可有多線巴士供各乘客轉車至九龍及新界各區。

荃灣大會堂設施，但其管理委員會有三位非官守委員，分別為議員浦秀文太平紳士、歐卓明太平紳士、鍾羅慧儀女士，組司理設計收支及約港九、組司理徵收費用約三成、志願團體及非牟利團體可獲稅減。源先生對荃灣大會堂各項之先進及研討後並由三星期均加設安全檢查…

《華僑日報》，〈王霖解釋九巴對新市鎮交通政策〉，1980 年 3 月 14 日。

　　根據 1980 年 3 月 14 日《華僑日報》交代九巴公關部副經理王霖解釋了九巴公司對新市鎮的交通政策，要將各較偏僻地區之搭客，接載往最佳的市鎮中心。例如在荃灣葵涌而言，則為荃灣碼頭總站，在該處有多線巴士供各乘客轉車至九龍及新界各區。

　　配合沙田新市鎮的發展計劃，獅子山隧道首條管道率先於 1967 年 11 月通車，貫通新界東部與九龍市區，亦為新界東區首條快速公路。九巴並於 1968 年 1 月開辦路線 19（後於 1973 年重組路線時更改為路線編號 70）來往上水及佐敦道碼頭的巴士路線，途經獅子山隧道；另一條路線 71（後於 1987 年更改為路線編號 81）亦於 1973 年 7 月開辦，來往沙田及佐敦道碼頭。隨着沙田區首條公共屋邨——瀝源邨於 1975 年正式入伙，過海路線 170 來往沙田及香港仔，以及路線 89 來往瀝源及觀塘裕民坊等巴士路線亦於同年年底相繼投入服務。

　　然而屯門於 1973 年發展新市鎮時因基建未能配合，交通嚴重不便；直至 1978 年 5 月連接屯門及荃灣的屯門公路第一行車道開通後，九巴旋即開辦路線 66 來往荔枝角及屯門大興的屯門公路巴士線，情況才有所改善。

第二代新市鎮

隨着荃灣、沙田及屯門等衛星城市發展成功，港府進而於 1970 年代後期發展第二代新市鎮——大埔、元朗和北區（粉嶺／上水），大元邨、元朗邨、彩園邨相繼於 1980 年代初落成。

九巴先後開辦路線 72M 來往大埔大元邨至旺角地鐵站、路線 68 來往元朗（東）及佐敦道碼頭、路線 69 往上水彩園邨及沙田圓洲角，及重整路線 73 來往上水彩園邨及大埔工業邨等。

為着加快大埔及北區的新市鎮發展，港府遂於 1982 年動工興建吐

路線 170 於 1975 年 10 月 12 日開辦，藉隧道及快速公路，將沙田、銅鑼灣及香港仔等地區連繫起來。

隨着沙田區首條公共屋邨——瀝源邨落成入伙，九巴亦於 1975 年 12 月 16 日開辦路線 89 前往觀塘。

路線 68 於 1978 年 5 月 16 日正式開辦，當年是元朗區居民往返市區的不二之選。

隨着吐露港公路於 1985 年 9 月 25 日竣工通車，九巴於翌日新增路線 74X 往來大埔中心與觀塘碼頭。

露港公路及粉嶺公路，以便將北區及大埔區與沙田區連接。有關公路於 1985 年 9 月 25 日竣工通車，九巴亦安排新增路線 72X 及路線 74X 往來大埔中心與大角咀碼頭及觀塘碼頭。

第三代新市鎮

面對香港人口持續上升，港府遂於 1980 年代後期進一步發展第三代新市鎮，當中包括馬鞍山、將軍澳和天水圍等。

馬鞍山原為日本企業開採的磁鐵礦場，後因 1970 年代的石油危機而令開礦成本大增，最終於 1976 年結束。港府在開發馬鞍山新市鎮時，恆安邨、耀安邨及富安花園於 1980 年代後期先後落成，九巴亦開辦路線 85K、路線 89C 及路線 86C 來往恆安邨至沙田火車站、觀塘（翠屏道）及長沙灣等地，與及路線 84M 來往富安花園至樂富。

將軍澳填海工程於 1985 年首階段完成，新市鎮由最初集中於寶琳填海區，及後延伸至坑口填海區，最後於 1990 年代末發展至將軍澳南一帶。將軍澳交通上最初主要依靠寶琳路出入市區，包括九巴路線 93A、路線 95A、路線 98A 往來觀塘，與及路線 93K 及路線 95K 來往旺角火車站等。直至將軍澳隧道於 1990 年 11 月 9 日通車，交通才得以改善。

天水圍新市鎮於 1990 年代初開始發展，天耀邨、天瑞邨率先入伙，而全港最大型的私人屋苑嘉湖山莊亦於同期開始入伙。九巴遂開辦路線 64M 及路線 69M 來往天耀至荃灣碼頭及荔景（南）、路線 69X 來往天瑞至九龍車站。嘉湖山莊居民則主要依賴由城巴提供的居民巴士服務往來市區。

無獨有偶，將軍澳及天水圍新市鎮於 1990 年代末均先後需要進一步拓展，延伸為將軍澳南及天水圍北。有關地區的巴士服務則於 1999 年以公開競投方式進行，最後由當時新紮巴士公司——新巴投得將軍澳南路線，九巴則投得天水圍北路線。

路線 85K 將偏處一隅的馬鞍山與沙田市區連繫起來。

路線 89C 於 1987 年 3 月 22 日開辦，這天「利蘭」勝利二型巴士也前來提供支援。

新巴以「新巴伸路線」作為其投得將軍澳南路線的宣傳口號，更以 Q 版卡通公仔成功吸引市民的目光。

1995

第四代新市鎮

　　最後一個新市鎮位於北大嶼山的東涌，屬港英政府推出「玫瑰園計劃」的發展項目。為配合青嶼幹線於 1997 年開通，港府亦於 1996 年以公開競投方式批予城巴（專營權二）及龍運巴士（九巴全資附屬公司）經營北大嶼山對外巴士路線。新路線 E21 及路線 E31 亦於 1997 年 5 月 22 日開始投入服務。

龍運巴士派出簇新的巴士行走路線 E31，為北大嶼山的東涌新市鎮提供巴士服務，為屬港英政府推出「玫瑰園計劃」提供配套。

九巴以旗下龍運巴士名義投得路線 E31，隨着青嶼幹線於 1997 年 5 月 22 日開通而隨即投入服務。

1999 年新巴投得將軍澳南八條路線	
792	調景嶺 ⇆ 西貢
796	調景嶺 ⇆ 坑口
796A	調景嶺 ⇆ 牛頭角地鐵站
796B	調景嶺 ⇆ 又一村
796C	將軍澳市中心 ⇆ 蘇屋
796M	將軍澳市中心 ⇆ 藍田地鐵站
796S	將軍澳市中心 ⇆ 牛頭角地鐵站
796X	將軍澳市中心 ⇆ 紅磡碼頭

1999 年九巴投得天水圍北五條路線	
競投原路線： ↪ 265B	天水圍北 ⇆ 紅磡碼頭
	天恆 ⇆ 柏景灣
競投原路線： ↪ 265M	天水圍北 ⇆ 祖堯
	天恆 ⇆ 麗堯
競投原路線： ↪ 276A	天水圍北 ⇆ 上水
	天恆 ⇆ 上水
競投原路線： ↪ 269D	天水圍北 ⇆ 沙田市中心
	天富 ⇆ 沙田火車站
競投原路線： ↪ 264M	天水圍北 ⇆ 青衣機鐵站
	天恩 ⇆ 青衣機鐵站

北大嶼山對外巴士路線	
城巴 E21	大角咀 ⇆ 東涌市中心
城巴 E22	九龍城碼頭 ⇆ 赤鱲角
龍運 E31	荃灣愉景新城 ⇆ 東涌市中心
龍運 E32	葵芳 ⇆ 赤鱲角碼頭
龍運 E33	屯門市中心 ⇆ 機場
龍運 E34	天水圍市中心 ⇆ 機場
龍運 E41	大埔中心 ⇆ 機場

1995

巴士公司面對新挑戰

雙層空調巴士
成功引進

22

自 1980 年代初開始,引進雙層空調巴士一直是巴士公司樂見其成之事。但空調巴士要直至 1980 年代末期才正式成功研發,為往後十年來引進接近 3,000 輛第一代雙層空調巴士的行動揭開序幕。

香港九巴自 1975 年開始致力提供豪華巴士服務,引進「亞比安」Viking EVK55CL 型單層豪華巴士,配上高背座椅,並開辦 200 系列豪華巴士路線服務市民。

雙層空調巴士鼻祖

及至 1980 年,面對地下鐵路早期修正系統投入服務,九巴續向英國兩間巴士製造商——「丹尼士」及「利蘭」招手,分別各自為當時炙手可熱的喝采型及勝利二型前置引擎車系,試驗在車尾底部加裝獨立引擎以帶動 Thermo King 冷氣系統為全車提供冷氣。新冷氣巴士車廂採用 2+2 排列方式的高背座椅,並全車不設企位,總載客量 75 人。

「丹尼士」喝采型冷氣巴士於 1980 年 6 月 11 日獲運輸署發出車輛登記,車牌登記號碼 CF4180。九巴於 6 月 20 日邀請運輸署署長顏敦禮試乘,並隨後於 6 月 23 日投入服務,行走往來荔枝角與尖沙咀的豪華路線 206,惜試行不久便告失敗。

1980 年 6 月 21 日《華僑日報》載「此種新型冷氣調節雙層豪華巴士,仍只得一輛投入服務,如果你是 206 線的擁護者,又想嘆冷氣,

《華僑日報》，1980 年 6 月 21 日。

那麼你就得多花一點時間侯車，認清楚編號 CF4180 的雙層巴士，方好上車。車上的五個獨立冷凝器（上層三個，下層兩個），將冷氣源源不絕的送出，讓樓上 43 位乘客，下層 32 位乘客，合共 75 名人士，任管在悶熱的炎夏，仍能清涼舒服。」

　　另一邊廂的「利蘭」勝利二型冷氣巴士，在英國進行測試及展覽後於翌年付運香港，車牌登記號碼 CM3879，於 1981 年 4 月同樣被派往行走豪華路線 206。然而始終難逃厄運，九巴在 1980 年年報中指出，獨立式冷氣系統的耗油量比普通巴士高出 75%，因為經營成本較高及不設企位，所收車費需比普通巴士高出約為四倍才符合經濟原則。最終冷氣巴士試驗計劃於 1983 年正式宣告終止；而豪華路線 206 亦因難敵地鐵荃灣線全線通車而引致客量下降，更早於 1982 年 6 月 20 日起取消服務。

　　1985 年起城巴先後引入四輛「利蘭」Olympian 雙層豪華巴士，準備行走跨境巴士路線以提升服務質素。新巴士採用 Eastern Coach Works（ECW）車身，車隊編號 C51-C53 及 C61；最令人關注的仍然是其空調系統，此系統仍然採用獨立引擎驅動模式，成本高昂之餘效果亦未見理想。

「利蘭」車廠成功將 Olympian 的設計改良，讓主引擎直接驅動空調系統提供全車冷氣。
九巴 DX2437 (AL1) 這天便將空調服務帶予荃景圍的乘客。

雙層空調巴士

① 九巴於 1980 年 6 月 20 日率先引入「丹尼士」喝采型空調巴士 (CF4180／N364) 作試驗，主要行走往來荔枝角與尖沙咀的豪華路線 206，惜試行不久便告失敗。

② 另一輛「利蘭」勝利二型空調巴士 (CM3879／G544)，同樣裝設有獨立式冷氣系統，於 1981 年 4 月投入服務。惟因運作成本高昂，空調機組最終被迫拆去，回復普通巴士面目。

③ 「都城嘉慕」車廠於 1986 年亦為旗下產品 Metrobus (DP1932／S3M145) 試行加裝空調系統，以波箱帶動空調壓縮機提供冷氣。然而波箱常因過勞而損毀，結果最終也是失敗收場。

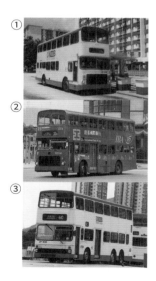

① ② ③

時至 1986 年 11 月，另一英國巴士製造商「都城嘉慕」為九巴提供一輛都城型三軸雙層空調巴士樣板車，車牌登記號碼 DP1932，並於翌年 4 月投入服務，行走特快路線 68X 服務來往元朗（東）與佐敦道碼頭之間，收費仍採用普通巴士車資。新巴士改用超卓空調系統，以波箱帶動空調壓縮機提供冷氣，然而這設計常令波箱過勞而損毀。經過兩年試驗後，巴士的空調機器最終遭拆除「解凍」。

利蘭雙層空調巴士曙光初露

　　雖然先前的雙層空調巴士試驗未見成功，但卻為後來者帶來啟迪。

　　1988 年初夏，「利蘭」為旗下 Olympian 車系的設計進行改良，能夠讓主引擎直接驅動一台「日本電裝」（Nippondenso）空調系統。新巴士安裝上「亞歷山大」（Alexander）RH 型車身，披上純白色配紅直線的車身色彩，車身上的標誌說明了車主正是九巴。撇除巴士的獨特車身色彩，無論是巴士車窗的設計、車廂座椅的款式，裏裏外外實在與當時同期投入服務的 Olympian 非空調巴士款式沒有兩樣。新巴士獲編配車隊編號 AL1，經過炎炎夏日，「利蘭」空調巴士的試驗效果令人滿意。除了為日後處處皆是的雙層空調巴士踏出承先啟後的重要一步，亦為「利蘭」車廠在往後五年間從九巴、中巴、城巴、九鐵巴士部等公司帶來 357 輛 Olympian 雙層空調巴士訂單，分屬 11.3 米、10.4 米和 12 米的底盤長度。

丹尼士巨龍禿鷹會

　　隨着英國「利蘭」車廠成功研發雙層空調巴士，英國「丹尼士」車廠亦不甘示弱，向九巴推介為其「巨龍型」（Dragon）雙層空調巴士。新巴士入籍九巴後獲編配車隊編號 AD1，雖然同樣採用「日本電裝」（Nippondenso）空調系統，但巴士上三個空調壓縮機以齒帶與引擎曲

寬闊的登車門設計是城巴訂購新巴士的標準設備，GD1340 (#702) 全長僅 10.3米，故有「BB龍」之稱號。

「丹尼士」巨龍車系則以齒帶將引擎曲軸相連以驅動空調壓縮機提供冷氣。這天九巴EL5113 (AD1) 則前來屯門碼頭支援路線59M。

九巴在 1997 年一口氣訂購 170 輛「丹尼士」巨龍12 米 空調巴士。HM2827(3AD67) 正行走路線 85C前往紅磡。

軸相連的設計更具效能。

　　「丹尼士」巨龍及禿鷹（Condor）車系同是由統治者型（Dominator）研發出來，設計如出一轍，11.3 米版本先後獲九巴及中巴垂青；城巴及空運貨站公司則引入 12 米版本。有綽號「BB龍」之稱的短陣版，則有九巴引入窄登車門的 9.9 米版本，以及城巴因要引入闊登車門而加長頭跨長度的 10.3 米版本。值得留意的是，九巴一直沒有意欲引進的 12 米版本；卻因隨後的新一代空調巴士未能趕及投產，而迫使九巴重投 12 米版巨龍的懷抱之餘，「丹尼士」廠方亦需重開已停產的巨龍生產線來應付龐大訂單。單計四間巴士公司引進香港服務

的巨龍／禿鷹雙層空調巴士，已達 931 輛之多，並全數安裝上「都普」Metsec 車身。

空調巴士也面對不少挑戰。根據 1991 年 2 月 1 日《華僑日報》載「置富花園居民協會會見立法局兼交通諮詢委員會，表達不滿中巴增加空調巴士後，將非空調巴士班次縮減，致居民被迫乘搭空調巴士而付出較貴車資。」

「世冠」進步環保巴士

在日漸被受注重的環保聲音中，「世冠」（Scania，前代理譯為「紳佳」）於 1993 年欣然提供兩輛 N113CRB 型雙層空調巴士予九巴作試

「Scania」N113CRB 型雙層空調巴士是九巴於 1993 年在一片環保聲音中引進。FU2948 (AS2) 帶着車高顯示燈、車頭大型廠徽等原裝車身設備行走路線 2A。

驗，並獲編配九巴車隊編號 AS1 及 AS2。新巴士採用符合歐盟二型廢氣排放標準的原廠 11 公升環保引擎，配合裝配有巨型滅聲鼓的密封式引擎室，令乘客無論置身於車內、車外，皆能感受得到其寧靜的表現。故此九巴特別為這款「世冠」巴士命名為「進步環保巴士」。縱然新巴士的表現令人讚嘆不已，然而九巴在 1996 年引進 20 輛同型號巴士後，便再沒有任何增購行動，使「世冠」N113CRB 型巴士繼 1975 年由中巴引進兩輛 MCW-Scania Metropolitan 兩軸雙層巴士（車隊編號 MS1 及 MS2）後，再一次成為專利巴士市場的「少數民族」。

姍姍來遲的「富豪」巴士

在香港的「利蘭」巴士數目市場佔有率日漸提高之際，其實自 1988 年英國「利蘭」車廠早已被瑞典「富豪」車廠收購，只是「富豪」車廠仍然以「利蘭」品牌外銷 Olympian 巴士車系至海外，直至 1993 年才正式以「富豪」的自家品牌改良 Olympian 超過一半的原有部件設計，再重新推出市場。

「富豪」車廠不僅將 Olympian 車系優化改良，令駕駛者對 Olympian 巴士更易於操控；同時適逢城巴於 1990 年代積極拓展專利巴士市場，以空調巴士為車隊標準並大量擴充。「富豪」Olympian 亦不再局限於只能裝嵌上「亞歷山大」車身，亦有「Northern Counties」車身可供買家選擇。在天時、地利、人和等因素相互配合影響底下，「富豪」Olympian 在六年投產期間共為九巴、中巴、城巴、九鐵巴士部、中電巴士、空運貨站公司等香港六間巴士公司提供 1,422 輛雙層空調巴士，數目之多足可媲美 1970 年代的「珍寶」（Fleetline）巴士。

九巴全數「富豪」Olym-
pian 空調巴士均選配「亞
歷山大」車身，GC8347
(3AV50) 披上了九巴之友廣
告並準備將廣告訊息帶往將
軍澳。

裝配上「亞歷山大」車身的
中巴 GW8272 (VA50)，純
白色車身配上藍色彩帶及車
身裙腳，是中巴的標準空調
巴士色彩。

九鐵巴士部引入的「富豪」
Olympian 空調巴士，採用
上「Plaxton」車身；這天
HD7604 (#226) 正行駛路
線 A70 來到了天水圍市中
心巴士總站。

1995

1989 - 1998 年

		九巴	中巴	城巴	九鐵	中電	空運貨站
1989-1993	「利蘭」(Leyland) Olympian 11.3-metre	150	25	99	24		
1990-1991	「丹尼士」(Dennis) Condor 11.3-metre		92				
1990-1997	「丹尼士」(Dennis) Dragon 11.3-metre	360					
1992-1993	「利蘭」(Leyland) Olympian 10.4-metre			34			
1992-1993	「利蘭」(Leyland) Olympian 12-metre			11		15	
1993-1998	「丹尼士」(Dennis) Dragon 10-metre	185		40			
1993-1998	「丹尼士」(Dennis) Dragon 12-metre	170		80			4
1993-1996	「世冠」(Scania) N113CRB 11.5-metre	22					
1993-1994	「富豪」(Volvo) Olympian 10.3-metre			10			
1994-1998	「富豪」(Volvo) Olympian 11.3-metre	531	64	140	15		
1993-1998	「富豪」(Volvo) Olympian 12-metre	348		310		2	2

丹尼士的武裝兵器

23

踏入 1980 年代中期，英國丹尼士車廠繼續推陳出新研發新一代車種，飛鏢、長矛、飛箭、標槍等相繼推出市場。無獨有偶，它們全以古代兵器命名。

英國「丹尼士」車廠在 1980 年代中期，開始以古代兵器來命名新車系，讓人們只要一聽其名就可憑藉這些兵器的特質從而聯想到其產品的種類。

靈活輕巧　一鏢中靶

飛鏢（Dart）巴士是英國「丹尼士」車廠於 1988 年成功研發新一代中型單層空調巴士，並在 1989 年正式投產。然而飛鏢巴士沒有劃時代的設計，或者，它的成功只是時勢造英雄。

英國本土對飛鏢巴士初期也未算熱衷，時至 1980 年代末，巴士公司全面私營化，而舊有高容量的雙層巴士已變得不合時宜，故在私營化的同時退下火線。中型巴士正好填補巴士公司的需要，而「丹尼士」飛鏢巴士就是恰好配合這個時期而順應而生的產物。

香港作為「丹尼士」車廠在海外最重視的市場之一，廠方遂於 1990 年 5 月特別生產了兩輛樣板巴士供港試用，飛鏢巴士縱橫港九的歲月，就由此刻開始……

1995

九巴 EP1863 (AA2) 原為「丹尼士」向九鐵巴士部提供的樣板巴士，後來被九巴收歸車隊旗下。

樣板巴士　出師不利

　　輸港的兩輛「丹尼士」飛鏢巴士，採用上全長 9 米的「都普」Dartline 車身，車身頭幅擁有圓弧式流線型設計，而路線顯示牌箱則配合車身以「朝天看」的形式示人。全車共設有 35 個座位，連企位總載客量可達 53 人。新巴士以一台輸出可達 145bhp 馬力的「康明斯」（Cummins）6BT 縱置引擎配以「Allison」AT545 四前速自動波箱的標準飛鏢機械配搭，驅動這款中型巴士可謂綽綽有餘。

　　兩輛飛鏢樣板巴士抵港後遂即由廠方提供予九巴及九廣鐵路巴士部試用。兩輛巴士的不同之處，僅在於其空調系統，九巴的樣板車採用德國「超卓」提供的空調系統，而九廣鐵路巴士部則裝有日本「日本電裝」空調系統，以測試兩款空調系統在飛鏢巴士上運作的效果。然而，新巴士並未獲得兩間巴士公司垂青，於 1991 年被擱置。

新界線、豪華巴士《昆龍》，將行走路線。
騎都士說，中華巴士在四月間新巴
客量提升至五十九人。
達二千五百元。
此外，中華巴士公司將進一步提高其
服務的吸引力，涵購高架第260
線，全程票價由現時最高
五點七三至三十七點五元。
來往中環及淺水灣等
二十五至三十七點五元。全程票價亦分
五點七三至三十七點五元，減幅達百分之三十七點五，能享有全位
26058元。

《華僑日報》，〈行走赤柱中環中巴二六零線減價兼冷氣化〉，1991 年 9 月 22 日。

　　直至同年 4 月，「丹尼士」車廠再提供長度達 9.8 米的飛鏢樣板巴士予中巴試用。新巴士的「Carlyle」車身繼承了「都普」Dartline 車身的設計，款式別無兩樣，只是路線顯示牌箱放棄了「朝天看」的設計而改以垂直式示人，避免路線顯示受陽光折射影響。載客量方面亦提升至 59 人，包括坐位 43 人及企位 16 人。中巴將樣板巴士投放在南區豪華路線 260 上，由於表現令人滿意，中巴隨即購入樣板巴士之餘，更增購 19 輛同型號巴士，成為飛鏢巴士在香港的首份訂單。

　　這份訂單亦促使了九巴將原被擱置下來的兩輛飛鏢樣板巴士收歸車隊旗下，並進一步增購飛鏢巴士，正式為往後飛鏢巴士穿梭於港九新界的大街小巷的景象揭開序幕。

　　飛鏢巴士最初只提供 8.5 米、9.0 米及 9.8 米三種長度的底盤。然而飛鏢巴士的得意之處，在於其簡單的底盤結構，車身可塑性高，能夠裝嵌上不同廠家提供的車身。故「丹尼士」車廠自 1990 年正式為香港引進飛鏢巴士後的短短六年間，已先後為中巴、九巴、城巴、九鐵巴士部、皇巴士、愉景灣巴士、雅高巴士七間巴士公司引入總數達 107 輛飛鏢巴士；車身方面亦有由「Cartlyle」、「都普」、「Marshall」、「Northern Counties」、「Plaxton」、「廣州穗景」等多間供應商提供。除普通市區用途後，更有機場巴士、旅遊巴士等，款式五花八門。以「一鏢中靶」來形容飛鏢巴士的成功，實在當之無愧。

九巴 EP5213 (AA1) 帶着非常原裝的「都普」Dartline 車身，輾轉退出了載客行列，成為九巴流動服務中心。

車如其名　修長的長矛

　　1991 年，「丹尼士」車廠欲進一步在大型單層巴士市場上佔一席位，遂開發出長矛（Lance）車系，並取代舊有獵鷹（Falcon）車系。

　　九巴於 1992 年訂購了 24 輛長矛單層巴士，其中半數為單門機場巴士設計，另外半數則是市區版規格。以上全數選配「亞歷山大」PS型車身，總長度 11.5 米。九巴引入大型單層巴士，一方面是為加強啟德機場豪華巴士服務，另一方面亦希望透過引入大型單層巴士，而在行走彌敦道沿綫的巴士路線推行「快上快落」的營運模式運作。

　　故此，這款市區版新巴士特別採用雙門設計，寬闊的登車門設計更首見於九巴的車隊；而接近低地台的設計，只設有一級台階，對推行「快上快落」的營運模式相當有利。全車載客量達 78 人，包括座位 45人及企位 33 人，足可媲美中巴於 1960 年代引入「長龍」單層巴士的

總載客量 79 人。機場版則選用單門設計，寬闊的登車門設計亦有助乘客攜帶行李登車；車廂設計亦見豪華，高背絲絨座椅、大型行李架、車廂廣播系統等一應俱全。

　　機械配搭方面，長矛巴士採用「康明斯」6CT 縱置引擎，配合「ZF」4HP500 四前速全自動波箱，足以推動如此龐大的單層空調巴士。

　　另一邊廂，「丹尼士」廠方更於 1993 年為長矛車系開發出超低地台（Super Low Floor）巴士型號，並取名為 Lance SLF；直到 1997 年才被新一代體積與 Lance SLF 相近的 Dart SPD（Super Pointer Dart）所取代。

九鐵巴士部重投飛鏢的懷抱，一口氣購入三輛，但車身卻選用上「Northern Counties」的產品。

1995

巴士公司面對新挑戰

GS9019 (AA48) 是九巴僅存一輛裝配「Northern Counties」車身的飛鏢，其餘五輛同款巴士已轉投皇巴士服務。

九巴 FP1202 (AA15) 為使用「都普」車身的飛標，在離開機場通天巴士隊伍後派駐行走機鐵接駁路線。

披上「Marshall」車身的中巴飛鏢 GD5189 (CX3)，圓渾的車身設計是這款車身的特色。

中巴飛標 EX4327 (DC4) 車上配備行李存放架，在啟德機場關閉前主力行走機場巴士路線 A20。

城巴為飛鏢巴士命名為「CITY SHUTTLE 城市縱橫」，寓意憑藉單層巴士的靈巧縱橫穿梭於港島的大街小巷之中。

飛鏢是皇巴士的開國功臣，這輛前身是九巴飛鏢的其中一員 GL9113 (AA45)。

九巴 FP3732 (AN7) 屬市區版規格的長矛，特別採用雙門設計，有利推行「快上快落」的營運模式。

長矛 FS6584 (AN15) 昔日是九巴馳騁通天巴士的旗艦車種，如今已轉投新機場繼續服務。

獵鷹車系是九巴早年為啟德機場巴士服務專門訂購的巴士，DH5034 (AF12) 這天被調派往行走路線 219X。

　　廠方亦曾以長矛巴士的設計藍本於 1995 年開發出雙層巴士型號以取代統治者巴士，並取名為「飛箭」（Arrow）。但由於飛箭巴士為兩軸設計，在增設空調系統後的車重會超出香港法例所限，故直至 1998 年停產前均未有引入香港，並被新一代後繼者——「三叉戟」（Trident）所取代。

　　如此一來，可以想像到長矛車系近乎低地台的設計規格，能夠衍生出多款後繼車型。

「丹尼士」車廠為新一代超低地台巴士命名為「三叉戟」。

真正的軍用標槍

除了常見的市區載客巴士，英國國防部亦曾為駐港英軍於 1993 年 4 月引進「丹尼士」標槍（Javelin）單層巴士，並裝配上英國「Wagham Stringer」Vanguard 2 型車身作軍車用途，車身全長 10 米。

全數 11 輛標槍巴士均採用縱置式「康明斯」6CTA 引擎，中置於尾車軸前，可輸出 240bhp 強大馬力。駐港英軍更特別為標槍巴士配用「ZF」S6.85 六前速手動波箱。隨着香港即將回歸中國，這些駐港英軍巴士亦於 1997 年 4 月運離香港，結束其短短四年在港服役的生涯。

其實「丹尼士」車廠在 1997 年亦曾為香港引入標槍（Javelin）GX 型旅遊巴士作示範車之用，並選配上「Plaxton」Excalibur 車身，全長 12 米，提供座位 51 個，惜最後也未能在市場上分一杯羹。

「丹尼士」廠方開發的特別用途車輛其實也有套用上多種武器的名字，包括「匕首」（Dagger）、「細長劍」（Rapier）、「軍刀」（Sabre）等。以武器的特質來命名車系，富有特色之餘也倍添人性化，真可謂別具心思！

Network 26
新里程

24

從一家公共交通管理顧問公司，發展至員工接送服務、居民巴士服務、跨境直通巴士等業務，更染指專利巴士市場，昂然踏進 Network 26 新里程——「城巴，您的巴士」。

城巴有限公司（Citybus Limited）前身為 Passenger Transportation Services（Asia）Limited，由李日新（Lyndon Rees）於 1977 年以八萬元資金創立，在香港提供公共交通管理顧問服務。

　　1979 年以「城市巴士」（City-Buses）之名開始營運租賃巴士服務，並以一輛「富豪」Alisa B55 雙層巴士為香港船塢的員工提供穿梭巴士服務。

非專利巴士業務　奠下基礎

　　1982 年，本港運輸署開始設立非專營居民巴士服務，按照獲批的行車路線、行車時間表和乘客上下車地點經營，以輔助專利巴士服務，並為乘客提供多一個選擇。

　　時值沙田區大型私人屋苑——沙田第一城首兩期先後於 1981 年及 1982 年入伙，城巴於同年開辦屋邨巴士線 602 線（現稱 62R 線），來往沙田第一城與九龍塘地鐵站；後來更開辦來往沙田第一城與中環的 88R 線，皆為城巴的巴士服務奠下基礎。

　　根據 1989 年 8 月 10 日《華僑日報》載「城巴辦早餐巴士，第一

1995

城巴在沙田第一城開辦屋邨巴士路線，着實為城巴的巴士服務奠下基礎；FC4750（#186）正行走路線 88R 途經中環立法會大樓外前往沙田第一城。

《華僑日報》，1989 年 8 月 10 日。

城直達中環，嘆冷氣復嘆報紙，15 大元可商量。一位試搭過這條巴士線的乘客說是可以省了轉車時間而比較方便，但價格比較貴一些。但另一乘客說雖然坐巴士比較舒適，但怕會塞車遲到，而昨天試辦的第一日，頭班車由沙田至中環，行車時間用了一小時。」

城巴的非專營居民巴士服務，全盛時期除服務沙田第一城，更遍及天水圍嘉湖山莊、屯門置樂花園等大型屋苑。

　　隨着內地改革開放使中港人流急增，城巴於 1985 年 1 月 1 日開辦了往返深圳市的跨境巴士路線，多年來不斷引入「富豪」B10M、「利蘭」奧林比安（Olympian）、「富豪」B12 等不同種類的單、雙層空調豪華巴士，以提升服務質素。惜最終因難敵廣深線鐵路提速及同業競爭等因素，於 2001 年結束其長達 17 年的跨境巴士服務。

　　1987 年，主要經營中華製漆產品的北海集團收購城巴有限公司，入主城巴。得到北海集團的資金，城巴於 1989 年至 1992 年間大量

天水圍嘉湖山莊屋邨巴士路線，曾是由城巴承辦屋邨接駁巴士服務。ET1163（#155）披上嘉湖山莊冷氣專車的橫額廣告，開赴到南區的海洋公園前。

城巴為中港跨境巴士路線引入五輛「富豪」B12 雙層豪華巴士，以提升服務質素；GT3752（#2003）正在廣州花園酒店準備返回香港。

城巴自 1990 年相繼引入十輛「富豪」B10M 單層豪華巴士，並冠名「The Citybirds」。

FC4750 (#186) 及 EW5449 (#179) 分別展示了兩個不同年代的城巴標準車身色彩。

為接管中巴的 28 條巴士路線,城巴向大嶼山巴士購入十輛「利蘭」勝利二型巴士。CY857 (#45) 正在海洋公園巴士總站準備行走路線 73。

引入「利蘭」奧林比安雙層空調豪華巴士以擴充車隊,並以「城巴與您,共闖繁榮千萬里(Citybus moving comfortably ahead with Hong Kong)」的口號作宣傳。另外值得一提的是,英國王妃戴安娜亦曾登上其中一輛待付運香港的「利蘭」奧林比安巴士(車隊編號 #109)的駕駛室,車廂內亦有標示牌予以紀念。

自從 1989 年中巴罷工事件後,城巴於 1990 年先後開辦三條非專利屋邨巴士路線(37R、90R 及 97R),提供置富花園、鴨脷洲、利東等三個位於南區的屋邨來往金鐘地鐵站的巴士服務。由於城巴全數使用空調巴士行走,成功吸引不少乘客改搭。

《華僑日報》,〈城巴開辦首
條專利線〉,1991 年 8 月
28 日。

城巴專利巴士　小試牛刀

隨着城巴在港島南區的根基日漸穩固,1991 年 4 月遂透過公開投標獲港府授予港島專利巴士路線 12A 的專營權。新巴士線於 1991 年 9 月 11 日投入服務,城巴派出簇新的雙層空調巴士,行走來往中環港澳碼頭至麥當奴道(現名「麥當勞道」)循環線。成為繼九龍巴士、中華巴士、新大嶼山巴士後,香港第四間專利巴士公司。城巴除積極拓展香港巴士市場,同時尋覓發展內地及海外市場的商機。1991 年,收購英國 Ensignbus 於倫敦東部達根罕市(Dagenham)的巴士路線營運部門,並改稱「首都城巴」(Capital Citybus);1997 年更開設內地巴士業務,先後在重慶、成都及北京提供巴士服務。

根據 1991 年 10 月 23 日《華僑日報》載「城巴營運來往中環至麥當勞道專利巴士線之首月營業報告,在本年 9 月 11 日投入服務,共使用九部雙層冷氣巴士,每部設有 94 個座位,平均載日載客 1,700 名,乘客數目在 9 月中開始穩步上升。」

Network 26 新里程

1992 年 6 月,港府因應中巴的服務質素欠佳而決定把中巴專利權中其中 26 條港島獨營巴士路線及 2 條與九巴聯營的過海隧道巴士路線

作公開競投,當時九巴、城巴,與及屬於英國捷達巴士(Stagecoach)分公司的「必達巴士」均有意競投。港府為免九巴壟斷香港巴士服務,經遊說後九巴放棄入標;而由於必達巴士在港未有營運巴士服務的經驗,城巴最終奪得該 28 條路線的專營權,史稱「Network 26 新里程」。城巴 1993 年 9 月 1 日起開始營運該 28 條巴士路線,正式與中巴正面交鋒。

為接管中巴的 28 條巴士路線,城巴購置超過 200 輛雙層巴士,除兩種不同車身長度的全新「利蘭」奧林比安(Olympian)雙層空

城巴為 Network26 而購入的全新「利蘭」奧林比安雙層空調巴士,FS5587 (#380) 正行走路線 5 途經皇后像廣場外。

城巴向新加坡巴士購入 100 輛「利蘭」Atlan-tean 二手雙層巴士以應付 Network26 的需求,翻新後的 FS7534 (#633) 令人眼前一亮!

城巴的「利蘭」Atlantean 有着「黃老太」的特別稱號,FS7988 (A655) 正在堅尼地城巴士總站等候開赴跑馬地。

調巴士外,還包括向大嶼山巴士購入十輛「利蘭」勝利二型(Victory Mk.II)二手雙層巴士、及 100 輛前身屬新加坡巴士的「利蘭」亞特蘭大(Atlantean)二手雙層巴士。由於接辦時間緊迫,當中部分新巴士更須情商九巴於屯門廠房代為裝嵌巴士車身。

面對城巴的競爭,中巴既有的巴士路線服務仍未見有所改善,港府遂於 1995 年 6 月 27 日宣佈再削減 14 條中巴路線,直接由城巴於同年 9 月 1 日起開始營運。自此中巴的整體客量不斷萎縮,而城巴的市場佔有率亦不斷上升;此消彼長下,城巴與中巴漸成均勢。

專利巴士市場新概念

城巴在短短十數年間由一家公共交通管理顧問公司,發展為可以挑戰中巴王國的巨人,城巴創辦人李日新可謂居功至偉。李日新在 1970 年代任職中巴交通經理期間,引進一人操作巴士模式、以錢箱收集車資、推動乘客排隊上車文化。城巴成立後,憑藉其以客為尊的服務態度、更切合乘客需要的巴士路線定線、足夠消化港島候車人龍的頻密巴士班次、巴士路線全空調化等嶄新概念,專利巴士的標準定義確切地隨着城巴的加入而提高,彷彿印證其宣傳語句:「We Have Set The Standard For Others To Follow。」

1993 年港府削減的 28 條中巴路線	
1	中環(林士街)⇆ 跑馬地(上)
1M	金鐘(東)⇆ 跑馬地馬場
5	銅鑼灣(威非路道)⇆ 西營盤
5A	跑馬地(下)⇆ 堅尼地城
5B	摩星嶺 ⇆ 銅鑼灣
6	中環 ⇆ 赤柱
6A	中環 ⇆ 赤柱炮台
10X	堅尼地城 ⇆ 金鐘(西)
12	中環 ⇆ 羅便臣道

1995

12M	金鐘（東）⇆ 柏道
48	華富北 ⇆ 黃竹坑 / 海洋公園
61	中環 ⇆ 淺水灣
61M	金鐘（東）⇆ 淺水灣
70	中環 ⇆ 香港仔
70M	香港仔 ⇆ 金鐘（東）
72	華貴 ⇆ 銅鑼灣
72A	黃竹坑 ⇆ 銅鑼灣（摩頓臺）
72B	香港仔 ⇆ 銅鑼灣（摩頓臺）
75	中環 ⇆ 黃竹坑
76	石排灣 ⇆ 銅鑼灣（摩頓臺）
90	鴨脷洲 ⇆ 中環
92	鴨脷洲 ⇆ 銅鑼灣（摩頓臺）
96	利東 ⇆ 銅鑼灣（摩頓臺）
97	利東 ⇆ 中環
97A	利東 ⇆ 黃竹坑
98	利東 ⇆ 香港仔
107	九龍灣 ⇆ 香港仔
170	沙田車站 ⇆ 華富邨

1995 年港府削減 14 條中巴路線	
7	石排灣 ⇆ 中環（交易廣場）
11	中環（交易廣場）⇆ 渣甸山
37	置富花園 ⇆ 中環（交易廣場）
40	華富（北）⇆ 灣仔碼頭
40M	華富（北）⇆ 金鐘地鐵站（西）
71	黃竹坑 ⇆ 中環（林士街）
73	華富（北）⇆ 赤柱監獄 / 赤柱村
85	小西灣 ⇆ 北角碼頭
99	海怡半島 ⇆ 北角
511	海怡半島 ⇆ 北角
592	海怡半島 ⇆ 銅鑼灣（摩頓台）
260	中環（交易廣場）⇆ 赤柱監獄
103	蒲飛路 ⇆ 竹園村
182	中環（港澳碼頭）⇆ 沙田第一城

1996

傷健共融

巴士服務優質化

2011

1996

超低地台巴士
揭示無障礙烏托邦

25

擁有無梯級登車門的低地台設計，早於 1970 年代初由中巴率先引入的珍寶巴士經已具備。新一代超低地台巴士究竟帶來了甚麼嶄新設計，帶領巴士服務進入新紀元呢？

一直以來，行動不便的人士如長者等在乘搭巴士時，往往因要踏上高高的登車台階而大感吃力；更甚是輪椅使用者未能享用巴士服務，實在對他們融入社區造成障礙。

時至 1990 年代，巴士生產商開始意識到社會傷健共融的理念對無障礙運輸的需求，遂對新一代超低地台巴士進行開發設計；而香港的巴士公司在政府的推動下亦開始引入超低地台巴士。

1996 年，城巴率先向「富豪」（Volvo）廠方購入十輛 B6LE 型單層超低地台巴士。另一邊廂，九巴亦向「丹尼士」廠方招手，購入兩輛飛鏢型（Dart SLF）單層超低地台巴士。

這兩款巴士對香港人來說絕不陌生，城巴早於 1995 年初已引入首輛「富豪」B6R 單層巴士；而「丹尼士」飛鏢更是自 1990 年開始引進以來在香港中型單層巴士市場佔據壟斷地位，總數達 100 輛。兩款單層超低地台巴士的引入，亦為香港的超低地台巴士市場爭奪戰揭開序幕。

「富豪」B6LE 初試啼聲

城巴引入的「富豪」B6LE 單層超低地台巴士為數共十輛，車隊

編號 #1302 至 #1311，全數採用「Plaxton」Pointer 單門車身，載客量 59 人。新巴士擁有承襲城巴的寬闊登車門設計，乘客在地面只需踏上一級，便可順暢地踏進巴士的車廂地台，這正正突顯出巴士型號中「LE」所代表「Low Entrance」的特點。新巴士亦附設有車身下降功能，利用液壓調節控制全氣墊式懸掛系統的氣囊充氣或放氣，從而達至車廂升高或下降的功能，足可令車廂地台與地面的距離由 320 毫米進一步降低至 250 毫米，接近行人路的水平高度。

城巴在這十輛「富豪」B6LE 巴士當中的兩輛（#1302 及 #1303），更特別加入伸縮斜台設計，車廂內的輪椅斜台可向行人路伸出，方便輪椅使用者將輪椅駛進巴士車廂內特設的輪椅停泊區。

城巴 B6LE 單層巴士，GT7587（#1303）更設有輪椅伸縮斜台設計，方便將輪椅駛進巴士車廂內特設的輪椅停泊區。

「丹尼士」飛鏢 SLF

至於九巴引入的兩輛「丹尼士」飛鏢 SLF 巴士，車隊編號 AA49 至 AA50。新巴士同樣採用「Plaxton」Pointer 單門車身，載客量 61 人，並旋即被冠名為「易搭巴士」（Easy Access Bus）。這兩輛飛鏢 SLF 巴士除同樣配備有超低地台設計、車身下降功能、全自動化伸縮斜台等設備外，更特別騰出空間設置兩個輪椅停泊區，同時可讓兩位輪椅使用者登車停泊；在沒有輪椅停泊的時間亦設有兩張獨立摺椅供一般乘客拉下乘坐。「易搭巴士」於 1996 年 5 月下旬正式投入服務，行走沙田區路線 88K 來往大圍顯徑與火炭何東樓之間。

兩巴積極壯大超低地台車隊

隨着首批超低地台巴士陸續投入服務並大獲好評，讓長者、傷健人士及其他需要輔助上下車之乘客亦能享受巴士服務，多家巴士公司均積極投放資源增購超低地台巴士。其中九巴繼續增購十輛相同規格的「丹尼士」飛鏢 SLF 巴士，車隊編號 AA51 至 AA60，進一步為路線 1A、86K、60M 提供「易搭巴士」服務。對岸的城巴在往後的短短兩年間亦先後增購共 50 輛「富豪」B6LE 巴士，當中十輛採用有綽號「哈哈笑」的「Alexander」ALX200 單門車身，車隊編號 #1312 至 #1321，載客量 55 人；另外十輛採用「Plaxton」Pointer 車身，增設有獨立落車門，車隊編號 #1322 至 #1331，載客量 61 人；最後 30 輛則委託香港捷聯車身工程公司設計及安裝車身，同樣備有獨立的登車及下車門，車隊編號 #1332 至 #1361，載客量 62 人。除此之外，城巴亦仿傚九巴購入 15 輛「丹尼士」飛鏢 SLF 巴士，採用「Plaxton」Pointer 雙門版車身，車隊編號 #1422 至 #1436。

九巴的「丹尼士」飛鏢 SLF 巴士（HA9560 / AA52），其「Plaxton」Pointer 車身能同時供兩輛輪椅停泊使用。

除了於海外設計車身，城巴更特別為 30 輛「富豪」B6LE 安裝本地「捷聯」車身；HV8135 (#1354) 及 GV425 (#1311) 展示出圓渾與硬朗的車身設計。

披上「亞歷山大」ALX200 車身的城巴「富豪」B6LE (HM1748 / #1316)，綽號「哈哈笑」。

大嶼山巴士　進行實地路面測試

正當超低地台巴士的足跡陸續遍佈港九新界各區，大嶼山巴士亦先後於 1996 年 12 月及 1997 年 3 月分別借用城巴「富豪」B6LE 巴士（車隊編號 #1302）及九巴「丹尼士」飛鏢 SLF 巴士（車隊編號 AA50）進行實地路試，以了解兩款超低地台巴士型號行走大嶼山顛簸的路面的可行性。

嶼巴引入的特別版「丹尼士」飛鏢（HR8273 / DN2），配用上「Eaton」六前速手動波箱，全球絕無僅有。

　　最終大嶼山巴士屬意「丹尼士」飛鏢 SLF 巴士，並購入三輛特別版飛鏢 SLF 巴士，並選用「Plaxton」Pointer 單門版車身，其中兩輛裝設有行李架。為着應付行走大嶼山東涌道的陡峭路面，機械配搭不但由標準版的 145bhp 馬力引擎提升至 210bhp，更由一般採用「Allison」AT545 自動變速波箱改為配用 Eaton 六前速手動變速波箱。新巴士於 1998 年初抵港並投入服務。

劃時代的超低地台雙層巴士

　　香港作為全球最多雙層巴士服務的地方，巴士公司在引入超低地台單層巴士的同時，亦不忘與巴士製造商研究合作開發新一代超低地台雙層巴士的可行性。

事實上正值兩巴試用超低地台單層巴士之時，英國「丹尼士」廠方已對外公佈以飛箭型兩車軸巴士底盤為藍本，成功設計一款全新三車軸巴士底盤。新車系沿用「丹尼士」近年以武器為名稱的車系族譜，冠以「三叉戟」（Trident）之名。

「丹尼士」三叉戟巴士底盤投產後，旋即受到香港巴士公司的青睞，九巴宣佈訂購 100 輛新巴士，部分會撥予集團旗下全資擁有的附屬公司——龍運巴士有限公司，行走新機場巴士路線；城巴亦公佈訂購四輛新巴士。值得留意的是，中巴亦表示有意購入十輛新巴士作更新車隊之用，惟因新巴士生產線未能應付龐大訂單，以致交付期延長，中巴遂取消購買三叉戟巴士的訂單而改為增購禿鷹非低地台空調巴士。

新紀元巴士正式亮相

1997 年 6 月 16 日，九巴正式對外展示「丹尼士」三叉戟新巴士，並取名「新紀元巴士」，車隊編號 ATR1。新巴士採用亞歷山大 ALX500 雙層車身，採用寬闊登車門設計。一如「易搭巴士」一樣，「新紀元巴士」同樣配備有超低地台設計、車身下降功能及全自動伸縮斜台等，輪椅停泊區則設置於車廂右側的樓梯組件後；而下車門則緊置於前軸後的位置。全車車廂採用 2+2 式排列的高背座椅，配以無間段式照明光管，提高車廂的舒適度之餘，亦令車廂更見光鮮。上、下層車頭均以全幅式擋風玻璃裝嵌，大大增強乘客的視野；圓渾的車身更特別配以香檳金色塗裝，寓意為乘客提供上賓式服務。

機械配搭方面，「丹尼士」三叉戟巴士採用「康明斯」（Cummins）M11-305E 引擎，這縱向排列的後置引擎最大能輸出 305bhp 馬力，配合 Voith D863.3 三前速自動波箱，足夠應付市區的交通。故當新巴士於 1997 年 11 月 17 日正式投入服務，便被派駐行走既有「易搭巴士」服務的市區路線 1A，來往中秀茂坪與尖沙咀碼頭之間。

城巴三叉戟巴士接踵而來

　　緊接着九巴「新紀元巴士」投入服務，城巴的多輛「丹尼士」三叉戟樣板巴士亦陸續抵港並投入服務，當中包括唯一採用亞歷山大 ALX500 雙層車身，車隊編號 #2200，以及另外兩輛同樣裝上全新設計的「都普」DM5000 雙層車身。它們分屬豪華版和市區版，車隊編號分別為 #2100 和 #2201。機械配搭方面則與九巴 ATR1 沒有兩樣。投入服務初期，城巴主要將 #2200 派往行走路線 917 來往跑馬地與深水埗之間；而 #2100 及 #2201 則行走路線 969，為市民來往天水圍至銅鑼灣提供服務。

「丹尼士」全新 Trident 車系，開創超低地台雙層巴士的新紀元，九巴特意將新巴士（HJ2127 / ATR1）命名為「新紀元巴士」。

城巴特別為裝上「都普」DM5000 車身的豪華版 Trident（HM1086 / #2100）髹上特別色彩。

城巴另一輛 Trident 樣板巴士 HN4366（#2201）用上了藍色車廂色調和「Trend-Tex」座椅，難免令人聯想是否中巴取消訂單的緣故。

「丹尼士」憑着其產品在港服務的數十年經驗，旗下的三叉戟巴士在短短六年間便已為香港五間巴士公司提供達 1,306 輛三叉戟巴士，當中車款的長度選擇由最初的 12 米，逐漸推廣至 10.6 米、11.3 米及 10.3 米等，選用的引擎亦由最初符合歐盟二型環保規格的「康明斯」M11-305E 發展至「康明斯」ISMe-335 歐盟三型環保引擎，變速箱亦增設有 ZF 4HP590 四前速自動波箱或 ZF 5HP590 五前速自動波箱產品可供選擇。凡此種種，皆可見其產品的穩定性和口碑實在不俗。

德國「猛獅」圖分杯羹

　　隨着英國「丹尼士」車廠開發出全球首輛雙層超低地台巴士供香港使用後，德國「猛獅」（MAN）車廠亦憑藉其多變配搭的車系特色，向城巴提供一輛「猛獅」24.350HOCL-N-DD 雙層超低地台巴士，圖在香港這個低地台巴士剛起步的市場上分杯羹。新巴士全長 12 米，於 1997 年 10 月 20 日抵達葵涌貨櫃碼頭，車隊編號 #2500；並於同年聖誕投入服務，行走路線 5B 來往堅尼地城至銅鑼灣一帶。

　　雖然新巴士披上特別塗裝，平實的車身設計卻與一般巴士無異，但內裏的佈置格局仍教人們耳目一新。

　　城巴 #2500 巴士採用澳洲 Volgren CR221LD 型車身，甫走進車廂，便會看到前輪拱上設置了一排儼如「導航位」的乘客座椅，這種設計未見於「丹尼士」三叉戟上，據稱是避免乘客的重量令左前輪的氣囊破損。通往上層的樓梯及下車門則中置於車廂兩旁，這亦有別於三叉戟巴士緊貼於駕駛席後的情況，此舉可將乘客人流帶往全車較後位置，避免行走市區流水線時乘客集中在巴士前半部分。輪椅停泊區則安排於前輪與下車門之間，低地台區域亦止於落車門位置，下層車廂後方為漸次提高的地台。全車設有 95 個座位，載客量 120 人。

　　「猛獅」巴士亦以大馬力見稱，新巴士動力源自同廠 D2866LOH 12 公升引擎，馬力 350bhp，後來因動力過猛而被調低至 310bhp。傳

動方面，則以「ZP」5HP600 全自動波箱附減速器驅動巴士中軸。

得到「大獅」的引路，「小獅」亦隨之而來。城巴自 1998 年引入總數共 60 輛「猛獅」NL262/R 單層超低地台大型巴士，車隊編號 #1501 至 #1560，全車總長 12 米，屬雙門設計，載客量 69 人。

「猛獅」NL 車系屬城市巴士規格，因底盤以俗稱「牙籤陣」的無大樑式建造，車廂的低地台區域得以由登車門一直延伸至車尾。新巴士在動力配置上沒有因屬單層巴士而降低引擎輸出，馬力達 260bhp 的原廠 D2866LUH22 引擎配上 Voith D851.3 三前速自動波箱，可說是城市中的一頭猛獸，乘客往往得要抓緊扶手才可抵禦巴士起步時的衝力。

「猛獅」生不逢時

城巴對兩款「猛獅」新巴士的表現大感滿意，故在 1998 年訂購 40 輛 NL262/R 單層巴士，及 62 輛 24.310 型雙層巴士。當中 32 輛選配荷蘭「Berkhof」車身及 30 輛選配澳洲「Volgren」車身。

惟適逢 1999 年運輸署以專利巴士過度膨脹引致繁忙道路交通擠塞為由，實施巴士車隊限額制度，並將城巴車隊數量上限設定其為

城巴將「猛獅」24.350 超低地台雙層巴士（HN1013 / #2500）帶進香港，無論是底盤設計還是車身品牌，均一新港人耳目。

城巴看準大型單層巴士的需求，遂引進「猛獅」NL262/R 單層超低地台巴士，HU5697（#1541）正身處赤鱲角機場飛機維修區。

因應巴士車隊限額制度的實施,這輛披上城巴色彩的「猛獅」24.310 雙層巴士,最終轉投九巴旗下並登記成 JM3098(AMN7)。

城巴 JL6936(#1568)在巴士「撻訂潮」中倖存,並於 2006 年初改裝成城巴機場巴士 Cityflyer。

1,030,導致城巴有車隊過剩現象。這些「猛獅」單層巴士訂單縮減至 20 輛,即 1561 至 1580;而雙層巴士最後更「撻訂」收場。然而當時全數裝嵌「Berkhof」車身及兩輛選配「Volgren」車身的新巴士已開始生產,在香港代理商的努力下,其中一輛「Berkhof」車身的新巴士轉售予經營非專利巴士業務的冠忠巴士、一輛「Berkhof」車身的新巴士留廠進行測試;其餘的新巴士則由九巴全數承接。

德國超時代巴士

1998 年是德國巴士豐收的一年,「猛獅」成功在香港市場穩佔席位,為「Neoplan」車廠打進香港市場打了一支強心針。在 1997 年強勢提供四軸「Megashuttle」15 米巴士予九巴試用後,九巴一口氣購置 20 輛「Centroliner」N4026 型 12 米雙層超低地台巴士,新巴士於 1998 年 9 月 10 日付運抵港,隨後更於同年 10 月 18 日首次於第一屆亞太區城市運輸展中亮相。

新巴士採用無大樑式底盤配以不鏽鋼一體化車身,闊大的車頭擋風玻璃及車窗,給予香港市民莫大的新鮮感之餘,亦提高了乘客在車廂外

望的視野。

　　機械配搭上，「Centroliner」採用「康明斯」M11-305E21 十一公升引擎配以「ZF」5HP590 五前速自動波箱，這配搭可見於龍運巴士的「丹尼士」三叉戟機場巴士車隊，公路巡航的表現實在有目共睹！另一方面新巴士提供四輪轉向系統，除頭軸外，尾軸亦具備逆位輔助轉向功能，情況猶如 1980 年代初「富豪」車廠向中巴提供的「艾爾莎－富豪」（Alisa）樣板巴士一樣。

　　另一樣較特別之處，是九巴特別為新巴士選用上「Hanover」點陣式電子路線顯示牌，利用螢光磁片的開合控制來顯示巴士行駛中的路線。

奧林比安的再度變奏

　　正當其他車廠已大舉進佔香港雙層超低地台巴士市場之際，1999年「富豪」車廠再一次以奧林比安（Olympian）底盤為藍本，成功改良

九巴首輛引入的德國「Neoplan」Centroliner 巴士（HY1677 / AP1），闊大的車窗設計提供廣闊的視野景觀。

九巴 JP6375（3ASV78）是一輛「富豪」Super Olympian B10TL，也是「亞歷山大」車廠提供予九巴的第 3,000 套巴士車身。

並研製出超級奧林比安（Super Olympian B10TL）雙層超低地台巴士。

　　經改良後的底盤，冷卻水箱和制動風缸均被安置於右前軸上，稍後在裝嵌車身後會被巧妙安排收藏在樓梯組件之內。在這種安排下，造就出車廂內一大片的低地台區域。而原先在奧林比安底盤用上的中軸附助轉向功能，則因為新加入的車輪防鎖死剎車系統 (Antilock Braking System) 而撤銷。

　　超級奧林比安最初主要由亞歷山大車廠提供 ALX500 改良型雙層車身，隨後更先後有澳洲「Volgren」車身及英國「Wright」Gemini 車身的超級奧林比安入籍九巴。長度款式方面，廠方除提供 12 米標準版本外，2001 年更研發出 10.6 米短車軸版本，以應付香港部分既狹窄又多彎位的街道環境。

瑞典「世冠」別具澳洲特色

　　最後一家提供雙層超低地台巴士的巴士製造商，是在商用汽車界享負盛名的瑞典「世冠」（Scania）。

　　「世冠」為城巴打造了一輛 K94UB 型雙層超低地台巴士，裝嵌上澳洲「Volgren」鋁合金車身，並配以「世冠」Omni 系列的「微笑」款式車咀，於 2001 年 9 月 26 日凌晨運抵本港。

　　新巴士配用上「ZF」5HP592C 型五前速自動波箱附減速器，連接着一台縱置於車尾的原廠 DC9-02 型九公升引擎驅動巴士尾軸。此引擎

屬眾多本地雙層巴士中最小容積的一台，馬力輸出 260bhp，更符合歐盟環保三型排放標準。同時基於利用縱置引擎驅動尾軸的關係，以致巴士的尾跨特別冗長。新巴士另一特色是具備四輪同步轉向的八爪魚式底盤設計，有助減低輪胎損耗之餘，亦可將轉向中心移後，避免冗長尾跨令轉彎時引起「神龍擺尾」現象。

在車廂設計上，澳洲「Volgren」CR233LD 型車身內裏安裝有澳洲「Transit Seating」附頭枕的高背微桶型絲絨座椅。除樓梯後的一張橫向座椅外，其餘全部均為前向排列，然而鋪排卻略見湊密，全車載客量 127 人。

新巴士抵港後特別前赴城巴小蠔灣車廠改漆上全新車身色彩，設計揉合母公司英國捷達巴士的設計與城巴的色調，以突顯兩公司相互的關係。

由城巴引進的「Scania」K94UB 雙層巴士，抵港初期仍披上城巴標準車身色彩，於 2001 年 10 月 4 日開往城巴小蠔灣車廠準備髹上新色彩。

15 米巴士巨無霸
初試啼聲

26

隨着時代的轉變，巴士的載客量需求與日俱增。香港的巴士由兩車軸發展至三車軸，究竟四車軸的 15 米巴士巨無霸又能否成功開拓新局面呢？

1920 年代的「利蘭」Lion 單層巴士車身長約 27 呎半，到 1940 年代的「丹拿」CVG5 雙層巴士長度相約但卻多增一層；1960 年代的「AEC」Regent Mk.V 雙層巴士進一步加長至 34 呎。雖然 1980 年代香港三大車廠引進 12 米三軸巴士，但大概沒有人會料到 1990 年代會有 15 米四軸巴士在香港市區出現。

1997 年 7 月 9 日，天色雖然仍舊是灰沉沉，但上天似乎看透了巴士公司的心事，在他們埋首研究引進超低地台巴士提升服務質素及載客量的同時，來自遠方日耳曼民族的一輛「巨無霸巴士」抵達葵涌貨櫃碼頭，像要告知新世代巴士帶來的新標準正式隆重登場！

這輛新近運抵香港的巨無霸巴士屬德國「Neoplan」車廠出品，型號為 Megashuttle N4032/4。德國「Neoplan」於 1935 年成立，初時主要為巴士及貨車組裝車身；1953 年開始生產一體化車身的巴士及客車。德國「Neoplan」的名字似乎頗陌生，但其實生活上或曾接觸過，就例如啟德國際機場所使用的接駁巴士正正是「Neoplan」Apron N922/2；又例如城巴「北方尼奧普蘭」（Beifang Neoplan）BN316 型單層跨境巴士，車隊編號 #1801-#1803。

來港的「Neoplan」Megashuttle N4032/4 新巴士屬城市巴士規

2011

傷健共融　巴士服務優質化

格，改良自同系 Megaliner 觀光巴士，兩車同屬四車軸設計，車身長度達 15 米。而 Megaliner 的面世亦主要是為了取代舊有 Jumbocruiser 掛接式雙層觀光巴士，因有關的掛接巴士全長 18 米，Megaliner 擁有相同的載客量之餘卻亦能提供更佳的轉彎靈活性，故得到廠方的大力推廣。

巨無霸巴士香江漫遊

「Neoplan」Megashuttle 巨無霸巴士的賣點正正沿自其龐大的載客量及轉彎靈活性。提到高載客量，不得不提中巴於 1982 年曾引入的首輛「丹尼士」禿鷹 12 米雙層巴士，全車設有 108 個座位、63 個企位，總載客量達 171 人之多。然而在巴士服務講求舒適的今天，加上人們的身形也較昔日高大，心理上也實在容不下 3+2 式排列的座椅在現今的新巴士上出現。再以同期新近抵港的「丹尼士」三叉戟 12 米超低

修長的「Neoplan」Megashuttle 源自德國，採用四車軸設計，車身全長 15 米。

地台雙層巴士比較，全車設有 93 個座位、35 個企位，總載客量也不過是 128 人而已。

　　至於這輛號稱全球載客量最高的巨無霸巴士，全車設有 95 個以 2+2 式排列的座位、75 個企位，總載客量可達 170 人之高。亦因其高載客量設計，故特別設有三扇可獨立控制開啟及關閉的車門供乘客上落巴士，兩條連接上下層的樓梯則分佈於登車門後及車尾位置，實有助提升日常運載效率。傷健設施方面，輪椅停泊區就正正設於其中一扇車門旁，好讓輪椅使用者能更方便進出巴士車廂，可見設計者的巧妙心思。

九巴在 1997 年 7 月 18 日為巨無霸巴士進行路面測試，由旗下「富豪」Olympian 非空調巴士 GK8843 (S3V29) 開路。

巨無霸巴士特別設有三扇可獨立控制開啟及關閉的車門供乘客上落巴士。

從這角度來觀察，巨無霸巴士擁有多車軸同步轉向系統。

四軸輔助轉向 轉彎靈活性高

　　說到轉彎靈活性，那正正就是巨無霸巴士來港作路面測試的目的。巨無霸巴士全長 15 米，每條車軸均具備輔助轉向的功能，迴旋及轉彎靈活性足可媲美一輛 12 米巴士。

　　巴士留港接近 23 個月，期間主要進行兩次路面測試。巴士在抵港後隨即交予九巴停放於青衣茜草灣車廠內，翌日九巴便召開記者招待會向傳媒機構介紹新巴士，並特別派出一輛「富豪」奧林比安 12 米巴士在車廠內一併進行示範。

　　路面測試方面，九巴在 1997 年 7 月 18 日首次為「Neoplan」Megashuttle 進行正式測試，由青衣茜草灣車廠經城門隧道前往沙田車廠，再循大老山隧道抵達九龍灣車廠後折返青衣車廠。

　　至於另一巴士公司——城巴，亦有安排測試新巴士。城巴在 7 月 31 日接收新巴士後將車停放在鴨脷洲車廠，並於 8 月 14 日將巴士經西區海底隧道及青嶼幹線開往東涌新市鎮。

　　經過兩次路面測試後，運輸處仍未有批准巨無霸巴士進行鬧市地段的路面測試，令巴士公司未能全面掌握此車在繁忙的市區街道進行日常停站及運行操作的可行性。

　　留港逾年後，「Neoplan」Megashuttle 於 1998 年 10 月 19 日至 23 日參加了在香港會展舉行的第一屆亞洲太平洋城市運輸展覽會，進行最後一次宣傳任務。

　　雖然最終未能落戶香江，並於 1999 年 5 月 26 日早上離開香港；然而卻為往後引進 193 輛「Neoplan」Centroliner 12 米雙層超低地台巴士埋下伏線。

九巴高調為新巴士廣邀傳媒到臨，一同見證新巴士駛離巴士車廠的一刻。

「Neoplan」Megashuttle 巨無霸巴士完成九巴的測試後，被安排到城巴鴨脷洲車廠準備新一輪測試。

2011

傷健共融　巴士服務優質化

穿梭中港 城巴卻步 皇巴跨步

27

面對內地改革開放的勢頭，穿梭中港的直通巴士與口岸接駁巴士服務應運而生。然而服務取態截然不同，城巴和皇巴士分屬兩個時代的業界巨人，又如何自處呢？

隨着內地改革開放，城巴早於 1980 年代初便窺準來往中港兩地的人流大增所帶來的機遇，於 1985 年 1 月 1 日率先開辦了往返深圳經濟特區的過境直通巴士路線 500，並取道文錦渡口岸過境。

城巴過境直通巴士路線 500，早於 1985 年 1 月 1 日已經開辦。

城巴過境直通巴士服務

今時今日的過境巴士服務可算是十分普遍，但對於 1980 年代而言，內地對外開放的步伐仍然緩慢，城巴花了很多時間與深圳當局商討有關的細節，才能開辦前往內地的過境直通巴士服務。這無論是在香港當時政局，還是對於業界而言，都是一個富有突破性的舉動。

過境直通巴士投入服務初期，城巴派出四輛購自英國倫敦 Ensignbus 公司的二手「利蘭」珍寶（Leyland Fleetline）雙層巴士（俗稱「倫敦寶」DMS）行走。同年年底城巴更先後引入四輛「利蘭」奧林比安（Leyland Olympian）12 米雙層豪華空調巴士以提升服務質素，新巴士採用 Eastern Coach Works（ECW）車身，全長 12 米，車隊編號 C51 至 C53 及 C61。

1987 年，城巴從英國 West Yorkshire PTE 公司購入六輛配用 Roe 車身的二手「利蘭」奧林比安 9.7 米雙層非空調巴士（車隊編號 L55 至 L60），當中除 L58 及 L60 外均被安排行走過境直通巴士路線，以替代四輛年事已高的倫敦寶巴士。翌年城巴再向英國 NationalTravel (West) 公司購入一輛配用 ECW 車身的二手「利蘭」奧林比安 11.5 米雙層巴士（車隊編號 C101），來港後並安排加裝獨立空調系統投入過境直通巴士服務。

1980 年代末至 1990 年代初期，城巴大批引進各類單層及雙層空調巴士，當中包括「利蘭」奧林比安 11 米雙層豪華巴士、「北方尼奧普蘭」316 單層豪華巴士、「富豪」B10M 單層豪華巴士等，過境路線正式全空調化。另於 1992 年下半年進一步引進的 11 輛「利蘭」奧林比安 12 米雙層豪華巴士（車隊編號 #330 至 #340），其中七輛（車隊編號 #334 至 #340）更以「SKYLINK 飛天巴士」形式亮相。下層車廂設有特大行李架，由頭軸位置一直伸延到中軸前，以營運深圳黃田機場（現稱「深圳寶安機場」）的過境直通巴士路線。

1990 年代中期，過境直通巴士市場的競爭愈趨激烈，為提升競爭

「Beifang Neoplan」316 型單層豪華巴士 EP3725 (#1803)，駛過尖沙咀梳士巴利道。

城巴於 1992 年引入的「利蘭」奧林比安 12 米雙層豪華巴士，FK5095 (#331) 車身以「大食鬼」色彩示人。

城巴「富豪」B12 雙層豪華巴士 GT3740 (#2001) 和 GT3752 (#2003) 在深圳皇崗口岸相遇。

力，城巴於 1996 年引進五輛「富豪」B12 雙層豪華巴士投入過境直通巴士服務。新巴士配用比利時 Jonkheere 車身，屬歐洲雙層客車規格，總載客量 73 人。

過境巴士路線編號

多年來，因應中港交通日漸頻繁，城巴先後開辦了往返東莞、廣州及樟木頭的路線；港方則於金鐘（西）、中港城、沙田第一城等地設站。

城巴過境直通巴士路線編號以車次為編碼，雙數車次為往香港方向、單數車次為往內地方向。

往深圳市路線編號：500、504、508、512、516、522、524、526 (回程路線編號：501、505、509、513、517、523、525、527)；

往東莞路線編號：502、506、510、514、518、520、528 (回程路線編號：503、507、511、515、519、521、529)；

往廣州花園酒店路線編號：550、552、554、556、558 (回程路線編號：551、553、555、557、559)；；

往樟木頭新都會酒店路線編號：570、572 (回程路線編號：571、573、575) 及

往小梅沙的路線編號580。

城巴以豪華巴士作招徠，吸引乘客乘坐城巴過境直通巴士路線，這天 GT2890 (#2005) 剛從廣州返抵香港。

廣州花園酒店將是 GT2767 (#2002) 的廣州終點站。

城巴 FD8768 (#197) 正行走深圳灣路線 502，相片攝於 2000 年 12 月底。

城巴深圳機場專車 FC8623 (#1275) 正途經沙田第一城作短暫停留。

城巴撤出過境直通巴士市場

　　然而，邁向千禧年代，廣東省公路網日漸完善，以及廣深線鐵路縮短行車時間，不少乘客改由深圳乘坐國內大巴或廣深線鐵路；且各間過境直通巴士營運商紛紛採取割喉式減價以保客源，競爭更見激烈。城巴於 1998 年 8 月 1 日起將過境巴士單程車資由港幣 180 元減至 150 元；來回套票由港幣 288 元減至 260 元，仍避免不了廣州、東莞、樟木頭等路線的乘客量大跌；隨後再進一步將過境巴士單程車資減至港幣 100 元。

　　最終城巴仍難敵經營環境轉變，於 2000 年 12 月率先取消深圳灣、東莞及廣州等路線的過境直通巴士服務；並在 2001 年 3 月 22 日進一步取消餘下的深圳機場及樟木頭路線，結束其長達 17 年的過境直通巴士服務，並正式撤出中港直通巴士市場。

穿梭皇崗與落馬洲之間

　　一直以來，市民往返香港與內地，只可選乘過境直通巴士途經文錦渡口岸過境，或乘坐火車到羅湖口岸過境。然而面對 1980 年代羅湖口岸日見擠擁的情況，為紓緩中港道路交通需求，中港兩地政府遂協議興

簇新「丹尼士」飛鏢（GL9113 / AA45）原隸屬九巴車隊，其後轉投藝東有限公司服務。

跨境巴士 HB5236 動輒滿載，可見乘客量需求之高。

建落馬洲管制站，連接至深圳皇崗口岸。隨着貨檢通道於 1989 年 12 月 29 日正式通車，客運部分亦於 1991 年 8 月 8 日正式開通。

　　隨着深圳皇崗口岸基建發展日趨成熟，內地交通網絡配套逐漸完善，市民過境的模式開始轉型，改為在過境後轉乘內地交通網絡前往其他泛珠三角地區，因此過境直通巴士服務已滿足不到市民的需要。

　　為此，九龍巴士控股有限公司（現稱「載通國際控股有限公司」）旗下藝東有限公司（現稱「新香港巴士有限公司」）與深圳一家公司合營一條來往皇崗口岸與落馬洲管制站的跨境穿梭巴士路線，車程只需約 15 分鐘，為往返香港與深圳的旅客提供服務。

　　九巴遂安排車隊中簇新的「丹尼士」飛鏢（Dennis Dart）單層空調巴士轉投藝東有限公司服務，由深圳公司安排司機駕駛。

皇巴士投入服務

　　有「皇巴士」之稱的皇崗－落馬洲跨境穿梭巴士，於 1997 年 3 月 20 日開始營運。營運時間由最初每日清晨至晚間提供服務，至 2003 年 1 月 27 日落馬洲管制站實行全日 24 小時通關後便改為 24 小時服務；班次每隔 5 至 10 分鐘開出，相信是全球少數班次頻密的跨境巴士。

　　然而乘客量需求之高遠超預料之外，單靠十輛「丹尼士」飛鏢單層空調巴士，每輛載客量僅 54 人，實在難以應付。尤其在節日長假期更曾因乘客量需求太大而需要九巴旗下非專營運輸業務部的奔騰旅運有限公司安排調派「日野」（Hino）旅遊巴士提供協助。有見及此，皇巴士車隊多年來不斷引入高載客量車種以應付龐大的乘客量。當中包括於 2001 年引入十輛裝配葡萄牙「Salvador Caetano」車身的「猛獅」NL263 單層空調巴士，總載客量 76 人；又於 2003 年引入五輛裝配香港「捷聯」（Jit Luen）JL-08 車身的「富豪」B7RLE 單層空調巴士，總載客量 82 人；於 2004 年引入三輛裝配香港「中港」（China Kong）車身的「Scania」L94UB 單層空調巴士，總載客量 81 人；以及於

簇新的「猛獅」NL263 (KF4910) 的車廂以企位為主。

「日野」旅遊巴士 GS2077 這天也被安排從奔騰旅運有限公司調派協助跨境服務。

皇巴士最近引入的「猛獅」低地台巴士 (PU1906)，正在上水珍寶廣場的總代理維修中心作交車前最後檢查。

2006 年引入馬來西亞「Gemilang」車身的「猛獅」NL263 單層空調巴士，總載客量 85 人。新巴士載客量動輒超過 80 人，皆因全車主要以企位為主。

直通巴士帶來的挑戰

然而，位於新田的落馬洲公共運輸轉車站交通始終不甚方便，市民需轉乘九巴或專線小巴才可接駁到元朗市區。不少直通巴士公司窺準市民的需要，遂於 2003 年先後開辦多條市區前往深圳皇崗口岸的跨境短途巴士路線，冀在跨境巴士服務中轉型而分一杯羹。市民普遍對此表示歡迎，皇巴士的乘客量卻應聲下跌。

為此，皇巴士向有關當局投訴受到過境巴士擾亂過境秩序，損害皇巴士利益。最後有關方面於 2004 年 8 月宣佈將皇崗直通巴士重新整頓並歸納出六條路線，分別來往皇崗至旺角、油尖、觀塘、灣仔、荃灣及錦上路西鐵站，以「定點、定班、定線」方式運作，事件才得以平息。然而，市民仍然是最終的大贏家。

俗稱「跑狗」的短途過境直通巴士，當中包括這條提供 24 小時服務、來往荃灣與皇崗口岸的中港直通快線。

玫瑰園計劃的
新氣象

28

有「玫瑰園計劃」之稱的香港機場核心工程，在一片爭議聲中展開，歷時八年的建築期後相繼落成。究竟這項香港歷史上最龐大的基建計劃帶給我們甚麼裨益呢？

香港機場核心計劃（Hong Kong Airport Core Programme）是港府於 1989 年公佈的一系列大型基建工程，主要是為興建位於大嶼山赤鱲角的新香港國際機場和相關配套的基建設施。港英政府希望藉計劃為香港描繪出一個如玫瑰園般美好的將來，故又稱「玫瑰園計劃」。

預算耗資超過 2,000 億港元的 10 項機場核心計劃，工程包括興建赤鱲角機場、機場鐵路、青嶼幹線、北大嶼山快速公路、三號幹線青衣段及葵涌段、西九龍快速公路、西九龍填海計劃、中區填海計劃、東涌新市鎮第一期等；於 1991 年開始動工，並在 1997 年至 1998 年間相繼落成啟用，整個計劃最終耗資 1,553 億港元，是香港歷史上最龐大的基建計劃。

西隧快線

西區海底隧道（Western Harbour Crossing）屬十項機場核心計劃中較先完成的工程，於 1997 年 4 月 30 日下午 1 時正式通車，是香港第三條過海隧道，亦是香港首條三線雙程行車的過海隧道。隧道全長

兩公里，連接香港島的西營盤和西九龍填海區。

　　有「西隧快線」之稱的各條巴士路線則於隧道通車後翌日投入服務，路線編號以 900 系編排。「西隧快線」首次以「一路線一公司」的獨營模式營運，方便巴士公司管理；而新界西北直通港島的隧道巴士線，更成功地吸納不少以往利用巴士轉乘地鐵往返新界西北與港島之間的乘客。

青嶼幹線及東涌新市鎮

　　青嶼幹線（Lantau Link）於 1997 年 4 月 27 日由前英國首相戴卓爾夫人、香港總督彭定康、布政司陳方安生主持開幕儀式，5 月 22 日正式通車。

　　青嶼幹線是連接大嶼山與青衣之間的陸路通道，由青馬大橋、馬灣高架道路及汲水門大橋組成。幹線全長 3.5 公里，分上下兩層行車。兩條橋的露天上層為三線雙程分隔快速公路，有蓋的下層則為機場鐵路路軌，和兩條供緊急時使用的單線行車道路。

　　為配合新機場及東涌新市鎮的發展，運輸署早於 1996 年便為兩組共 25 條往來新界及市區（港島與九龍）的北大嶼山巴士路線以招標的

中巴 FS3241（DA38）以「西隧快線 970 號」的車身廣告向市民宣傳新路線。

「青馬大橋是全球最長的行車鐵路雙用懸索吊橋，大橋主跨長度達 1,377 米。」

形式公開競投，當中包括機場線（Airport Bus Route）、途經東涌的北大嶼山對外路線（North Lantau External Bus Route）及機場島穿梭路線（Airport Shuttle Bus Route）。新巴士路線規定採用全空調車隊，成為今後批出巴士路線專營權的新模式──競爭和服務質素亦是重要的考慮因素。

龍運巴士有限公司在旗下首條路線 E31 正式投入服務前，HD4462 帶領一眾簇新的巴士如貫地駛到東涌市中心。

HT7507 披上東涌富東商場廣告，色彩斑斕。

青嶼幹線正式通車後，城巴多條路線相繼投入服務，車隊則以「富豪」Olympian 為主力。

最後城巴以新成立的城巴專利營運二部（Citybus Franchise II）名義順利投得市區巴士路線；而新界巴士路線則落入龍運集團有限公司（Long Win Holdings Limited）手上。龍運集團乃九巴全資附屬公司，原為九龍巴士（增城）有限公司，負責內地業務；後為部署競投營運機場巴士路線而轉型，並在 1997 年 3 月正式改名「龍運巴士有限公司」（Long Win Bus Company Limited），專注營運機場巴士業務。

青嶼幹線正式通車當日，由東涌市中心來往大角咀的城巴路線 E21 及來往荃灣的龍運巴士路線 E31 於中午開始投入服務，然而因大批市民欲乘車一睹青馬大橋，致使大角咀及荃灣兩個總站大排長龍。城巴即時抽調後備車隊甚至非專利巴士加班，而龍運巴士因車隊僅有十輛巴士，惟有由母公司九巴安排巴士疏導人潮。在緊隨的周六及假日更推出多條「循環觀光路線」X11、X21、X31 及 X32 路線，分別由銅鑼灣、大角咀、荃灣及葵芳開出，沿途不停站前往青嶼幹線折返；直至觀光熱潮漸退後才於年底前先後停止服務。

東涌新市鎮第一期計劃中的富東邨及裕東苑於 1997 年落成及入伙，交通一直只能依靠北大嶼山對外巴士路線服務；直至機場鐵路工程的其中一條路線——東涌線於 1998 年 6 月 22 日正式通車，連接東涌與位處中環新填海區的香港站，並沿途於青衣、荔景、大角咀（車站名為「奧運」）、前佐敦道碼頭舊址（車站名為「九龍」）設站，交通情況才得以改善。

赤鱲角機場對外交通服務

赤鱲角機場於 1998 年 7 月 6 日正式啟用，舊啟德機場亦同時關閉。不少設備、器材等在當晚午夜後才從啟德機場通宵搬遷往新機場，停泊在啟德機場的飛機亦須轉飛往新機場。城巴特別開辦臨時穿梭巴士路線 S2，穿梭於機場島內為協助搬遷的人員提供服務。

接駁機場的交通工具亦於機場啟用當日正式通車。機場巴士方面，

龍運巴士車隊以「丹尼士」Trident 為主力，
外觀清一色是「亞歷山大」ALX500 車身。

龍運巴士 HU2132 以透示廣告技術
(Contra-vision) 營造出飛機機身造型效果。

城巴以「城巴機場快線 Cityflyer」打造機
場巴士品牌，HT9266 (#2145) 正行走路
線 A21 前往機場。

夜幕裏的 HW4900 (#2246) 更突顯出其豪
華的車廂佈局。

兩組共七條分別由機場來往新界及由機場來往市區（港島與九龍）的路
線分別由龍運巴士及城巴提供，另外新大嶼山巴士亦開辦一條路線來往
大嶼山南部。

　　機場鐵路工程的另一路線——機場快線亦配合新機場啟用而投入服
務，全線設有機場站、青衣站、九龍站、香港站等。路線全長 35.3 公
里，由赤鱲角機場前往中環市中心約需 24 分鐘。九龍站及香港站更設
有市區預辦登機手續，為旅客提供來往機場與市區的快捷接駁服務。

　　當年港英政府提出「玫瑰園計劃」是希望能為香港描繪了一個美好
的將來；廿多年後的今日，事過境遷，又是否一如大家的期望呢？

西隧快線啟用初期路線	
904／905P	荔枝角 ⇆ 堅尼地城
905	荔枝角 ⇆ 灣仔碼頭
914	深水埗碼頭 ⇆ 銅鑼灣（天后）
917	深水埗（欽州街）⇆ 跑馬地
930	荃灣碼頭 ⇆ 金鐘地鐵站
934	灣景花園 ⇆ 銅鑼灣
935	安蔭 ⇆ 銅鑼灣
948	青衣（長安）⇆ 銅鑼灣（天后）
960	屯門（建生）⇆ 灣仔碼頭
961	屯門（山景）⇆ 灣仔（會展新翼）
968	元朗（西）⇆ 銅鑼灣（天后）
969	天水圍市中心 ⇆ 銅鑼灣（摩頓台）
970	蘇屋 ⇆ 香港仔

青嶼幹線啟用初期路線	
E21	大角咀 ⇆ 東涌市中心
E31	荃灣（愉景新城）⇆ 東涌市中心
X11	銅鑼灣 ⇆ 青嶼幹線（循環線）
X21	大角咀 ⇆ 青嶼幹線（循環線）
X31	荃灣碼頭 ⇆ 青嶼幹線（循環線）
X32	葵芳地鐵站 ⇆ 青嶼幹線（循環線）

北大嶼山對外交通初期路線	
E22	九龍城碼頭 ⇆ 赤鱲角臨時巴士總站
E32	九龍城碼頭 ⇆ 赤鱲角渡輪碼頭
E33	屯門市中心 ⇆ 機場
E34	天水圍市中心 ⇆ 機場
E41	大埔中心 ⇆ 機場

2011

北大嶼山機場穿梭巴士路線	
S1	東涌巴士總站 ⇆ 赤鱲角臨時巴士總站（循環線）
S51	東涌地鐵站 ⇆ 機場客運大樓（經貨運大樓）（循環線）
S52	東涌地鐵站 ⇆ 飛機維修區（循環線）
S53	赤鱲角渡輪碼頭 ⇆ 機場客運大樓（循環線）
S54	赤鱲角渡輪碼頭 ⇆ 飛機維修區
S61	東涌巴士總站 ⇆ 機場客運大樓（循環線）
S62	東涌地鐵站 ⇆ 貨運大樓及航機膳食區（循環線）
S63	東涌地鐵站 ⇆ 航機膳食區（循環線）
S64	東涌地鐵站 ⇆ 赤鱲角渡輪碼頭

赤鱲角機場巴士路線	
A11	機場 ⇆ 銅鑼灣（摩頓台）
A12	機場 ⇆ 西灣河碼頭
A21	機場 ⇆ 九龍車站
A22	機場 ⇆ 藍田地鐵站
A31	機場 ⇆ 荃灣（愉景新城）
A41	機場 ⇆ 沙田（圓洲角）
A35	機場 ⇆ 梅窩

一個時代的終結
告別藍戰士

29

成立於 1924 年的中巴，自 1930 年代獲得港島巴士專營權，走過日治香港歲月，亦經歷過巴士服務黃金期；踏入 1990 年代，卻是一個巴士王國的墜落，一個時代的終結。

回首中巴 65 年的專利巴士歷史，當中不難發現其光輝歲月幾達 50 載。由 1933 年獲得港府授予港島巴士專營權，到 1945 年走過日治香港歲月，1962 年引進港島首輛雙層巴士，1971 年推展一人控制模式，1972 年引進首輛後置引擎的珍寶巴士，1980 年更引進大型三軸雙層巴士；50 年來中巴對香港的巴士服務不遺餘力。

地鐵港島線通車致令乘客量大跌

然而，導致中巴王國步向衰落的始作俑者，可追溯至 1970 年代末期香港新引入的集體運輸鐵路（Mass Transit Railway）——地下鐵路。

地下鐵路於 1976 年開始動工興建，連接觀塘至遮打站（即今中環站）的修正早期系統於 1980 年 2 月 12 日開始投入服務，中巴亦積極開辦多條遮打站及金鐘站的鐵路接駁巴士路線予以配合。

1982 年中巴就地鐵港島線於 1985 年中投入服務後對其業務所受的影響，與港府之第四期港島公共運輸服務統籌發展小組共同商議；討論結果指出地鐵港島線通車後位於港島北面之公共交通載客量將呈現過剩之現象。

誠如有關報告預期，中巴在 1985 年年報中指出，自地鐵港島線通車的 5、6 月間，沿地鐵港島線及過海隧道巴士路線的乘客總數跌幅超過 17%。中巴全年總載客量亦由 1984 年港島線通車前的 363 萬人次的歷史高峰，下降至 1986 年港島線通車後首年的 318 萬人次，造成中巴服務水平持續倒退的遠因。

中巴大罷駛失卻民心

時至 1989 年 11 月，中巴員工因不滿退休金制度過時及不合理，遂於同月 29 日及 30 日早上繁忙時間發動一連兩日的大罷駛行動，早上 11 時才出車服務；至晚上 9 時提前停止服務，整日參加罷工員工約 1,700 人。

① 1970 年代中巴曾積極引入「丹拿」珍寶巴士。

② 面對珍寶巴士的不濟表現，中巴遂引入「勝利二型」巴士，為中巴爭一口氣。

③ 中巴在 1980 年代初仍積極購置巴士應付龐大客量需求，當中包括「倫敦寶」二手巴士 CU7978 (XF97) 正行走路線 2A。

④ 中巴 CZ5554 (ML25) 披上了中華巴士熱線服務廣告行走路線 680。

受中巴大罷駛影響，教育署歷史性宣佈大罷駛首日港島區上午校停課。運輸署亦宣佈在中巴大罷駛期間地鐵、電車及纜車加密班次，九巴則加強隧道巴士服務；港島南區臨時放寬小巴禁區限制等。另外，運輸署亦情商警方派出九輛俗稱「豬籠車」的警察卡車，免費接載鴨脷洲及利東邨市民出市區。

　　在罷駛的第二日，運輸署除繼續安排 19 輛警察卡車免費接載市民出市區外，亦安排 50 輛非專利巴士在罷駛期間行走四條路線，分別由鴨脷洲至灣仔愛群道、由置富經香港仔隧道至灣仔愛群道、由柏道至金鐘、由置富經薄扶林道至中環等，收費港幣 5 元；而南區區議會則安排六條旅遊巴士路線，分別由田灣帝后戲院至黃竹坑工廠區、由華富邨

帶有機場巴士路線 A20 宣傳廣告的「富豪」Olympian（GE7388 / VA12），剛完成馬場路線服務來到小西灣。

飛鏢巴士是路線 25 的主力，EZ1810（DC11）便是其中一員。

中巴服務差劣為人詬病，甚至曾以非空調巴士 CM6212（LV91）行走全空調巴士路線 25M。

中巴 FW736（LM3）本屬空調巴士底盤設計，卻因應運輸署認為本港空調巴士過多而被迫改為裝嵌上普通巴士車身。

中巴曾於 1990 年表示計劃
五年內購入 220 輛空調巴
士，EY7409（LA3）當然
是其中一員。

至黃竹坑工廠區、由利東邨商場至黃竹坑工廠區、由鴨脷洲至香港仔中
心、由石澳至筲箕灣俊峰花園、由赤柱巴士站至灣仔等，收費由港幣 2
至 7 元不等。

　　面對中巴工潮，港府曾表示希望城巴能協助解決運輸問題，然而最
終城巴拒絕協助疏導乘客。城巴主席徐展堂解釋，第三者不宜介入是次
工潮，故決定不派車。

　　最後在 11 月 30 日下午 5 時，中巴勞方員工與資方在經過多輪談
判後，勞資雙方終達成協議，勞方亦結束所有罷工行動。

拒絕引入八達通電子貨幣

　　中巴工潮雖然暫告一段落，然而中巴的服務水平仍然沒有改善，當
中又以服務差劣、班次誤點、巴士殘舊等最令人不滿。1990 年中巴正
式引入首批共 12 輛「丹尼士」禿鷹型空調巴士，當時還表示會於五年
內購入 220 輛空調巴士及增闢 25 條空調巴士路線。

　　然而中巴服務仍然持續欠佳，港府遂分別於 1993 年及 1995 年先
後以公開競投方式，將旗下 26 條及 14 條巴士路線作公開競投。城巴

中巴車隊巴士殘舊令人有負面印象，曾以沒有空調設備的 EF5328（DL10）行走路線 680 穿梭多條隧道，更令乘客苦不堪言。

憑藉過往數年在港島提供屋邨巴士服務的經驗，成功投得兩批路線的專營權。在失卻 40 條巴士路線專營權後，中巴 1996 年的全年總載客量更進一步下降至 179 萬人次。

時至 1997 年，中巴表示有意引進 10 輛全新「丹尼士」三叉戟型超低地台空調巴士作更新車隊之用，惟因廠方的新巴士交付期較長，中巴遂取消有關訂單而改為增購禿鷹非低地台空調巴士。

中巴願意更新車隊，卻對新一代八達通電子貨幣拒諸門外，不予引入。

港府宣佈不延續中巴專營權

同年 6 月，中巴過了限期才遞交延續專營權申請。縱然港府於 11 月仍與中巴方面就延續專營權進行談判，然而談判雙方仍有四方面有較大分歧，包括中巴不同意港府要求三年內更換 400 輛車齡達 18 年的舊巴士，亦不滿現有 125 條巴士路線重整至 88 條、也不願由政府督導聘請顧問研究改善中巴員工及人事管理，最後更堅拒引入新一代八達通電子貨幣。

最終，港府於 1998 年 2 月 17 日宣佈不再延續中巴的巴士專營

權，中巴既有的巴士專營權則會於同年 8 月 31 日深夜結束；而 1990 年中巴曾表示會於五年內購入 220 輛空調巴士的承諾，到專營權結束時也只引進了 209 輛新巴士。

88 條巴士路線公開競投

自港府宣佈撤銷中巴專營權後，便隨即將 88 條巴士路線作公開競投，並將八條路線直接交由城巴經營。雖然中巴仍然夥拍英國第二大巴士集團捷達巴士（Stagecoach）組織財團競投，然而仍與其餘四個財團敗予以新世界發展及英國第一集團（First Group）合組的「新世界第一巴士服務有限公司」，政府表示此舉希望可以為專營權引入競爭。

HP8961（VA61）均是中巴最後引進的空調巴士，車廂內的「Trend-Tex」座椅廣受歡迎。

HN9798（VA53）的「亞歷山大」車身設計，終與對岸的九巴看齊。

雖然中巴的專營權被撤銷而結束，然而旗下仍保留 11 輛巴士，以維持提供巴士服務的上市公司身份，並轉為以非專利巴士形式經營一條來往港運城與北角政府合署的非專利巴士路線。

中巴 GD5622（CX5）正行走來往港運城與北角政府合署的免費穿梭巴士路線。

新專營權公開競投投標公司	
Affluent Dragon Island Ltd	-50%
中巴 CMB	-50%
捷達巴士 Stagecoach Group	-76%
新世界第一巴士服務有限公司 New World First Bus Services Ltd	-24%
新世界發展 New World Development	
第一集團 FirstGroup	
香港聯合巴士有限公司 Hongkong United Bus	-35%
城巴 Citybus	-25%
香港中旅國際集團 China Travel International Investments	-5%
北海集團有限公司 CNT Group	-35%
長江基建 Cheong Kong Infrastructure	
香港公共巴士有限公司 Hong Kong Public Bus Co. Ltd.	-30%
冠忠巴士 Kwoon Chung Bus	-70%
大昌行 Dai Chong Hong	
九龍巴士 Kowloon Motor Bus	
九巴 KMB	
新加坡巴士服務 SBS	-50%
雅高巴士 Argos Bus	-50%
雅高巴士 Argos Enterprise (Holdings)	
香港興業 HKR International	

一切從新開始

30

新巴於 1998 年 3 月 31 日正式獲港府批出三年期專利巴士服務專營權，由 9 月 1 日開始為市民提供服務。一切，從新開始。

由新世界發展有限公司（New World Development Co.）及英國第一集團（First Group plc.）於 1998 年 3 月 10 日共同成立的新世界第一巴士服務有限公司，在港並無營運巴士服務的經驗；其競爭對手卻是擁有豐富經驗的本地巴士公司，包括：由英國第二大巴士公司——捷達巴士（Stagecoach Group）注資入中巴旗下的 Affluent Dragon Island Ltd.；由城巴、長江基建集團有限公司（Cheong Kong Infrastructure Finance Co. Ltd.）、香港中旅國際投資有限公司（China Travel International Investments Hong Kong Ltd.）、北海集團有限公司（CNT Group Ltd.）合組成的香港聯合巴士有限公司（Hong Kong United Bus Limited）；由冠忠巴士（Kwoon Chung Bus）及大昌行（Dai Chong Hong）組成的香港公共巴士有限公司（Hong Kong Public Bus Co. Ltd.）；由香港興業國際集團有限公司（HKR International Ltd.）注資到雅高企業（集團）有限公司（Argos Enterprise (Holdings) Ltd.）旗下的雅高巴士（Argos Bus）；以及九巴等五大財團。

「丹尼士」Trident (#1001) 由運車船駛出，首輛新巴正式抵港。

2011

傷健共融　巴士服務優質化

233

地鐵港島線通車致令乘客量大跌

　　新巴能夠在云云巴士業界前輩中脫穎而出，除了因為港府希望藉此能夠引進新經營者加入競爭外，亦基於新巴願意全數聘用中巴所有現職員工，並會斥資港幣 20 億元改善巴士服務，包括添置新廠房及購買新巴士、聘用多位前中巴高層職員，均有助接收中巴路線安排，繼續維持港島區巴士服務的競爭。至於合作夥伴——英國第一集團（FirstGroup plc.）為全英國最大巴士公司，更可為本港巴士服務引入新思維等。

　　1998 年 3 月 31 日，港府正式宣佈批出專利巴士服務專營權予新巴，為期三年。新巴對獲得專營權表示歡迎，並隨即對新專營權承諾購置 500 輛新巴士，新巴士具備超低地台、八達通收費機、電子資訊顯示器、車速監察系統、廣播系統、恆溫系統等。配套方面亦會興建多功能有蓋巴士站，設有長者座位、查詢電話及電子資訊板等；引入全面及即時資料系統，幫助乘客了解巴士車程及等候時間；重新培訓前中巴司機，提升服務水準；聘用安全監察主任，監察巴士服務安全等。

與時間競賽的過渡安排

　　在獲得新專營權至接手為 88 條巴士路線提供服務，籌備時間不足半年，必須在僅有的時間裏得尋求巴士車隊、人手安排、燃油供應、廠房設施等。當中又以尋求巴士車隊最是費神，新巴除按計劃先於 1998 年 5 月訂購 202 輛雙層巴士及 76 輛單層巴士外，面對新巴士未能在短時間投入服務，故亦曾考慮從東南亞的馬來西亞、新加坡等地引入二手巴士。然而面對車長適應、車隊維修保養及環保等因素，最終在同年 7 月與中巴達成協議，以港幣 335 萬元購入 710 輛中巴大部分現有車隊，當中包括 511 輛非空調巴士及 199 輛空調巴士。值得留意的是，由於新巴急需巴士應付新專營權服務，英國第一集團及九巴遂同意「丹尼士」車廠將部分巴士訂單轉予新巴優先履行，故新巴的「丹尼士」飛

首輛新巴以「波浪紋」色彩示人，#1001
正在運車船內等候駛離船艙。

新巴 #1001 的「波浪紋」色彩顯示出「NW」
公司的名稱縮寫。

鏢單層巴士有着英國第一集團的標準規格；而首批共 20 輛「丹尼士」三叉戟雙層巴士的車廂組件焗漆更採用九巴規格的灰色格調，至其後的批次才安排選用上新巴標準的紫色格調。

　　首輛新巴全新「丹尼士」三叉戟雙層巴士於 1998 年 7 月 7 日抵港，並以公司標誌為設計藍本的「NW 波浪紋」車身塗裝示人。新巴士的超低地台設計備有車身下降功能，令車廂地台的離地距可以降低至接近行人路的水平高度，輪椅使用者便可利用附設於登車門的輪椅斜板進入車廂，並將輪椅停泊在輪椅停泊區享受巴士旅程，達至傷健共融的理念，而新巴往後訂購的全新巴士也貫徹以此為標準車隊設備。全車乘客座椅均為絲絨設計，色調以紫藍色為主，顯得份外高貴；但由於新巴士主要於市區行駛，故座椅上不附設頭枕。新巴士在 7 月底正式在港登記後，便旋即以流動客務中心的姿態巡迴港島各區宣傳。

一切從新開始

　　1998 年 9 月 1 日凌晨零時 15 分，新巴特意為首班新巴行走路線 N8 於小西灣巴士總站舉行開車儀式，並滿載着乘客前赴灣仔碼頭巴士總站，正式為港島巴士歷史揭開革命性的新一頁。趕及在營運首日投入服務的新巴士，亦達 52 輛之多，包括 19 輛雙層巴士及 33 輛單層巴士。

新巴訂購的新巴士，配上「亞歷山大」車身的 Trident 佔上很大部分。

「第一百輛新巴」。

「新巴新成員，我是第二百名」。

「一年來，新巴滿載了乘客，也滿載了成果」。

「新巴第三百名新成員　與您風雨同路」。

「新巴第四百名環保新力軍與您邁向一週年」。

另外，繼 1998 年 5 月訂購 278 輛新巴士後，新巴再於同年 11 月進一步增購 222 輛雙層巴士，使其購置 500 輛新巴士的承諾迅速達成；而新訂單中更有為數共 40 輛的新巴士是「富豪」車廠剛成功研發的超級奧林比安超低地台雙層巴士。

　　在這些新巴士未及付運之前，新巴 88 條專營路線的重擔就惟有暫時落在購自中巴的 710 輛二手巴士身上。新巴並安排將這些巴士進行翻新工程，在外觀上，新巴按原本計劃將前中巴空調巴士髹上新巴標準車身色彩，而非空調巴士則髹上中巴標準車身色彩以茲識別；然而其中三輛「丹尼士」禿鷹非空調巴士卻在 1999 年中誤髹上新巴標準車身色彩，新巴遂於巴士登車門旁補加上「非空調巴士」字樣，而其後重新翻油的非空調巴士均改髹上新巴標準車身色彩。

　　車廂方面，由於最終只有空調巴士才獲安排保留，故非空調巴士未獲安排翻新。翻新工程範疇主要包括上下層新地台防滑膠及樓梯、無間斷式車廂光管等；座椅方面亦由以往 3+2 形式編排的相連座椅改為 2+2 形式的全新獨立座椅，每排座椅之間的行距也被拉闊。此外，部分一直沿用的布牌路線顯示牌，亦被更換為「Hanover」電子路線牌顯示牌。

　　隨着新巴購置的全新車隊陸續投入服務，二手非空調巴士亦相繼退下火線，部分進行改裝成觀光巴士或轉售往澳洲、英國、杜拜等國家繼續服務。在投入營運接近四年之際，新巴於在 2002 年 8 月 17 日正式將常規路線服務全面空調化，僅餘一輛「丹尼士」禿鷹型非空調巴士改裝作開篷觀光巴士以行走山頂纜車接駁路線 15C；直至該非空調開篷觀光巴士於 2008 年 1 月 25 日退役後，標誌着新巴車隊正式邁向全空調化。

　　新巴的巴士專營權業務，自從 1998 年 9 月開始在香港島提供服務；直到千禧年前後，港府為避免巴士服務造成壟斷，決定開放新界新市鎮及九龍新發展區的新巴士路線專營權，故於 1999 年及 2001 年，先後邀請巴士公司公開競投天水圍北、將軍澳南巴士路線，與及西九龍新區巴士路線專營權。新巴最終成功投得將軍澳南的一組共八條路線及西九龍新區巴士路線，成功把服務範圍由香港島擴展至九龍及新界。

「當天的承諾，今天的成果，第五百輛新巴」。

「為香港而設的新型號，只有 4.17m 高」。

EP9611 (DM4) 誤上新巴標準車身色彩，新巴遂於巴士登車門旁補加上「非空調巴士」字樣。

BM2339 (LF125) 保留了中巴標準車身色彩，並貼上新巴橫額宣傳廣告。

流動多媒體資訊系統

車廂設施方面，新巴於 1999 年 3 月起進一步履行承諾，為旗下車隊安裝八達通收費系統，並在 2001 年 2 月全面完成安裝。此舉除方便乘客之餘，亦為稍後推行八達通轉乘優惠作好準備。

在對岸的九巴於 2000 年 12 月引入「路訊通」（Roadshow）流動多媒體資訊系統，為乘客提供娛樂及新聞資訊；而彼岸的新巴亦夥拍東方魅力（StarEast）旗下媒體銷售業務機構，於 2001 年 10 月 1 日在新巴空調車隊上安裝並推出 M-Channel 流動多媒體資訊系統。

新巴車隊全空調化,「Neoplan」Centroliner
(JU1220 / #6008) 當然是當中重要的一員。

新巴為前中巴空調巴士髹上新巴標準車身
色彩外,更特別以 FJ1017 (LA24) 加以
翻新,包括更換電子路線顯示牌。

新創建集團接手 M-Channel 流動多媒體資訊系統,後改組為「新資訊」。

2011

傷健共融　巴士服務優質化

M-Channel 的節目主要有東方魅力旗下歌手的音樂影片、《成報》提供的「當年今日」剪報,甚至由華娛電視、陽光衛視、東亞衛視及東風衛視等提供的節目片段等。顯示屏上方更設有 LED 電子資訊板,能夠同步播放即時新聞資訊。然而 M-Channel 啟播僅 18 個月時間,東方魅力便放棄了相關業務,新創建集團遂接手並改組為「新資訊」(FirstVision),然而最終仍被路訊通收購。

為着提高巴士上層前排乘客的安全性,新巴繼 2008 年起將上層首排座椅更換為配有安全帶的「Vogelsitze」座椅外,亦於 2009 年全面在上層擋風玻璃增設多一條扶手,保障乘客安全。

新巴初成立即大張旗鼓,透過現代管理模式將冷冰冰的巴士服務活龍活現的呈獻予巴士乘客。在提供高質素巴士服務之餘,亦成功使公眾對中巴過往惡劣的服務形象一掃而空,新巴企業傳訊功力方面可見一斑。

沒有永遠敵人
港島巴士離與合

31

自 1990 年代初城巴加入港島巴士市場，與中巴爭一日之長短；至 1998 年新巴取締中巴在港島立足，與城巴的競爭無日無之。然而踏入千禧年間，關係似乎起了變化。

回望 1920 年代，港島巴士服務分別由香港上海大酒店、香港電車公司、香港仔街坊福利會等三間公司營運。及至 1933 年 6 月 11 日，中華汽車公司（中巴）獲得港府發出香港島區的巴士營運專利權，中巴正式一統港島巴士服務。

踏入 1980 年代，中巴面對地下鐵路通車的正面競爭，加上新市鎮發展令不少港島區人口遷移至新界地區，乘客量日漸下降；接續發生「中巴大罷駛」事件，中巴不善管理、車隊殘舊的負面形象隨之而日增，港府及市民對中巴服務的不滿情緒普遍升溫。遂令港府在 1990 年代多次將部分中巴專營路線削減並批予城巴有限公司（城巴），從而成為競爭對手。最後更於 1998 年正式撤銷中巴 65 年巴士營運專利權，並以公開競投方式將專營路線批予新成立的新世界第一巴士服務有限公司（新巴）。

巴士公司間的微妙關係

提到中巴、城巴及新巴，這三間本地巴士公司之間其實也有着一點微妙關係。當中維繫着這關係的，竟然是英國第二大巴士營運商——捷

達巴士。

　　早於 1992 年 6 月，港府首次因應中巴的服務質素欠佳而削減中巴 28 條巴士路線的營運專利權，並作公開競投，而參與競投的，便是城巴與及屬於英國捷達巴士分公司的必達巴士。惜當時必達巴士在港未有營運巴士服務的經驗，營運專利權最終由城巴投得。

　　1993 年底，捷達巴士決定以經營非專利屋邨巴士服務入手，再戰香港巴士市場。捷達巴士於 1994 年 1 月 24 日開辦屋邨巴士路線 801R 來往沙田博康邨及中環港澳碼頭，並派出五輛「富豪」B10M 單層巴士行走；其後於 1995 年 5 月更增購六輛「富豪」奧林比安雙層巴士，並

捷達巴士於 1995 年 5 月增購六輛「富豪」Olympian 雙層巴士，銳意進軍本地巴士市場。

捷達巴士於 1996 年 4 月起撤出香港巴士市場，全數雙層巴士轉售予城巴，包括 GK4058（#508）及 GK2009（#506）。

1999 年捷達巴士將城巴私有化，終得以曲線進軍香港專利巴士市場。HN1013（#2500）其後亦髹上富有捷達巴士味道的車身色彩。

HP7236（VA59）於 1998 年 2 月 25 日於運輸署首次登記，然而早於 2 月 17 日港府已宣佈不再延續中巴專營權。

進一步開辦屋邨巴士路線 802R ——說穿了其實只是將路線 801R 延長至沙田圍怡成坊,並以兩線混合行走來往中環港澳碼頭。捷達巴士的目的當然不只着眼於這兩條屋邨巴士路線,而是在於中巴在 1993 年延續兩年巴士專營權後的一個機會。果不其然中巴面對城巴的正面競爭下,服務仍未見有所改善,港府遂在 1995 年 6 月 27 日宣佈再削減 14 條中巴路線;然而捷達巴士始料不及的,是港府將有關巴士路線直接交予城巴於同年 9 月 1 日起開始營運,而未有作公開競投。捷達巴士再一次失落於中巴龐大的港島區巴士路線網絡,遂決定於 1996 年 4 月起撤出香港巴士市場,而兩條屋邨巴士路線服務則交予冠忠巴士繼續營運。

時至 1998 年 2 月 17 日,港府宣佈不再延續中巴的巴士專營權,並將 88 條巴士路線作公開競投。捷達巴士決定夥拍中巴重投香港的專利巴士市場,可惜港府決意引入新的經營者,遂將新專營權批予由新世界發展及英國第一集團合組的新世界第一巴士服務有限公司。

港島新專營權最終批予新世界第一巴士服務有限公司。

面對多次失落於香港專利巴士市場，捷達巴士於 1999 年 3 月遂以收購形式，向自 1996 年 11 月從北海集團分拆上市的城巴進行私有化，作價港幣 23 億元；捷達巴士終能以曲線進軍香港專利巴士市場。

新城兩巴　港島正面交鋒

城巴及新巴在香港島上正面交鋒，兩巴為了增加市場佔有率，各自瘋狂地增加部分路線的巴士班次，以形成班次頻密的現象，部分路線更出現在巴士站頭等客的情況。

這種「車海戰術」多見於客源重疊的競爭路線，以東區來往灣仔區為例，城巴早於「Network 26」年代便將路線 8X 由正常派車八輛大幅增至 26 輛，以三分鐘一班的密集班次將中巴路線 80 比下去；到新巴接手後開辦路線 8P，更以同時間兩班「拖卡」形式的密集班次迎戰。又以灣仔區來往半山區的城巴路線 40、40M 及新巴路線 23 為例，它們的班次可達到五分鐘一班。城巴亦以相同手段與非專營小巴爭客，包括來往西環至銅鑼灣的路線 5 系，與及來往中環至淺水灣的路線 6 系，城巴採用每二、三分鐘一班的混合班次模式，致使有關路線的非專營小巴數目下跌超過一半。然而車海雖然大大縮短了乘客的候車時間，卻造成路面交通擠塞，顯然是一種勞民傷財的技倆。

新城兩巴的直接競爭帶來道路擠塞、環境污染等問題。踏入千禧年，港府開始採取整頓措施，包括限制巴士公司車隊數目、減少巴士停站次數、限制開辦新路線等，使各巴士公司的資源更用得其所。面對新制度的實施，巴士公司在營運上受到不少制肘，欠缺靈活性。及至 2000 年底，英國第一集團更把手上持有 26% 的新巴股權售予新世界發展有限公司，撤出香港專利巴士市場。繼而在 2003 年 6 月，適逢非典型肺炎（SARS）在香港肆虐，加上港府進一步確立以鐵路為骨幹的運輸模式，捷達巴士亦以港幣 22 億元將城巴售予新巴母公司——周大福企業有限公司旗下之 Delta Pearl Limited，致令分裂 10 年的香港島巴

城巴路線 5 系以混合班次形式與非專營小巴迎戰，效果顯著。

新巴路線 23 與城巴路線 40、40M 是屬於客源重疊的競爭路線。

2003 年 3 月城巴再將全數「Plaxton」車身的「富豪」B6LE 改裝，準備運往英國交付予英國捷達巴士。

2011

傷健共融　巴士服務優質化

士服務整合回到單一財團手上。

港島巴士服務回歸單一財團

縱然城巴及新巴同屬周大福企業及新創建集團成員，然而始終分屬兩個專營權下，而母公司方面亦表示兩巴本身有其品牌價值，不會以新巴取締城巴。2004 年 3 月 2 日，周大福企業有限公司及新創建集團有限公司合資成立 Merryhill Group Limited，重整集團旗下的交通業務，並於 2005 年 1 月 10 日正式改名為「新創建交通服務有限公司」（NWS Transport Services Limited），公司旗下還包括有渡輪業務、非專利巴士業務、內地巴士業務等範疇。

城巴及新巴首先重整及統合行政架構及後勤支援，拼合內部資源；其後再透過路線重組，減少各區的重疊路線以提升服務效率，發揮協同效應。

2010 年 8 月 9 日，新巴職工會就薪酬問題發起工潮，是自 1989 年中巴大罷駛以來的首次罷駛。幸而雷聲大雨點小，工潮對市民影響甚微。新巴資方除安排休班車長替更外，更調動城巴兼職車長及後勤員工駕駛缺勤路線，首次確立城巴兼職車長駕駛新巴先例。

港島的巴士服務由中巴王國領導，進而推展至城巴及新巴的引入，造成惡性競爭，最後統合成新創建交通服務發揮協同效應。十年間的變化，見證着港島巴士服務的風雲色變，亦印證出商場沒有永遠的敵人。

2021 年 11 月山頂道山泥傾瀉，城巴派出單層巴士協助新巴路線 X15 提供服務。

新巴於 2022 年以城巴車隊色彩設計為藍本，為旗下數輛巴士重新翻油，打造「山頂探索號」。

2011

超低地台巴士
新標準

自從回歸前首輛雙層超低地台巴士登陸香江以來，輾轉走過五年多的光景，英國的巴士製造王國正默默地起了變化。

大概追溯至 1995 年，英國汽車集團 Mayflower Corporation 先後收購了巴士車身製造商「亞歷山大」（Walter Alexander）與巴士底盤製造商「丹尼士」；稍後又再於 1998 年 10 月進一步收購另一車身製造商「都普」，其巴士製造王國日漸壯大。

Mayflower 其後又與擁有多間車身品牌「Plaxton」及「Northern Counties」的英國巴士車身集團 Henlys Group 洽商整合巴士製造王國，並於 2001 年 1 月 1 日正式成立「TransBus International」。

九巴與「Transbus」共同研製的 Enviro-500 雙層巴士（LP3395 / ATE200），進一步訂下超低地台巴士新標準。

城巴同樣向「Alexander Dennis」訂購 Enviro-500 巴士，這輛 ND2420（#8102）更披上可愛的兔年巴士廣告。

中電巴士一口氣向「Alexander Dennis」訂購五輛 Enviro-500 新巴士，這天一同往大埔工業邨出席活動。

好景不常，2004 年 TransBus International 陷入財政危機，最終需要將「Plaxton」客車業務分拆出售予本身之管理層；而餘下部分則售予英國捷達巴士持有人 Brian Souter，並將新公司改名為「Alexander Dennis Limited」。經過十年間一連串的收購、合併及分拆，巴士製造市場最終仍然是打回原形。

簇新的 Enviro 品牌車系

「丹尼士」在香港專利巴士市場一直佔據領導地位，1996 年率先與九巴共同研發三叉戟雙層超低地台巴士底盤；三叉戟巴士面世五年後，剛成立的「TransBus」再一次夥同九巴開發新一代雙層超低地台巴士，新巴士在 18 個月的研發期後面世，並取名為「TransBus」Enviro-500。「TransBus」Enviro-500 可說是一體化巴士的品牌，也可

說是車身的型號。「TransBus」研發的 Enviro-500 新巴士，主要改良自舊有三叉戟底盤設計，並交由 TransBus International 的前「亞歷山大」部門負責設計雙層車身；說穿了，其實也只是「丹尼士」與「亞歷山大」的配搭。的而且確，新巴士的機械配搭上實在與三叉戟無異。

「TransBus」以歐洲先進國家的巴士規格為基礎，為九巴打造的新巴士正好給人耳目一新的感覺。甫走進 Enviro-500 新巴士的巴士車廂，就會被車廂內的桃紅玫瑰花紋高背座椅所吸引；而且車廂內無論上下層共 80 張座椅也一致採用闊度達 440 毫米的闊身座椅設計。但安裝了闊身座椅後亦不覺走廊變得狹窄，原來「TransBus」將歐洲巴士的特闊車身規格也一併帶來香港，車身闊度達 2,550 毫米，較香港法例規限巴士 2,500 毫米的闊度稍闊。其實有關特闊車身的巴士規格在歐洲已放寬多年，只是本港的法例至今仍然沿用 1970 至 1980 年代的規格，致使新巴士要向運輸署申請豁免才可使用特闊車身。

走進上層車廂時，會發現樓梯設計有別於傳統的旋轉式樓梯設計── Enviro-500 新巴士採用了在英國已大行其道的直樓梯設計。據悉直樓梯的設計能同時容納上樓及下樓的乘客同時使用，以加快乘客流量，面積較大的梯級面亦令上下樓梯更見安全。上層車尾太平門位置亦改為密封的車窗，減低太平窗被誤開或滲水的情況，乘客如遇緊急情況可利用安放在附近的小手鎚打破太平窗逃生。另外離開車廂時會留意到下車門使用外趟式車門設計（Plug-door），有助減低車廂冷氣流失之餘，亦可避免內摺式車門夾傷乘客。如此的嶄新設計，果然不只是舊酒新瓶，故此九巴特別為標準的香檳金色車身色彩下點功夫，在車身裙腳位置加塗一層香檳棕色，以突顯其新車隊標準的身份，並特別予以「超值巴士」的名銜。

「TransBus」對超低地台巴士訂下的新標準，起初無論是龍運巴士、城巴、九鐵巴士部、新巴、中電巴士等在引入 Enviro-500 新巴士時都──照單全收，予以錄用。然而直樓梯設計在香港多次發生意外，且較傳統的旋轉式樓梯佔用更多車廂空間，故城巴及新巴自 2008 年購

九巴引入的「富豪」超級奧林比安巴士 LL3858（AVW29）與本港最舊的雙層巴士 4961（D11）合照。

入的 Enviro-500 新巴士都改回使用傳統的旋轉式樓梯，總載客量亦由 124 人增加至 129 人。

「TransBus」Enviro-500 巴士在面世短短八年時間累積達 571 輛本地巴士訂單，在同級巴士中佔據領導地位。

富豪巴士不甘示弱

2003 年，緊接着「TransBus」Enviro-500 新巴士抵港，是一輛香港既熟悉又陌生的超低地台巴士。熟悉的，是因為新抵港的是自 1999 年已開始引入香港的「富豪」超級奧林比安（Super Olympian B10TL）巴士；然而陌生的，卻是其身上的英國「Wright」Explorer 車身，是首見於香港巴士上。憑着其前衛的車身設計，九巴特意取名為「前衛巴士」。

「Wrightbus」是英國一家大型巴士及客車車身的供應商，成立於 1946 年。公司原名為「Robert Wright & Son Coachbuilders」，以重建貨車車身起家。1978 年起推出鋁製單層巴士車身，至 2001 年進軍雙層巴士車身市場。

「前衛巴士」作為新一代超低地台巴士，與「超直巴士」一樣，擁有

2,550 毫米的特闊車身、中置直樓梯、外趟式落車門設計、桃紅玫瑰花紋高背座椅等；車身色彩亦帶有香檳金色車身配以香檳棕色車身裙腳。載客量方面，全車設有 80 個座位，企位 41 人，總載客量達 121 人。

「Wrightbus」車身的獨特之處，是其極富神秘感的車身裝嵌技術，廠方規定巴士必須以 CBU（Completely Built Up）的完全組裝形式在英國廠房組裝後付運，不能以本地常見的 CKD（Completely Knock Down）的散件形式付運香港再作組裝。

2004 年初，「富豪」在汲取十年來奧林比安車系的經驗後，開發出新一代超低地台巴士底盤，型號為 B9TL，用以取代舊有的超級奧林比安 B10TL 底盤。

同時，九巴在新巴士安排試驗「全環保巴士驅動系統」（Eco-driveline）。此系統乃將高扭力引擎、六波段自動變速裝置、高比率尾軸裝置，以及先進的電子操控變速系統結合為一，藉此將巴士耗油量及廢氣排放量分別降低 6% 至 10%。

2004 年底，兩輛「富豪」B9TL 樣板巴士先後抵港，首先是裝配有 Enviro-500 改良版車身的，但其品牌已由「TransBus」重組為「亞歷山大丹尼士」（Alexander Dennis）；全車設有 80 個座位，總載客量 122 人。另一輛則裝配有「Wright」Eclipse Gemini 車身，座位數目與 Enviro-500 改良版車身的無異，卻可容納較多的企位，令總載客量達 123 人。新巴士以「富豪」D9A-300 環保引擎並驅動「ZF」6HP592C 六前速自動波箱，屬九巴「全環保巴士驅動系統」的標準設備。

新近抵港並裝配有「Wright」Eclipse Gemini Mk.II 車身的 B9TL 巴士，車廂內更大量使用攝像鏡頭，用以監控上下層車廂、上下車車門的登車及下車範圍、駕駛室位置甚至車外的路面狀況等。另外對乘客最為息息相關的，應是新增裝設於下層輪椅停泊區的電視螢幕，能夠顯示出上層車廂的情況，讓剛登車的乘客可以察看上層車廂是否已經滿座，以免白走一趟。

「富豪」B9TL 的開發為九巴提供共 440 輛新巴士，當中 86 輛裝

外趟式落車門設計。

桃紅玫瑰花紋高背座椅。

配上「亞歷山大」Enviro-500 車身的「富豪」B9TL 巴士 LU3721（AVBE1）。

配「亞歷山大丹尼士」Enviro-500 改良版車身，其餘則裝配「Wright」Eclipse Gemini 車身。

獨一無二的 Neoman

2003 年 5 月，九巴接收第三款新一代超低地台巴士，是一款由德國「Neoplan」與「猛獅」車廠於 2001 年 6 月合併之後共同打造的產物。

新巴士雖然改以「利奧猛獅」（Neoman）為品牌，但骨子裏其實仍然是「猛獅」A34 底盤，由「福伊特」（Voith）DIWA864.3E 四前速全自動波箱搭載上一台馬力高達 310 匹的「猛獅」D2866LUH-24 引擎，符合歐盟三型廢氣排放標準規格。

1996

新一代超低地台巴士「Neoman」A34（LE4612 / APM1）。

　　車身方面，新巴士於德國史圖加特市（Stuttgart）的「Neoplan」廠房內裝嵌車身，而裝配的 Centroliner 車身亦由闊度 2,500 毫米增至 2,550 毫米，配合中置直樓梯、外趟式落車門、桃紅玫瑰花紋高背座椅等，令新巴士與其他新一代超低地台巴士的標準規格趨於一致。載客量方面，全車設有 80 個座位，企位 42 人，總載客量達 122 人。

　　然而新巴士似乎未能適應香港的氣候和路面環境，經常因故障而須留廠等候零件。九巴亦未有進一步購置同型號巴士，成就了這輛獨一無二的「利奧猛獅」巴士。

姍姍來遲的 Scania 新巴士

　　稱得上姍姍來遲，是因為「Scania」的全新超低地台巴士遠較其他巴士製造商供港的足足遲了四個年頭。

2006 年，瑞典「Scania」廠方繼 2001 年打造一台 K94UB 雙層超低地台巴士予城巴測試後，再一次研製出新一代超低地台巴士底盤，準備供港試用。新底盤型號為 K310UD，用上新一代系列命名系統，簡而言之就是一輛引擎縱置於車尾的雙層城市巴士。動力源自一台馬力輸出達 310 匹的原廠 DC9-18 引擎，帶動着「ZF」6HP602CN 六前速自動波箱，屬九巴「全環保巴士驅動系統」的標準。新巴士並採用廢氣再循環裝置（Exhaust Gas Recirculation, EGR），不須依賴尿素或其他添加物來達至歐盟四型廢氣排放標準；這有別於「Alexander Dennis」Enviro-500 或「富豪」B9TL 巴士使用的選擇性催化還原技術（Selective Catalytic Reduction, SCR），需要尿素添加劑才能達至歐盟四型廢氣排放標準。然而新巴士的 EGR 技術亦會相對使耗油量稍升，可謂魚與熊掌不可兼得。

　　「Scania」廠方安排裝配葡萄牙「Salvador Caetano」車身，並採用加拿大鋁業集團（Alcan Aluminium Limited）的鋁合金車架及技術，在旗下位於英國南部 Hampshire 的屬廠建造裝嵌。這款車身原為「都普」車身廠的設計，故不難發現有着濃厚的「都普」影子。其實葡萄牙車身製造商「Salvador Caetano」和英國車身製造商「都普」的關係一直千絲萬縷，因英國車身製造商「都普」一向只提供車身組件散件而不設裝嵌服務，故過往城巴配用「都普」車身的「丹尼士」巨龍巴士及「丹尼士」三叉戟巴士絕大部分均於「Salvador Caetano」的廠房裝嵌。

　　兩輛「Scania」K310UD 新巴士在 2007 年先後付運抵港，2,550 毫米特闊車身、中置直樓梯、外趟式落車門、桃紅玫瑰花紋高背座椅等仍然是九巴的標準規格。載客量方面，全車設有 80 個座位，企位 43 人，總載客量達 123 人。

　　「Salvador Caetano」車廠在生產「Scania」K310UD 雙層巴士車身後，廠方曾一度宣佈將雙層巴士車身停產，以集中資源生產單層巴士車身。然而因應杜拜方面欲訂購 293 輛規格與九巴相約的「Scania」巴士訂單，並於 2009 年夏季開始接收新車，面對突如其來的龐大訂

九巴於 2009 年增購「Scania」K310UD，PC3996（ASU18）正行走路線 30X 往荃威花園。

城巴最新引入的「Scania」K280UD，正在上水珍寶廣場的總代理維修中心作調整（PX3555／#8900）。

單，「Salvador Caetano」決定重開雙層巴士車身生產線，怎料杜拜於 2009 年初宣佈檢討訂單，最後無疾而終。同年，九巴亦加訂 20 輛「Scania」K310UD 新巴士，令同款巴士總數達 22 輛。2011 年，「Scania」再向城巴提供一輛同樣配有「Salvador Caetano」雙層巴士車身的 K280UD 雙層超低地台巴士試用，引擎改用上一台馬力輸出達 280 匹的原廠 DC9-29 引擎，符合歐盟五型廢氣排放標準；而車廂內則改用傳統旋轉式樓梯。

短小精桿的兩軸雙層巴士

在香港絕跡多年的兩軸雙層巴士，再一次從英國踏上遠東這片土地。

一直以來，雙層空調巴士因需承受空調機組的負載，非用上三車軸不可。然而，隨着科技日新月異，空調機組及引擎重量得以減輕，運輸署亦酌情放寬兩軸巴士總重量規限至 18 噸，最終能夠將「不可能」的事情實踐。

城巴面對一批短陣「利蘭」雙層空調巴士快將退役，早已於 2007 年初便向「亞歷山大丹尼士」及「富豪」招手，希望能提供樣板巴士試用，研究兩軸雙層空調巴士行走赤柱、淺水灣等南區路線的可行性。

城巴 PC6795（#7000）是其中一輛
Enviro-400 型兩軸樣板巴士。

九巴以「引入全港首輛歐盟第五代兩軸環
保巴士」為 PC4053（ATES1）作宣傳。

　　「亞歷山大丹尼士」率先於 2009 年提供三輛 Enviro-400 型兩軸樣板巴士輸港，當中兩輛予城巴試用，另一輛則予九巴試用。新巴士全長 10.52 米，配合直樓梯、外趟式落車門、闊身高背座椅等，設備大致與 Enviro-500 巴士沒有兩樣，只是在兩邊頭輪輪拱特別加裝了共三個座位，是本地服役的英國巴士中多年未見的。Enviro-400 巴士全車共設有 64 個座位，企位 24 個，總載客量 88 人。

　　接踵而來的是「富豪」車廠為九巴及城巴提供測試的兩輛 B9TL 兩軸樣板巴士。新巴士於 2010 年暑假期間先後抵港，裝配有「Wright」Eclipse Gemini Mk.II 車身的 B9TL 巴士，全長 10.6 米，外型儼如一輛沒有中軸的縮水版三軸 B9TL 巴士。正當大家滿以為新巴士只是將舊有三軸 12 米版的省去中軸，再加以縮短軸距便成的時候，卻因兩軸版本的油缸被改放到右尾軸前方而令車軸負載出了亂子，最終需要將上層車尾的整排座椅及下層下車門前的座椅都通通棄掉，才得以通過運輸署的測試。另一項較特別的是，兩輛新巴士均裝配傳統旋轉式樓梯而棄用直樓梯設計，是首見於輸港的「Wrightbus」巴士。在如此的車廂佈局下，全車共設有 65 個座位，企位 23 個，總載客量與 Enviro-400 巴士一樣。

　　然而，城巴在尚未試用「富豪」B9TL 新巴士前已宣佈訂購 38 輛 Enviro-400 新巴士，因此「亞歷山大丹尼士」稍勝一仗。

城巴兩車軸版「富豪」B9TL，圖中 PN8018（#7500）首日提供服務行走路線 260 途經淺水灣。

全新單層巴士百花齊放

正當對岸的城巴正為更替短陣雙層巴士而大費周章，彼岸的九巴亦要為採購新型號單層巴士而費神。

九巴面對「丹尼士」長矛（Dennis Lance）及「三菱」FUSO 相繼退役，遂於 2009 年率先引入為數 30 輛的「Scania」K230UB 單層低地台巴士，當中 20 輛為 10.6 米短陣版本，另外 10 輛則為 12 米長陣版本。新巴士以一台馬力輸出達 230 匹的原廠 DC9-16 引擎，牽引着「ZF」6HP504CN 六前速自動波箱，原來就連單層巴士也會採用「全環保巴士驅動系統」的標準。與「Scania」K310UD 雙層巴士一樣，這批單層巴士的引擎同樣採用廢氣再循環裝置（Exhaust Gas Recirculation, EGR）以符合歐盟四型廢氣排放標準，毋需使用尿素添加劑。

車身方面，「Salvador Caetano」車身成為了九巴引進「Scania」巴士的標準配搭；然而以 2.5 米的車身闊度、3.28 米的車身高度，足可媲美一輛大型巴士。甫走進車廂，空間感的確更見寬大，寬大得甚至碰觸不到冷氣槽上的送風口，要作出調較絕不是易事。車身兩旁的車窗採用茶色玻璃設計，能有效阻隔陽光的熱力滲進車廂；而外趟式下車門亦首見於九巴的單層巴士上。比較特別的是車尾不設車窗，這種設計早見於 2004 年澳門新福利巴士所引入的「MCV」Stirling 車身「丹尼士」飛鏢 SLF 上使用。載客量方面，長陣及短陣版本的總載客量分別達 81 人及 68 人之多，單是載客量也可分別把「丹尼士」長矛及「三菱」FUSO 等舊型號巴士比了下去。

其後，於 2009 年九巴進一步增購同規格的 12 米長陣版本巴士；而當中一輛更配備有原廠 DC9-30 EEV 歐盟五型引擎。

在引入「Scania」單層巴士的同時，九巴亦先後向「富豪」車廠訂購 70 輛 B7RLE 大型單層低地台巴士，全數裝配英國「MCV」Evolution 車身。

「MCV」車身雖然首見於香港，但正如前文提及，與我們一海之隔的澳門早已於 2004 年由新福利巴士引進「MCV」Stirling 車身的「丹尼士」飛鏢 SLF，相信澳門人對此已不陌生。「MCV」車身以隔音技術

「三菱」MK217J 巴士（GJ4099 / AM172）的後繼者，或正如圖中一樣，屬於「Scania」K230UB（NV8110 / ASB20）。

九巴引進的「富豪」B7RLE 大型單層巴士，在流水式巴士路線有很大的發揮空間。

聞名,造工與設計水準更不次於大型車身製造商。有趣的是左右前輪拱上各設有一張導航座椅,善用每一吋空間之餘,也對全車 78 人的總載客量之高而不以為怪。

「富豪」B7RLE 全長 12 米,由一台「ZF」6HP504CN 六前速自動波箱配以「富豪」D7E-290 引擎,馬力高達 290 匹。除首輛樣板僅符合歐盟四型廢氣排放標準外,其餘新巴士的廢氣排放標準均達歐盟五型規格。

以上先後解決了大型及小型單層巴士退役潮的燃眉之急,中型巴士之空缺亦指日可待。九巴遂於 2010 年 6 月向「亞歷山大丹尼士」訂購 30 輛 Enviro-200 Dart 10.4 米飛鏢巴士。

「TransBus」在早年銳意推出一款全新 Enviro-200 單層低地台巴士,在一體化車身設計上,其縱置引擎及相關部件被安排於右側車尾角落位置,經引擎排放的熱氣及廢氣會經由車尾頂部的 Enviro Pack 排出。尾軸車輪改用上直徑較大的闊身單胎,此舉明顯能擴闊尾軸上的車廂通道,好讓低地台空間可以延伸至車尾之餘,下車門也能安放車尾的尾軸後,更有效控制車廂內的乘客流。

Enviro-200 Dart 重新上路

然而「TransBus」Enviro-200 巴士的嶄新設計未為巴士公司所接受,加上公司本身的架構重整,「亞歷山大丹尼士」最終放棄了 Enviro-200 巴士的革新,取而代之是以飛鏢底盤為基礎,再配以經改良的 Enviro-200 車身重新推出市場,是為 Enviro-200 Dart。

其實早於 2007 年 1 月,九鐵巴士部已向「亞歷山大丹尼士」訂購 11 輛 Enviro-200 Dart,並於 2008 年秋季抵港,行走輕鐵接駁巴士路線。巴士全長 11.3 米、闊 2.44 米,外趄式落車門緊設於低地台區域的最後位置;由於接駁巴士設計以企位為主,全車僅設 27 個高背座位,加上 50 個企位限額後,總載客量可達 77 人。動力配搭

上，Enviro-200 Dart 採用「康明斯」ISBe225b 引擎配合「福伊特」DIWA864.5D4 四前速自動波箱，在選擇性催化還原技術（SCR）下配合尿素添加劑，便可達至歐盟四型廢氣排放規格。Enviro-200 Dart 特設有西門子（Siemens）的綜合多路傳送系統（Integrated Multiplex Wiring System），能用儀錶板上的顯示屏顯示巴士的操作狀態資料。

　　九巴引進的 30 輛 Enviro-200 Dart 10.4 米飛鏢巴士，外趟式下車門設於全車約中間位置；雖然車身長度較短，然而總載客量仍可達 62 人。另外，新巴士的「康明斯」更得以提升至符合歐盟五型排放標準；而其中七輛 Enviro-200 Dart 更會裝設有手動減速器，用以取代現時正服務路線 51 的「丹尼士」飛鏢攀上大帽山。

附有手動減速器裝置的 Eviro-200 Dat 飛鏢巴士，於 2011 年 8 月 27 日開始將低地台巴士服務引入大帽山。

鐵路接駁
巴士服務

33

早年香港電車公司開設巴士服務，主要為
紓緩電車擠迫情況；而隨着香港公共交通
發展成以鐵路為骨幹，鐵路接駁巴士服務
就成為鐵路公司延伸服務吸納客源的手段。

香港電車公司早於 1920 年代被港府否決營辦無軌電車服務後，
便於 1928 年 11 月起先後開辦來往上環至跑馬地、來往皇家碼
頭（即今中環）至太古船塢（即今太古城）兩條巴士路線，以紓緩電車
服務的擠迫情況，成為了第一代鐵路接駁巴士服務。其後兩條巴士路線
在中巴專營權生效時，分別重組為中巴路線 1 及路線 2。

地下鐵路有限公司於 1981 年亦計劃夥同城巴有限公司開辦鐵路
接駁巴士服務，並透過城巴購置 20 輛由倫敦運輸局淘汰的「丹拿」
Fleetline（俗稱「倫敦寶」）。然而地鐵擬開辦五條接駁巴士路線服務
的申請，因九巴及中巴兩間專利巴士公司的強烈反對，於 1983 年 8 月
遭港府否決，地鐵的鐵路接駁巴士服務計劃結果被迫告吹。港府試驗性
地將當中三條申辦路線交予九巴營運，其餘兩條則由中巴提供服務，然
而開辦首四月的客量卻遠遜預期。

九鐵開辦鐵路接駁巴士服務

九廣鐵路英段的新大埔墟站於 1983 年 4 月 7 日啟用，並於同年 7
月 15 日完成電氣化進程，沿途車站包括九龍、旺角、九龍塘、沙田、

大埔墟、粉嶺、上水及羅湖等八個車站。加上新界東如沙田區、大埔區及北區等大型屋邨新市鎮陸續發展,乘客量因而急速上升,乘客量由 1983 年上半年平均每日 9.1 萬人次上升至下半年平均每日 17.2 萬人次。

　　時至 1985 年,九廣鐵路英段的火炭站於 2 月 15 日正式啟用,為進一步增加客流,九鐵遂於同年 9 月 9 日開辦首條免費鐵路接駁巴士路線 K11,服務往來火炭銀禧花園至沙田第一城;而同日增闢的接駁巴士路線 K12 則服務往來大埔墟火車站至 8 號花園。兩條接駁巴士路線在投入服務初期,均是透過租用城巴提供服務,直至翌年 9 月 9 日,九廣鐵路將兩條接駁巴士路線改以租用九巴提供服務,為期一年。期間九巴會負責有關巴士的營運及維修,火車乘客可在鐵路車站索取乘車券,免費乘搭接駁巴士。其後路線 K14、K17、K18、K15 及 K16 等多條九鐵接駁巴士路線於 1988 年 5 月至 1991 年 3 月間相繼投入服務,進一步提升鐵路接駁巴士的網絡覆蓋。

路線 K16 最初安排來往尖沙咀中間道至九龍車站。

新界西北輕便鐵路服務專區

　　另一邊廂，港府自 1985 年開始規劃的新界西北輕便鐵路系統，交予九廣鐵路設計、興建及營運。為了發展一個地區性的鐵路服務，港府遂將大欖至元朗（後來擴展至天水圍）一帶劃為「輕鐵服務專區」，並賦予九廣鐵路在專區內有公共交通服務的獨家營運權。當時有顧問報告指九廣鐵路應在專區內自行營運接駁巴士服務，以取代九巴及專線小巴在區內的原有路線。此舉一方面能避免輕便鐵路受過大的競爭，另一方面亦能向偏遠鄉村村落及地區提供接駁服務；九廣鐵路遂因此而成立巴士營運科（KCRC Bus Division），籌辦輕鐵接駁巴士服務以配合輕便鐵路通車。

　　與此同時，英國「都城嘉慕」車廠投得九鐵巴士部的新巴士訂單，正式引入「都城嘉慕」都城型兩軸雙層巴士；新巴士底盤於 1987 年 4 月陸續抵港，並安排於九廣鐵路九龍車站內組裝同廠車身。另一方面，九鐵巴士部亦同時引入「豐田」Coaster 小型巴士，用以行走一些偏遠地區路線。

　　隨着新巴士已整裝待發，九鐵巴士部首先於 1987 年 9 月 1 日率先派車接辦兩條鐵路接駁巴士路線 K11 及 K12；緊接其後再於 9 月 6 日開始陸續接辦原於屯門、元朗一帶的九巴巴士路線服務，為九巴正式撤出輕鐵服務專區做好準備，初試啼聲。

　　然而輕便鐵路因在試車期間意外頻生，故通車日期由原訂之 1988 年 8 月 8 日被迫延遲至同年 9 月 18 日。但九巴卻按計劃如期撤出輕鐵服務專區，幸最後九巴同意租出旗下車隊部分巴士，並配合租用城巴及冠忠巴士，支援輕鐵通車前交通服務上的空白。有趣的是，部分城巴提供支援的巴士，正是當年地鐵公司失落於鐵路接駁巴士服務時的「倫敦寶」。最後輕便鐵路於 9 月 18 日正式投入服務，全部八條接駁巴士路線亦於 9 月 25 日開辦，用車更包括 20 輛購自英國南約克郡巴士公司（South Yorkshire PTE）的二手「都城嘉慕」都城巴士。

「都城嘉慕」Metrobus 兩軸雙層巴士，為
九鐵巴士部立下不少功勞。

正行走路線 A70 的「三菱」MK117J
（EY3321／#301）。

　　隨着輕便鐵路投入服務，港府亦同時引入措施，自 1988 年 9 月 25
日起，分別限制所有服務屯門區及元朗區的九巴路線，在輕鐵服務專區
範圍內的上下車的安排：往市區方向，屯門及元朗區沿途的巴士站，乘
客不准下車；往屯門及元朗方向，區內沿途的巴士站，只供下車。有關
措施最後直至 1993 年 6 月 1 日起才配合輕鐵服務專區的法例修改而得
以取消，九巴路線來回程的沿途所有巴士站均可讓乘客上下車。

　　輕鐵接駁巴士自 1988 年投入服務後，多年來不斷更新車隊，當中
不乏有「三菱」MK117J／BM117L／MP618、「富豪」B10M、「丹尼

「富豪」B10M（GN614 / #415）曾是路線
K1X 的主力車種，在公路上馳騁能動輒以
時速 90 公里飛馳。

飛鏢（GN6355 / #502）在九鐵巴士部車
隊中只佔上少數。

「富豪」Olympian 巴士（HE5549 / #229）
全數披上了「Plaxton」車身。

「丹尼士」Trident（#609）正停泊於屯門
市中心巴士總站，準備行走路線 A52 前往
龍鼓灘。

士」飛鏢等單層巴士，亦有「富豪」奧林比安、「丹尼士」三叉戟等雙
層巴士。當中部分三叉戟巴士更是購自新世界第一巴士的二手車隊。

九巴營運東鐵接駁巴士

九廣鐵路自 1985 年提供免費鐵路接駁巴士服務以來，遭非鐵路乘
客濫用的情況日趨嚴重；但法例卻規定九廣鐵路的免費接駁巴士不能收
取乘客的車資。

有見及此，九鐵巴士部遂於 1999 年 5 月 3 日起將巴士路線交予九

巴負責營運；然而無論是巴士車隊、駕駛車長、車務運作等一切，其實仍舊是由九鐵巴士部提供。乘客利用八達通乘搭接駁巴士繳付的車資，將會在乘搭鐵路的車資中扣除，藉此收回以往慣常「逃票」的接駁巴士乘客車資；而九巴就只收取小部分利用現金繳付的車資作為收益。

九鐵向新城兩巴租用車隊

為配合九廣西鐵通車及相關輕鐵配套工程，九鐵巴士部於 2002 年 8 月至 2004 年 12 月間先後向城巴及新巴分別租用 8 輛及 31 輛雙層空調巴士以加強新界西北輕鐵巴士服務。

港鐵巴士部為 Enviro-200 Dart（NM4716 / #901）髹上新色彩。

反觀機場快線接駁巴士，卻一直是外判予泰豐遊覽車有限公司負責營運。

九鐵巴士部先後向城巴及新巴租用雙層空調巴士，以加強新界西北輕鐵巴士服務。

港鐵巴士部向東鐵部借調 NF6585（#802）往西鐵部後，這天被安排返回大埔區支援路線 K17 服務。

　　隨着地鐵及九廣鐵路於 2007 年 12 月 2 日正式合併為港鐵公司，昔日的九鐵巴士部亦改稱「港鐵巴士部」。

　　適逢旗下「利蘭」奧林比安雙層巴士及「三菱」MK117J 單層巴士陸續退役，「亞歷山大丹尼士」Enviro-500 型雙層巴士及 Enviro-200 型單層巴士於 2007 年底開始陸續投入服務，為港鐵巴士注入新血。2011 年，港鐵巴士部更進一步訂購 Enviro-400 型兩軸雙層巴士及增購 Enviro-500 型雙層巴士。近年再購入「富豪」B9TL 型及 Enviro-500 型 11.3 米雙層巴士，相信在可見的將來，香港的鐵路接駁巴士又會有一番新氣象。

巴士車身由我造起

34

日常在街上遇見的巴士，部分有着相近的外貌卻又有不同的巴士底盤，有些巴士型號更有着不同的車身外觀。巴士底盤和車身的關係密不可分，但又是如何建造的呢？

巴士底盤和巴士車身有着密不可分的關係，在日常生活中，在旁人眼裏就是一個整體。香港沒有汽車工業，但原來日常在街上熙來攘往的巴士，除部分會以 CBU（Completely Built Up）的完全組裝形式，在外國完成組裝後才付運香港外，其餘大部分均以 CKD（Completely Knock Down）散件形式付運香港再作組裝的。

一般來說，以 CBU 形式原裝由外國完成裝嵌再付運香港的巴士，車身造工往往較少瑕疵及紮實——因如有任何參差的地方即可在原廠即時修正組件。然而由於船運多以體積計算運費，故付運費用亦相對較

一副「富豪」Super Olympian 10.6m 短陣巴士底盤。

一輛「亞比安」Chieftain CH13AXL 單層巴士正在重裝車身。

高。CKD 形式的好處自然是能節省相當運費，交貨期亦較快，裝嵌工序中更可增加本地就業。據了解，以 CKD 形式組裝的巴士成本減低約 30% 之多！故此，據記載早於戰後時期，香港巴士公司已開始以 CKD 形式在本地自行組裝巴士車身。

九巴自設巴士裝嵌廠房

多年來，巴士公司主要在其維修廠房組裝巴士車身。

中巴多年來都沿用 CKD 形式從英國付運車身散件到香港自行組裝。早年安排在北角渣華道的廠房組裝巴士車身，到後期中巴與太古地產合作發展廠房地皮以改建為「英皇道 625 號」商廈，中巴才將組裝車身工序改在柴灣車廠四樓進行，並將工程外判予長江工程公司負責。首批安排組裝車身的巴士為「丹尼士」禿鷹空調巴士。

九廣鐵路巴士部在 1987 年引進「都城嘉慕」Metrobus 雙層巴士，新巴士亦以 CKD 形式付運；有趣的是，新巴士被安排在九廣鐵路九龍車站內進行組裝。

較為人熟悉的九巴，早年則分散於各車廠進行巴士車身組裝工程，及後於屯門城市地段 80 號興建一座面積達 81,230 平方呎的九巴巴士裝嵌廠，專門為旗下新巴士組裝巴士車身。

九巴除自設新廠房組裝巴士車身，更於 1979 年 6 月 8 日成立一家全資附屬公司——九巴工程有限公司，負責按照成本計算為九巴裝配新車、若干重建車身及修理車身工作。九巴在年報中指出此為便利僱用承判商，以適應非定期性由外國製造商所運到之新車底盤及車身裝配而引致之工作壓力。然而九巴在 1982 年 12 月 28 日卻又將九巴工程公司清盤，裝配新車之工程則一度交回九巴工程部負責，其後再外判予新美景集團於九巴巴士裝嵌廠進行車身組裝工作。

首輛在九巴巴士裝嵌廠組裝車身的新巴士，則是採用「亞歷山大」KB 型車身的「丹尼士」喝采（Jubilant）前置引擎雙層巴士；而曾經

在九巴巴士裝嵌廠組裝車身的巴士亦包括「丹尼士」、「利蘭」、「都城嘉慕」、「平治」、「世冠」、「富豪」等製造商品牌。甚至連嶼巴引入的其中一輛「利蘭」勝利二型前置引擎雙層巴士及城巴「Network 26」時期須緊急為其中 22 輛「利蘭」奧林比安 10.4 米雙層空調巴士組裝車身，都是在九巴巴士裝嵌廠進行。

巴士車身組裝工序

外國車廠的裝嵌線大多採用流水作業式進行組裝工序，即每一裝嵌位置只會進行單一組裝工序。屯門九巴巴士裝嵌廠房內設有共 20 條裝嵌線，然而整個組裝工序卻只會在單一的裝嵌線內完成。

頭戴電單車頭盔的駕駛員將巴士底盤駛進裝嵌廠後，會首先將底盤調校至水平狀態，然後在底盤兩旁裝上車身骨架，接着便是安裝連接上下層的樓梯組件，再裝嵌巴士的中層地板架及車頂骨架，並替巴士的上下層鋪地台板，鋪設電線及其他電子設備等。空調巴士更會安裝冷暖氣裝置及鋪設冷暖氣風；超低地台巴士則會加裝輪椅上下斜板。

其後，工程人員會依次在車頭和車尾部分裝上骨架，並進行車廂內不同部分的裝嵌工序，包括車長駕駛室的各項先進設備、冷暖氣的出風口、落車提示門鐘、落客門關門預報系統等。

在為巴士車身裝上隔熱物料及在巴士外旁貼上鋁板及車窗玻璃後，工程人員會在車廂內裝設座椅、扶手欄、照明系統及上層車長潛望鏡等。在噴油房噴上標準車身色彩後，工程人員最後會安裝車頭擋風玻璃、上下車門及其他設施，一輛全新的九巴須經歷約 28 日的裝嵌過程，才能正式宣佈組裝完成。

巴士完成組裝工序後，會先通過內部品質檢查，再接受運輸署的檢驗。倘若是新型號巴士，更須接受巴士車型檢定（Type Approval），及俗稱「傾側測試」的穩定性測試（Tilt-Test），巴士會在上層座椅上放置有 57 公斤重物，以模擬雙層巴士上層滿載乘客的情況下傾側 28

位於九巴巴士裝嵌廠廠房內的裝嵌線。

巴士底盤駛進裝嵌線後會先調校至水平狀態。

車身骨架會在一旁預先裝嵌起來。

隨後再裝嵌巴士的中層地板架及車頂骨架。

安裝冷暖氣裝置及鋪設冷暖氣風槽。

接續會在車廂內裝設座椅。

巴士接近裝嵌完成，會送到噴油房噴上標準車身色彩。

組裝完成的巴士會停泊在廠房外微調。

九巴 ATR101 在初抵港時也來到屯門裝嵌廠先作檢查，稍後才在車身髹上香檳金色標準色彩。

部分原裝進口的新巴士也會到屯門裝嵌廠作內部品質檢查。

城巴 #2800 正進行傾側測試 (Tilt-Test)。

2011

度,或單層巴士傾側 35 度的情況。待一切檢驗完成及合格後,巴士始獲發牌行走。

巴士車身組裝工序北移

1996 年九巴曾將部分巴士的組裝工序遷往新美景集團旗下位於廣州增成客車製造廠進行,當中包括有「亞歷山大」車身的「富豪」奧林比安 12 米雙層空調巴士、「都普」車身的「丹尼士」三叉戟 12 米雙層空調巴士及巨龍(Dragon)9.9 米雙層空調巴士等。

自 2008 年開始,各大巴士公司訂購新巴士時也放棄在港為巴士組裝車身。九巴決定將裝嵌工序由香港北移至深圳,由珠海廣通客車負責組裝車身;無獨有偶,「亞歷山大丹尼士」車廠亦委託了深圳五洲龍汽車有限公司替城巴、新巴、港鐵巴士、中電巴士等公司負責組裝新巴士車身。

不同於昔日千里迢迢前往屯門九巴巴士裝嵌廠廠房外,觀摩一輛又一輛的簇新巴士,往後的日子就只有隨着新巴士投入服務後在街上偶遇了。

大嶼山巴士訂購的首批「猛獅」A95 雙層巴士,在馬來西亞組裝車身後,以 CBU 形式於 2015 年 7 月 4 日正式付運抵港,駛離葵涌貨櫃碼頭。

城巴「ADL」Enviro-500 MMC 12.8 米特長巴士,在內地組裝車身後,隨後由內地工程人員駛到皇崗口岸,再轉由香港工程人員駕駛往城巴創富道車廠。

開篷觀光巴士崛起

香港的開篷巴士服務早見於 1980 年代初，距今已有接近三十年歷史；就讓我們走進其中，窺探開篷觀光巴士在這數十年來的發展。

香港作為全世界最多雙層巴士行駛的城市之一，不少遊客慕名而來，希望能攀上巴士上層車廂，高高在上般窺探車外景色，享受絕佳的視野。

香港的雙層巴士早於 1940 年代末已由九巴引入，一直以來都是香港市民重要的交通工具。然而以雙層巴士作為觀光用途，卻要等到 1980 年代初才由城巴有限公司開創先河。

香港開篷巴士的鼻祖

城巴有限公司於 1979 年以一輛「富豪」Alisa B55 雙層巴士開始營運租賃巴士服務，為香港船塢的員工提供穿梭巴士服務。緊接其後便是從英國 Bournemouth Corporation Transport 引入的六輛二手「丹拿」珍寶（Fleetline）CRG6 型雙層巴士（車隊編號 D1 至 D6）。當時營運租賃巴士服務的公司，只有城巴能提供雙層巴士出租服務，而其他公司則只有單層巴士可作出租。有見及此，城巴便試驗性地將其中兩輛珍寶巴士改裝為開篷觀光巴士。改裝工程非常特別，完成改裝的開篷珍寶巴士，在有需要時可將車頂裝回車身，回復普通巴士的模樣。開篷觀

城巴曾有為數不少的「利蘭」Olympian 被改裝成開篷巴士，EB1030（#7）便是其中之一。

光巴士推出後的反應正面，城巴將其餘的珍寶巴士也一併改裝為開篷觀光巴士，就連原先已完成改裝的兩輛珍寶巴士均被進一步改裝為永久式開篷觀光巴士，決意幹一番成就，開創開篷觀光巴士的先河。

1980 年代末，城巴進一步引入三輛前英國倫敦巴士的「AEC」Routemaster 巴士（車隊編號 #1 至 #3），並加以改裝為開篷觀光巴士；又將多個部分別配用「ECW」車身及「Roe」車身的二手「利蘭」奧林比安兩軸非空調巴士，改裝為開篷觀光巴士，進一步加強開篷觀光巴士服務。

雅高巴士服務有限公司（Argos Bus Service Co. Ltd）於 1981 年成立，初期主要是為母公司中華造船廠提供接載員工上下班之交通服務，後來染指非專營巴士服務，如提供居民巴士等業務。雅高巴士車隊主要以二手英國兩軸非空調雙層巴士為核心，包括倫敦寶、「MCW」Metrobus 等，及至 1990 年代中更從英國大量購入二手「丹尼士」統

城巴老大哥 HK1931 (#1) 原為倫敦「AEC」Routemaster (RM1288)，於 1989 年被城巴改裝成一輛古典開篷巴士並獲發牌在香港行走。

城巴 HK1931 (#1) 曾以一身城巴標準車身色彩示人。登車平台及通往上層的樓梯均設於車尾位置。

城巴 EZ8347 (#3) 的車身仍保持著原有的「Park Royal」外觀。

城巴 EZ8347 (#3) 披上一身山頂纜車車身廣告色彩，曾是山頂纜車接駁巴士路線專用車輛。

「AEC」Routemaster (RM1873) 於 1990 年於城巴荃灣車廠進行改裝，並登記成為 ES4007（#2）。

雅高巴士為部分巴士改裝為開篷觀光巴士，圖中 FW4210（#76）除頂部分外仍然保留一份蘇格蘭的特色。

治者兩軸雙層巴士。時代巨輪不斷的轉動,正當這些沒有空調設備雙層巴士面臨淘汰之際,也許這些巴士命不該絕,雅高巴士將部分巴士改裝為開篷觀光巴士,繼續擔當租賃服務的一員,延續出另一段更璀璨的道路。

部分雅高巴士的開篷觀光巴士,更售予一些小型旅遊公司繼續提供觀光服務;另外百勝旅運有限公司(Pak Shing Travel Company Limited)於 1996 年從英國 Capital Citybus 公司引入兩輛開篷「利蘭」奧林比安兩軸非空調開篷觀光巴士。

九巴古典開篷巴士

在九巴車隊中曾叱吒一時的「丹拿」E 型「長牛」巴士,於 1991 年正式退役後,部分被九巴保留並改裝成開篷觀光巴士。這些古典開篷巴士皆有着不同的改裝工程,有的將整個上層車頂削去,有的卻保留有上層擋風玻璃及部分車頂,有的更將樓梯改裝成車尾開放式設計等,五花八門。無獨有偶,這些開篷「長牛」巴士不約而同的披上各式各樣的卡通人物車身色彩,有小青蛙、藍精靈、蝙蝠俠、加菲貓、櫻桃小丸子等等。然而開篷「長牛」巴士只在一些大型場合協助宣傳活動,一般不予外界租賃,不然相信會非常吸引。

成立於 2002 年的新世界第一旅遊有限公司(簡稱「新旅遊」)銳

九巴將退役後的「丹拿」E 型巴士改裝成古典開篷巴士,並髹上不同造型的卡通圖案。

九巴 AD7315 披上「聖誕 JOY 滿九巴」廣告,在聖誕節接載市民在尖沙咀觀光欣賞。

城巴 ES1970（#20）原隸屬新旅遊，後於 2006 年轉予城巴旅遊，以重整集團內開篷觀光巴士業務。

意拓展開篷觀光巴士市場，遂將新巴旗下兩輛「丹尼士」禿鷹非空調巴士改裝成開篷觀光巴士。然而不久便於 2003 年 6 月因母公司周大福企業有限公司旗下之 Delta Pearl Limited 從 Stagecoach Group 手上收購城巴，隨後在資源重組下將有關巴士轉予城巴旅遊有限公司集中開篷觀光巴士業務；而新旅遊則轉為專為前往港、澳及內地旅遊的旅客提供旅遊服務及觀光船租賃等業務。

新一代開篷觀光巴士

雖然以往的開篷觀光巴士多選取較舊型號的巴士改裝，車廂較殘舊之餘亦不設空調裝置。但隨着時代的進步，遊客對開篷觀光巴士服務的要求亦日漸提高，觀光巴士服務營辦商開始意識到遊客的訴求，遂將原為空調巴士的雙層巴士改裝，保留下層的空調設備，讓遊客除可在開篷觀光巴士的上層享受車外景色之餘，遇着天氣陰晴不定時亦可安座下層車廂享受舒適的空調。

全港最豪華開篷巴士

第一家提供開篷觀光空調巴士的是東洋旅行社，東洋旅行社在

1996

1998 年引入兩輛「Scania」K124EB 雙層空調巴士，獨特的匈牙利「Ikarus」E99DD 車身在上層車頂更採用天幕式車頂天窗設計，故有「天幕巴士」之稱號。下層車廂的設備更見豪華，除設有梳化座椅外，更有小型餐桌及個人閱讀燈設備；更設有洗手間及照顧傷健人士的輪椅停泊區。兩輛「天幕巴士」其後於 2005 年至 2006 年間先後更在香港中港車身廠進行開頂工程，正式成為開篷觀光空調巴士。

　　緊接着，城巴於 2006 年中開始先後將旗下五輛「利蘭」奧林比安三軸雙層空調巴士改裝作開篷觀光空調巴士，以取締年事已高的「利蘭」奧林比安兩軸雙層非空調巴士。其後更開辦「觀光城巴」（Citytours

城巴以「利蘭」Olympian 三軸空調巴士改裝作開篷觀光空調巴士，並以「觀光城巴」品牌自設遊覽服務。

東洋旅行社購入的兩輛「Scania」K124EB 雙層空調巴士，車身上層車頂採用天幕式天窗設計，故有「天幕巴士」之稱。

「天幕巴士」在 2006 年完成開頂工程，正式成為開篷觀光空調巴士，驟然失卻了玻璃天幕的特色。

Hong Kong）遊覽服務，每日定時由金紫荊廣場開出，主要途經灣仔區一帶的觀光熱點，中途不設上落客站；單程車費為港幣 88 元，惟「觀光城巴」服務只招待內地及外地旅客乘搭。

大巴士與人力車觀光巴士

2008 年底，全球開篷觀光巴士服務最大規模之一的大巴士公司（The Big Bus Company）正式進駐香港，開辦本地首條讓乘客「隨上隨落」（Hop-on Hop-off）的開篷觀光巴士路線。除香港外，大巴士公司亦有提供英國倫敦、阿聯酋杜拜、美國費城、阿聯酋阿布扎比和中國上海的開篷觀光巴士服務。香港的大巴士初啟航時主要以七輛購自前新巴的「丹尼士」禿鷹空調巴士為骨幹，投入服務前已自行改裝為開篷觀光巴士；並附以三輛購自前雅高巴士的「丹尼士」統治者非空調開篷巴士為輔助，行走兩條港島區及九龍區的觀光路線，全日票票價為港幣 320 元。

大巴士觀光服務車隊均裝設有「個人數碼導覽系統」，乘客可以收聽八種語言的景點介紹廣播，包括英語、普通話、廣東話、日語、韓語、法語、德語及馬來西亞語等；2010 年 4 月更獲提升系統，改為十種（英語、普通話、廣東話、韓語、法語、意大利語、德語、俄語、日語、西班牙語）話言廣播。

2009 年底更陸續引入四輛由中國安凱客車提供的全新「安凱」HFF6110GS-2 型半開篷觀光空調巴士，並於 2010 年 4 月 1 日增辦赤柱觀光巴士路線。

一向有意在開辦開篷觀光巴士旅遊路線的新巴，其實早於 2002 年 1 月已曾向運輸署申請開辦一條由中環至銅鑼灣的開篷觀光巴士旅遊路線，後來區議會因安全理由而反對，計劃被迫擱置。面對國際品牌空降香港，新巴遂於 2009 年初再度提出開辦兩條開篷觀光巴士旅遊路線，分別是「懷舊之旅」（Heritage Route）路線 H1 來往中環碼頭及蒲飛路，及「動感之旅」（Metropolis Route）路線 H2 線來往中環碼頭及跑

馬地。由於當時香港正值金融海嘯，區議會亦希望藉開設新開篷觀光巴士路線而帶動經濟，故新路線獲得區議會支持而得以開辦。收費方面，單程車費為港幣 8.7 元，而全日票票價為港幣 50 元。

兩條開篷觀光巴士路線被新巴冠名「人力車觀光巴士」（Rickshaw Sightseeing Bus）品牌，新巴將旗下五輛最新的非低地台巴士——「富豪」奧林比安（Volvo Olympian）空調巴士（車隊編號 VA51 至 VA55）改裝成開篷觀光空調巴士；並以香港人力車的意念設計，上層車尾裝上了製人力車上的綠色帳篷，使巴士看起來猶如人力車一樣。

大巴士的引進及人力車觀光巴士的投入服務，為本地開篷觀光巴士服務帶來新的局面。

新巴推出「人力車觀光巴士」品牌，以仿人力車設計為賣點，推出觀光巴士服務。

大巴士車隊以「丹尼士」禿鷹空調巴士為骨幹，NR3633（#3）正行走赤柱觀光路線。

綠路最好
今日巴士更環保

36

> 「藍色的天空任鳥飛，水邊青青小草讓我躺」，兩句耳熟能詳的兒歌歌詞、一種悠然自得的寫意生活，正是在 20 年後的此時此刻所追求的目標。

回想 1980 至 1990 年代，藍天白雲的日子實在令人嚮往，天空沒有被灰朦朦的煙霞所遮蔽，清新的空氣不是郊野公園的專利。然而隨着社會的進步、人們生活質素的提高，地球暖化問題、空氣質素的下降其實也不過是一種等價交換。

針對此問題，歐洲國家早於 1988 年已訂立一項歐聯指令（Directive 88/77/EEC），通過訂定嚴格的車輛廢氣排放標準，促使汽車製造商生產「超低污染車輛」（Enhanced Environmentally-friendly Vehicles, EEVs），以降低汽車污染物的排放。

三間巴士公司在 2000 年聯手推行「今日巴士更環保」運動。

歐盟排放標準

「歐盟排放標準」（European Emission Standards）是由歐盟成員國在歐盟會議中聯合制定的廢氣排放指標，主要從汽車排放廢氣中的可吸入懸浮粒子、一氧化碳、碳氫化合物、氮氧化合物、黑煙等多方面作出限制。歐盟成員國先後於 1992 年、1996 年、2000 年、2005 年和 2008 年推行歐盟第一至第五期歐盟排放標準，而港府也 1990 年代開始採用歐盟排放標準作為車輛廢氣排放測量標準。

香港的巴士公司早在 1990 年代便開始引入環保引擎巴士。1992 年，引擎製造商「吉拿」研發出符合歐盟一型標準的 LG1200 環保引擎，馬力高達 235 匹，而相對於當時被廣泛使用的「康明斯」LT10 引擎來說，耗油量更只是其 70% 左右。城巴率先為一輛車隊編號 #145「利蘭」奧林比安空調巴士進行改裝並試用，翌年九巴亦引入兩輛配置同型號引擎的「丹尼士」巨龍空調巴士作測試。

1993 年，九巴引入兩輛瑞典「Scania」N113DRB 樣板空調巴士進行測試，新巴士採用原廠 DS11-74 型環保引擎，馬力高達 257 匹，符合歐盟一型廢氣排放規格。由於密封式引擎室內配置有巨型滅聲及散熱風鼓，從引擎室傳出車外的嘈音極低，怪不得九巴將新巴士命名為「進步環保巴士」吧。其後在 2006 年中，九巴進一步增購同型號巴士，引擎換上另一台符合歐盟二型標準的原廠 DSC11-24 型環保引擎。

「Scania」於 1996 年率先為香港帶來首款歐盟二型環保引擎，面對港府於 1997 年 4 月進一步對本地巴士實施歐盟二期排放標準，「富豪」及「丹尼士」均不約而同地在規定實施前才趕及分別為旗下的奧林比安及巨龍／禿鷹產品改配上「富豪」D10A-285 及「康明斯」M11-235E 引擎，才可繼續為本地提供符合環保規格的新巴士。

2001 年 10 月，歐盟三期排放標準進一步實施，市民對環保的意識有所提高之餘，巴士製造商之間的競爭亦隨之而越演越烈，紛紛投入綠色革命。「Neoplan」及「Scania」先後於 5 月及 9 月提供多輛樣板巴

九巴早於 1993 年引入的「Scania」N113DRB
樣板空調巴士（FU482 / AS1）已符合歐盟一
型廢氣排放規格。

城巴「Scania」K94UB（KJ1502 / #2800）
裝配有歐盟三型環保引擎。

「丹尼士」車廠為 Trident 車系換上「康明
斯」ISMe-335 歐盟三型環保引擎，成為
「綠悠悠巴士」一員。

新巴以「走出綠色環保路」為口號宣傳旗
下首輛歐盟三型環保巴士。

新巴引進「Alexander Dennis」Enviro-500
新巴士，NE7587（#5502）亦為藍天行動
打打氣。

九巴為「富豪」Super Olympian（JZ6467
/ 3ASV141）透過廢氣再循環裝置技術將歐
盟二型引擎提升至歐盟三型廢氣排放效果。

士到港，分別是兩輛九巴「Neoplan」Centroliner N4426/3 及一輛城巴「Scania」K94UB，全數裝配有歐盟三型環保引擎；另一邊廂，「富豪」亦透過利用廢氣再循環裝置技術，將沿用之 D10A-285 歐盟二型引擎提升至歐盟三型廢氣排放效果；「丹尼士」則更換另一台全新設計的「康明斯」ISMe-335 歐盟三型環保引擎。九巴特別在旗下首五輛集三家車廠品牌的歐盟三型環保巴士的車身，以 Kolibri 多重色彩漆油噴上，新色彩會因應光線折射角度的變化而反射出不同顏色，九巴並將這五輛環保巴士命名為「綠悠悠巴士」。

及至 2007 年 8 月 30 日，新創建交通服務有限公司宣佈推行「藍天計劃」，為旗下新巴及城巴車隊實施一系列減排環保措施，憑藉提升車隊的環保表現，以改善香港的空氣質素。計劃包括購買全新歐盟四型環保巴士、加快替換歐盟前期及歐盟一型巴士進度，與及為歐盟二型巴士加裝柴油微粒隔濾器，有助銳減近百分之百的懸浮粒子，改善廢氣排放質素。

EGR 與 SCR 廢氣減排技術

踏入歐盟四期廢氣排放指標的階段，引擎製造商主要依靠兩種技術：廢氣再循環裝置（Exhaust Gas Recirculation, EGR）和選擇性催化還原技術（Selective Catalytic Reduction, SCR）。顧名思義，EGR 技術的原理是將引擎排出的廢氣再一次導入引擎的汽缸，與新鮮空氣混合燃燒，從而降低燃燒溫度，減少氮氧化物的產生；而 SCR 技術則透過注入尿素至催化器，將氮氧化物還原作氮氣及水分排放，以達致廢氣減排。兩種技術各擅勝場，而除了「Scania」巴士使用 EGR 減排技術外，「亞歷山大丹尼士」及「富豪」巴士均採用 SCR 的尿素減排方案。

至於歐盟五期排放標準，只是將碳氫化合物的標準加以下調，也帶出了歐盟四期標準其實也只是給予引擎製造商在歐盟三期標準提升至歐盟五期排放標準的短暫過渡時期。

九巴於 2001 年引入首輛符合歐盟三型廢氣排放規格的「Neoplan」Centroliner（KC3551 / AP132）。

「綠悠悠巴士」以 Kolibri 多重色彩漆油噴上車身，新色彩會因應光線折射角度的變化而反射出不同顏色。

超低硫柴油及歐盟五期柴油

在引入環保巴士的同時，巴士公司亦同步從環保燃油方面着手，新巴及九巴在 2000 年先後在旗下部分巴士試用含硫量僅 0.005% 的超低硫柴油（Ultra-Low Sulphur Diesel）以測試成效。測試的結果令人鼓舞，氧化硫、氧化氮和微粒的排放量大幅降低。隨着城巴於同年率先為全線車隊轉用超低硫柴油後，新巴、九巴及龍運巴士亦於 2001 年全面改用超低硫柴油。

2008 年，四間巴士公司再進一步轉用含硫量只有 0.001% 的歐盟五期柴油，有效減低廢氣排放量，締造更清新的生活環境。

城巴研究無軌電車計劃

再回望千禧年，正當巴士製造商埋首研發歐盟三型環保巴士之時，

城巴正式對外宣佈投資五百萬研究無軌電車計劃,以解決由公共交通工具產生的路邊污染問題。

無軌電車(Trolleybus)其實全非新鮮物,其足跡早於二次世界大戰前已遍佈歐美等各國的大城市,甚至香港電車公司早於上世紀 20 年代中期也曾向港府申請營辦無軌電車服務,惜最後港府於 1927 年正式否決。無軌電車主要利用安裝於車頂上的一對集電桿透過市內架空電纜取得電力,以推動車上的馬達而在道路上行駛,原理與電車相似,但不受固定軌道所規限,較為靈活。附有空調設備的雙層無軌電車,卻可謂全球首輛。

城巴以一輛僅六年車齡的「丹尼士」巨龍雙層巴士進行全面改裝,當中包括需要將以往由柴油引擎所帶動或輔助的動力、制動、轉向、空調等系統改以電力馬達運作及配套,連接車頂新加設的一對集電桿。

整個無軌電車研究計劃主要在城巴位於海洋公園旁的車廠內進行,設置 18 枝電柱承托兩組架空電纜,並以經改裝的無軌電車在場內繞場測試,模擬停站、超車等日常市內運作。

在完成引進無軌電車可行性研究的半年測試期後,城巴遂計劃向政府申請將部分現有路線轉用無軌電車行駛,並指若計劃得以落實,城巴期望於 10 年後將旗下車隊約四成巴士(約 400 輛)改裝成無軌電車。

新巴透過「我入環保油,清新空氣多一口」,向外界宣傳其巴士車隊使用含硫特低環保燃油。

新巴 GV9359(VA41)宣傳含硫特低環保燃油,以「新巴為您爭口氣」口號作宣傳。

城巴無軌電車模擬網絡模型。

經改裝的無軌電車 GD1492（#701）在海洋公園旁的車場內繞場模擬實際運作測試。

城巴以「丹尼士」巨龍雙層巴士 GD1492（#701）被安排作無軌電車改裝工程。

　　然而運輸署就在香港引進無軌電車的可行性研究中，指出無軌電車在本港繁忙市區和隧道內行駛會遇到不少問題，如在招牌、燈箱林立的市區安裝大量架空電纜有技術困難，而隧道的高度亦不足以架設電纜等；並預計無軌電車行走後票價甚至需要提高 24% 至 65%。

　　最後無軌電車計劃無疾而終，然而城巴那份對保護環境責任的承擔，實在值得其他公司學習。

九巴引進超級電容巴士試驗

　　就在無軌電車計劃公佈後經過十年光景，九巴於 2010 年 9 月 14 日宣佈引進超級電容巴士，展開為期約半年的實地測試。

　　新引進超級電容巴士由上海申沃客車有限公司製造，以零排放、低噪音、行動靈活為賣點。新巴士屬於電動車的一種，以可快速充電的車用超級電容器作為驅動電源，並將剎車時所產生的能量回收使用，從而減低電力消耗。超級電容巴士的核心為中置於車身底部的 408 枚電池及巨型電動機，而電機控制組件則安置於位於車尾的傳統引擎室之內。

　　實際運作上，超級電容巴士會在巴士總站充電至最高容量，然後每

超級電容巴士主要利用車頂自動升高的集電桿，接連車站充電架進行快速充電。

超級電容巴士的電池置於車身底部，車尾則放置有電機控制組件。

到達分站便可利用車頂自動升高的集電桿，接連車站充電架進行快速充電。電容器充滿電力後足以讓空調巴士連續行走約三至五公里，而以約30秒時間的快速充電所充得的電力，可供巴士行走一公里，故無需沿途鋪設架空電纜提供電源。

　　從環保巴士的引入，到城巴和九巴先後就無軌電車和超級電容巴士展開可行性測試，巴士公司對環保的投入可謂不遺餘力。啟德環保城即將上馬，將會是九龍市中心的新社區，無軌電車和超級電容巴士的試驗會否為新社區帶來啟迪呢？就留待時間作個見證了。無論最終發展取態如何，政府以至巴士公司也是朝着保護環境的路向邁進，同為未來出一分力，我們也樂觀其成。

九巴從上海「申沃」車廠引進超級電容巴士展開實地測試。

2012

蛻變中的

香港巴士

2022

完成歷史使命
熱狗巴士光榮退役

37

自 30 年代香港巴士專營權誕生後，熱狗巴士便開始伴隨人們成長；然而，隨着時間巨輪的轉動，熱狗巴士最終也逃不過被淘汰的命運，光榮退役。

登上巴士打開玻璃窗，旅途中帶來陣陣清風；尤其是走在郊區及快速公路上，闔上眼睛細意呼吸，感覺倍添清新。

隨着空調巴士於 1989 年開始成功引進，三大巴士公司於 1990 年代初均向「利蘭」、「丹尼士」甚至後期的「富豪」車廠招手，積極引進空調巴士以提升服務質素。

的而且確，在一般市民心目中，空調巴士與優質服務不知從何時開始已畫上了對等的符號。但現實歸現實，空調巴士車費可不便宜；到了冬天，總有市民會埋怨巴士公司加添空調巴士，濫收車資。

重投非空調巴士懷抱

時至 1992 年，一股反對大量引進空調巴士的聲音漸漸在香港社會中形成，九巴及中巴遂就新空調巴士訂單改購為非空調巴士。這種反樸歸真的舉動，造就了 1993 年至 1995 年間衍生出以空調巴士底盤配上非空調巴士車身的 190 輛「熱狗」巴士。

縱然巴士服務空調化是大勢所趨，而這批「熱狗」巴士骨子裏確又

中巴於 1993 年引進的「利蘭」奧林比安非空調巴士（LM），服役七年後便被出售前往英國展開新旅程。

九巴於 1995 年引進最後一批「富豪」奧林比安非空調巴士（S3V）。

城巴於 1998 年為行將退役的熱狗「黃老太」披上廣告，以感性的方式向市民道別。

新巴為 ES6657（DM28）特意披上「最後一架熱狗」全車身廣告，為舉行儀式歡送非空調巴士。

是不折不扣的空調巴士底盤。但是由於重建空調巴士車身及加裝空調組件所費不菲，故最終成為了空調化進程中的犧牲品。

	巴士型號	數量	引進年份	車隊編號
九巴	「利蘭」奧林比安 11 米	50	1993	S3BL421 - S3BL470
中巴	「利蘭」奧林比安 11 米	10	1993	LM1 - LM10
九巴	「丹尼士」巨龍 11 米	100	1994	S3N271 - S3N370
九巴	「富豪」奧林比安 11 米	30	1995	S3V1 - S3V30

邁向全空調化服務

　　自 1992 年躋身專利巴士行列的城巴一直以來也積極引進空調巴士，旗下的非空調巴士不過是 1993 年拓展「Network 26」服務時為解決車源緊張的急就章方案。在巴士車隊及路線服務不斷擴張的第六個年頭，最後提供非空調服務、來往利東邨至香港仔的路線 98 亦於 1998 年 3 月 24 日轉為全空調服務。這不僅標誌着為城巴打出江山、俗稱「黃老太」或「坡柴」的「利蘭」亞特蘭大兩軸雙層巴士正式退役，亦標誌着城巴成為了第一間由非空調巴士過渡至全空調巴士服務的專利巴士公司。

　　至於同年成立的新巴，亦由於要在短時間接辦中巴專營權而向中巴大量購入 710 輛巴士，當中 511 輛屬非空調巴士，佔新專營權展開時的車隊總數的百分比高達 67%。隨着其服務承諾指出五年內購置 500 輛全新低地台空調巴士獲得兌現，新巴於 2002 年 8 月 17 日為「新巴『熱狗』」舉辦告別儀式。新巴常規巴士服務邁向全空調化之餘，亦代表港島常規巴士路線正式於 2002 年全空調化。

趕上「熱狗」巴士尾班車

　　然而，對岸的九巴基於車隊龐大，邁向全空調化的步伐不宜操之過急。但隨着近年炎夏之時不少駕駛非空調巴士的車長中暑，九巴遂於 2011 年 11 月決定，將於 2012 年夏季來臨前將所有非空調巴士淘汰。踏入 2012 年，九巴陸續為旗下僅存的 26 條混合巴士路線提供全空調巴士服務。最後更於同年 5 月 9 日開始，將最後四條提供非空調巴士服務的路線全空調化。不少市民在最後一天提供非空調巴士服務的日子趕上「熱狗」巴士的尾班車，見證這歷史性的一天，以致巴士公司需大量派出「熱狗」加班車，以免服務受到影響。當路線 16 最後一班「熱狗」巴士由柏景灣開抵藍田廣田邨，「熱狗」巴士正式在專營巴士服務中落幕。

香港巴士　百年蛻變　　　　　296

隨着時間巨輪的轉動，「熱狗」巴士最終也逃不過淘汰的命運，光榮退役。讓我們一起向「熱狗」巴士致敬！

再見熱狗

多間巴士精品生產商及代理均於九巴「熱狗」巴士行將退役之際，分別於十輛「熱狗」巴士上展示以「再見熱狗」為題的橫額廣告。部分廣告巴士的車頭更被加上一雙眼睛，成為「再見熱狗」廣告的特色。

九巴為 GK9063（S3V15）貼上「再見熱狗巴士」橫額廣告。

最後一班「熱狗」離開尖沙咀碼頭，九巴特別安排三輛「熱狗」加強服務，市民夾道歡送。

路線 93K 的最後「熱狗」來到旅程的終站，近千名市民聚集於將軍澳寶林巴士總站見證歷史一刻。

蛻變中的香港巴士

大嶼山巴士
過去　現在　未來

38

專營大嶼山巴士服務的嶼巴於 2007 年衝出大嶼山，開辦深港西部通道專營巴士路線。現在就走進時光隧道，重溫過往 50 年大嶼山巴士的發展。

　　大嶼山在 20 世紀初份屬郊區，偏處一隅，主要人口聚居於梅窩及大澳，其餘則分散於貝澳、長沙等近海一帶。村民出入主要依賴水路交通，如欲前往港九市區，則需徒步前往梅窩或大澳乘坐油蔴地小輪公司及新界小輪公司提供的渡輪服務。

　　戰後，由於香港食水短缺，港府決定於石壁鄉興建水塘以解決問題，並於 1955 年修築大嶼山首條貫通大嶼山南部的大嶼山東南公路。公路於 1957 年 8 月至 1966 年 7 月間分階段通車，接連梅窩至羌山，並於 1969 年 12 月 5 日正式改名為今時今日的「嶼南道」。

九巴率先提供大嶼山巴士服務

　　隨着大嶼山交通道路網絡漸有改善，九巴於 1958 年 5 月 18 日將一輛巴士運抵大嶼山，並於同月 20 日試行大嶼山東南公路。然而當時貝澳、長沙一帶的人口僅 500 人，故九巴以客量不足為由而未有即時開辦巴士路線，直到翌年才試辦巴士路線服務。

　　這批「丹尼士」Pax 單層巴士原裝設有「吉拿」4LK 四汽缸引擎，配用四前速手動波箱；後在投入大嶼山服務時被換上馬力較大的

「Perkins」P6 六汽缸引擎，以便應付大嶼山的路面環境。「丹尼士」Pax 巴士的另一特色，是其引擎車咀被安排在前車軸較前位置，這種凸頭設計增加了其「Sparshatts」雙門車身的車廂空間，令總載客量可達 26 人。

然而，雖然這條巴士路線於 1961 年及 1962 年先後由長沙延長至水口及石壁，但乘客量仍然不足；九巴有見於營運路線長期虧蝕，不合乎成本效益，加上遙距管理亦見不便，故遂於 1965 年 11 月 1 日正式停辦有關路線。

大嶼山巴士服務　百花齊放

為維持大嶼山區內的巴士服務，港府遂開放區內的公共交通服務，惟營運商需先向警務處申請「非獨有專營權」，大嶼山的巴士服務亦由此變得百花齊放。

嶼南、梅窩、大澳、東涌等四區的鄉事委員會率先於 1965 年 12 月 18 日籌組大嶼山汽車有限公司（Lantao Motor Bus Company, Limited），並向九巴以每輛巴士港幣 2,500 元購入五輛「丹尼士」Pax 巴士，於同年 12 月 23 日復辦有關路線。

成立於 1965 年的大嶼山巴士公司（Lantao Bus Company），當時主要以九座位小型汽車經營白牌車生意，隨後亦以改裝小型巴士提供來往梅窩至昂平路口的巴士服務，並於 1966 年 7 月增辦一條來往梅窩至羌山的巴

士路線。及後於 1968 年中更與茶園合作，改名為「聯德巴士有限公司」（United Lantao Bus Company）。聯德巴士先後於 1969 年 4 月及 6 月開辦來往梅窩至東涌及梅窩至塘福的巴士路線；而原有的梅窩至羌山的路線更於 1971 年 3 月由羌山延長至大澳。

為着方便前往寶蓮寺的善信，寶蓮寺亦成立了昂平巴士公司（Ngong Ping Bus Company），於 1966 年 9 月 25 日開辦一條來往昂平至梅窩的巴士路線，並以三輛九座位小型巴士提供服務。

另外因應配合大澳道於 1971 年 3 月 29 日啟用，大澳鄉事委員會遂籌組大澳公共汽車公司（Tai O Public Bus Company）於同日起提供往來大澳至梅窩的巴士服務。

惡性競爭下的產物

時至 1972 年，聯德巴士、昂平巴士及大澳巴士的競爭轉趨白熱化，三巴採取割喉式減價，務求爭取客源；雖然客量有所上升，但卻難逃虧蝕的命運。最後在離島理民府介入下，促成三間巴士公司於 1973 年 3 月開始聯營提供服務，並於同年 5 月 11 日成立新大嶼山巴士（一九七三）有限公司（New Lantao Bus Co., (1973) Ltd.）。據資料顯示，嶼巴車隊當時擁有 41 輛巴士，並為四條巴士路線提供服務。

直至 1974 年 4 月 1 日，嶼巴獲發大嶼山巴士服務專利經營權，而早年由香港警務處向其他各間公共交通服務營運商發出的「非獨有專營權」亦不獲續牌。嶼巴正式在大嶼山上扎根，並在同年 12 月 1 日為旗下路線進行重組及編配路線編號；重組後的路線主要以梅窩為起訖站，來往大澳、昂平、東涌、塘福及大浪灣等地。

雙層巴士　初試啼聲

嶼巴於 1970 年代購置的新巴士主要以「金馬」及「道濟」的小型

巴士產品為主，以駕馭部分路線狹窄多彎的路段。然而這些巴士載客量低，未能應付假日龐大的乘客量，引起了運輸署的關注。港府遂情商中巴，於 1977 年 5 月 30 日借調一輛雙層巴士在大嶼山試行，以試驗雙層巴士在大嶼山服務的可行性。

值得一提的是聯德巴士於 1970 年亦曾有意引入雙層巴士提供服務，並已向英國 Southdown Motor Services 公司購入兩輛裝配「Park Royal」車身的「佳牌」亞拉伯四型雙層巴士。然而當時路政署卻以嶼南道路的限制而拒絕雙層巴士在大嶼山服務。

話說回頭，試車當日中巴的「佳牌」亞拉伯五型雙層巴士以一艘英軍登陸艇運抵銀礦灣，通過多年來已漸次擴闊的嶼南路段，順利駛抵長沙泳灘。

這次試車的成功促成了嶼巴引入雙層巴士的誘因，在殖民地保護政策下，嶼巴必須購買英聯邦國家的產品。當時嶼巴屬意引入「Foden」BG-18/16 型雙層巴士，從底盤型號中可看出新巴士採用「吉拿」引擎，馬力 180 匹，全車總重量（Gross Vehicle Weight）16 公噸，

早期的大嶼山巴士全以「上橙下紅」的車身色彩示人，如圖中的「金馬」巴士 (BK3177)。

與「佳牌」亞拉伯五型雙層巴士的 135 匹馬力相比下，有更強的攀斜能力。然而當時 Paccar Inc. 正對「Foden」車廠進行收購，在不明朗的因素及有限的選擇下，嶼巴惟有退而選購「利蘭」車廠的勝利二型（Victory Mk.II）雙層巴士。為數九輛全新雙層巴士於 1980 年 1 月至 1983 年 2 月間先後投入服務，又於 1985 年 3 月、1987 年 10 月及 1991 年 1 月分批向九巴購入六輛同型號二手雙層巴士。雖然嶼巴應運輸署要求而引進高載客量的雙層巴士，然而雙層巴士始終難敵羌山道的天險，只能安排行走來往梅窩與石壁之間。對於假日客量龐大的寶蓮寺及大澳路線，雙層巴士卻未能真正發揮疏導人潮的功效。結果勝利二型在嶼巴服務十餘年後，最終失敗收場。

冠忠巴士引入豪華巴士服務

1991 年 6 月，嶼巴逢周日開辦來往梅窩至寶蓮寺的特設巴士服務，協助疏導假日遊客人潮，並以招標形式由冠忠遊覽車有限公司投得出租豪華空調巴士予嶼巴；及後冠忠巴士更於 1992 年 1 月斥資 4,000 萬全面收購嶼巴，除將梅窩至寶蓮寺的特設巴士服務由周日擴展至周六外，亦陸續購置「五十鈴」（Isuzu）前置引擎豪華空調巴士作為車隊主力。

行走路線 1 的「五十鈴」MT112（EX6917 / ILS43 及 DU7353 / ILS11）。

圖中可見嶼巴除以勝利二型巴士（CT5251）支援路線 4 往塘福外，「五十鈴」巴士也開始投入服務。

「五十鈴」MT112（EH3432 / ILS26）行
走路線 23 抵達東涌。

「五十鈴」MT112L（FY9225 / ILS60）行
走路線 21 前往大澳。

配上捷聯車身的「五十鈴」LT132（JB6995
/ ILS84）。

配上亞洲車身的「五十鈴」LT132（JN7507
/ ILS92）。

　　而隨着位於大嶼山赤鱲角的新香港國際機場於 1998 年 7 月 6 日
啟用，嶼巴開辦來往梅窩和機場的路線 A35，並購置三輛特製的「丹
尼士」飛鏢單層超低地台空調巴士。為應付東涌道的特殊路面環境，
這三輛飛鏢巴士的「康明斯」引擎特別由標準 145bhp 馬力提升至
210bhp，更由一般採用「Allison」AT545 四前速自動變速波箱改為配
用「Eaton」六前速手動變速波箱；另外冠忠巴士更從旗下車隊調來「平
治」（Mercedes-Benz）OH1421L 加強路線 A35 機場巴士服務。

嶼巴服務急速拓展

其後，隨着位於北大嶼山的東涌新市鎮入伙，嶼巴遂於 1999 年開辦東涌逸東邨和東涌北的巴士路線，並於 2003 年引入九輛全新德國「猛獅」NL263 型巴士，同時從城巴購入五輛二手「猛獅」NL262 型巴士。嶼巴大量引入超低地台空調巴士，一改以往只購置日製「五十鈴」旅遊巴士的形象。

時至 2007 年，因應深圳灣口岸即將落成啟用，運輸署遂公開招標兩條往來深圳灣口岸至屯門、元朗的巴士路線，並於同年 6 月 23 日公佈，嶼巴成功投得往來深圳灣口岸至元朗的巴士路線 B2，並於 2007 年 7 月 1 日傍晚起隨深港西部通道啟用而投入服務。此乃嶼巴首條大嶼

簇新的飛鏢 HR8273（DN2）正準備行走路線 A35，開赴梅窩。

「平治」OH1421L（HE9304 / Benz 1）正行走路線 2 往昂平。

嶼巴近年多轉投購置「猛獅」產品，KW7894 (MN01) 的 NL263 單層巴士便是其中一例。

山以外的獨立巴士路線，翌年更開辦輔助路線 B2P。

　　嶼巴的服務一直離不開大嶼山，是次投得區外路線，為嶼巴拓展業務打下一支強心針。為配合開辦有關巴士路線，嶼巴於 2007 年先後引入五輛「猛獅」18.310HOCL/R 豪華旅遊巴士、十輛「猛獅」NL273 型超低地台空調巴士；並向城巴購入六輛二手「富豪」B6LE 型超低地台空調巴士，以加強東涌北的巴士服務。

雙層巴士再度落戶大嶼山

　　踏入 2010 年代，嶼巴為改善服務不遺餘力，於 2010 年下半年引入九輛國產「青年」（Youngman）JNP6122GR 型單層超低地台巴士，取代旗下部分「五十鈴」LT132 型歐盟二期排放標準的單層巴士。2013 年 6 月，嶼巴母公司——冠忠巴士以公開招標形式向城巴購入八輛原屬機場巴士的「丹尼士」三叉戟超低地台雙層豪華巴士，作價 2,800 萬，主要用以支付由城巴非專利部八輛退役巴士所釋出的客運營業證。新購入的巴士獲安排於假日借調，行走嶼巴深圳灣路線 B2X。隨着港府公佈拓展東涌新市鎮計劃，2013 年 12 月，冠忠巴士再為嶼巴向城巴購入兩輛「丹尼士」三叉戟巴士，聯同冠忠巴士安排於繁忙時間支援嶼巴路線的旗下唯一一輛「猛獅」24.310 型超低地台雙層巴士，服務東涌新市鎮區內路線 37 及 38。

　　2014 年 8 月 18 日，冠忠巴士宣佈招標採購八輛超低地台雙層巴士，最終由「猛獅」香港總代理合德汽車奪得。招標合約中列明向冠忠

冠忠巴士向城巴購入八輛「城巴機場快線」豪華巴士，以借調嶼巴提供深圳灣口岸巴士路線 B2X 服務。

集團供應八輛「猛獅」A95-ND363F 型 12 米超低地台雙層巴士,及後冠忠集團運用標書的購買權再進一步增購額外一輛 A95-ND363F 型及十輛 A95-ND323F 型 12 米巴士,最終訂單為 19 輛「猛獅」A95 型雙層巴士,全數採用馬來西亞製「順豐」(Gemilang Coachwork)車身,以取代舊有的「猛獅」24.310 型雙層巴士以及向城巴購入的「丹尼士」三叉戟雙層巴士,首輛新巴士於 2015 年 7 月 4 日抵港。

2015 年 9 月 22 日,嶼巴獲港府根據《公共巴士服務條例》批予為期十年的新專營權。條款包括引入實時巴士到站資訊系統,讓乘客查閱巴士由總站開出的時間和抵達各中途站的預計時間、並會分階段在其巴士站安裝顯示到站資訊的電子顯示屏。車隊方面,新專營權亦規定巴士公司需改善其巴士上的設施及裝置,以加強巴士服務安全,並為長者和殘疾人士提供無障礙設施,當中包括新購入的巴士,其設計必需是低地台及可供輪椅上落的車型,而車廂內亦必須提供輪椅泊位及相關設施。

隨着東涌新市鎮的拓展,區內多個屋邨相繼入伙,以及北大嶼山醫院的投入服務,巴士服務需求殷切,嶼巴遂增設輔助路線 37M 及37H,並購入四輛裝配「順豐」車身的「猛獅」RC2 型超低地台中型單層巴士,全長 11 米,載客量 67 人。與此同時,冠忠巴士及嶼巴訂購的 19 輛全新「猛獅」A95 型雙層巴士亦於 2015 年 8 月至翌年 3 月間陸續完成運輸署車輛登記獲發車牌,正式投入服務。

冠忠巴士首批引入的九輛「猛獅」A95 雙層巴士,用以取代旗下「猛獅」及「丹尼士」雙層巴士。

嶼巴訂購了 14 輛低矮式車身設計的 Enviro-400 改良型巴士,規格與新巴引入的相近。

雙層巴士重投嶼南路線服務

　　另一邊廂，緊隨新巴於 2016 年底引入「亞歷山大丹尼士」Enviro-400 改良型低矮式雙層車身兩軸超低地台巴士，嶼巴亦對引進新巴士大感興趣，以加強大嶼山南部來往東涌新市鎮的巴士服務。嶼巴遂從代理商借來新巴士，在 2016 年 11 月及翌年 6 月 9 日進行路面測試，效果相當理想。最終嶼巴訂購了 14 輛低矮式車身設計的 Enviro-400 改良型巴士，規格與新巴引入的相近。新巴士披上一身綠色的嶼巴全新車身色彩，於 2018 年 8 月至 10 月間相繼獲發車輛登記牌照，並於翌年 1 月 19 日起投入服務後，主要行走來往梅窩碼頭及東涌市中心的路線 3M，是繼 1980 年代引進「利蘭」勝利二型雙層巴士後，再次有雙層巴士服務南大嶼山巴士路線，從中可見嶼巴拓展業務的決心。

　　連接香港、珠海及澳門的港珠澳大橋工程竣工，港府於 2017 年 11 月 29 日宣佈將港珠澳大橋口岸來往機場及東涌第 39 區（即現滿東邨）的兩條接駁巴士路線 B4 及 B6 專營權批予嶼巴。港珠澳大橋於翌年 10 月 24 日正式啟用後，嶼巴亦為新路線服務增購「猛獅」A95 型雙層巴士。現時嶼巴車隊已有 44 輛同型號巴士穿梭於北大嶼山一帶，以至港珠澳大橋口岸及深圳灣路線服務。

　　憑藉新大嶼山巴士拓展業務的決心，相信未來會再進一步擴展路線版圖！

嶼巴增購「猛獅」A95 雙層巴士以服務北大嶼山巴士路線。

冠忠巴士於 2021 年派出旗下雙層巴士協助東鐵綫鐵路免費接駁服務。

世外桃源的巴士服務

1970 年代規劃及興建的大嶼山東北沿海愉景灣小社區，堪稱是香港的世外桃源；及至 1990 年代發展的珀麗灣屋苑項目，亦自成一角。兩者的對外交通服務又是如何呢？

愉景灣（Discovery Bay）坐落於大嶼山東北部海岸，佔地 649 公頃。香港興業有限公司於 1976 年開始規劃及發展愉景灣，至今推出碧濤、畔峰、寶峰、海澄湖畔及尚堤等共 13 期發展項目，成為一個大型低密度高尚住宅發展區，居住人口超過 16,000 人，並以外籍居民居多。

珀麗灣（Park Island）則坐落於鄰近大嶼山的島嶼馬灣，佔地 126.5 公頃，面積僅愉景灣的五分一。新鴻基地產發展有限公司於 1990 年代末計劃以愉景灣為藍本，將馬灣發展成一個渡假休閒住宅區。

愉景灣交通服務

隨着愉景灣的發展，居民除利用高爾夫球車作為代步工具外，香港興業屬下的愉景灣交通服務有限公司（Discovery Bay Transit Services Ltd.）亦提供渡輪及巴士服務接駁區內及市區。

愉景灣在地理因素下，渡輪一直是居民往返市區的唯一途徑，所以區內的交通核心也是位處於愉景灣渡輪碼頭。就算在貫通愉景灣與北大嶼山的愉景灣隧道於 2000 年開通後，區內的巴士路線也主要以愉景灣

愉巴 FE5048（HKR70）為 1950 年代引入的「五十鈴」LT112 單層巴士。

愉巴 GG5578（HKR86）引入的「三菱」Rosa 小巴，車門為特闊的四頁式車門設計。

渡輪碼頭為巴士總站，令該處成為了愉景灣的交通樞紐。

　　1980 至 1990 年代，在愉景灣區內行走的巴士主要依靠日本車廠品牌提供的產品。早期以「三菱」Fuso 及「日產柴油」（Nissan Diesel）C20 小型巴士為主，1990 年開始則陸續更換為「五十鈴」LT112，夥拍「豐田」Coaster 及「三菱」Rosa 小巴。

　　愉景灣巴士自 1999 年 6 月開始引進首批選配荷蘭「Brekhof」車身的德國「猛獅」14.220 型單層巴士後，車隊隨後引進的新力軍，無論是大至主要行走機場路線的 18.310 型大型豪華客車，小至長度只有 9.6 米的 12.220 型中型超低地台巴士，無一不是德國「猛獅」。可見德國「猛獅」車廠的產品多樣化是如何能夠滿足客人的需要。

　　雖然德國「猛獅」在愉景灣有着如此高滲透率的優勢，但其他品牌並未有放棄任何進軍愉景灣市場的機會。

　　瑞典「Scania」車廠早於 2004 年 1 月 7 日已安排一輛 K94UB 型單層巴士到愉景灣進行測試及示範，新巴士獨特之處是車身右側設有落車門，有效加快疏導車上落車的人流，然而載客量亦因加設的車門而相對減少。

　　另一邊廂，英國「亞歷山大丹尼士」車廠於 2011 年 1 月 27 日亦安排了一輛簇新的 Enviro-500 型雙層巴士，帶着新巴標準車身色彩於愉景灣試路，以研究行走愉景灣路面的可行性，最終順利完成實地測試。

愉巴「平治」O405 型大型巴士（GZ6711
/ HKR120）的車廂以企位為主，載客量達
94 人。

愉巴「平治」O814D（HS9677 / HKR71）
這天行走路線 DB01R 支援東涌地鐵站接
駁服務。

愉巴 HD7319（HKR121）是旗下三輛「丹
尼士」飛鏢唯一非低地台巴士。

愉巴「丹尼士」飛鏢 HL1588（HKR116）
裝配有「Plaxton」Pointer 低地台巴士車身。

愉巴於 1999 年 5 月購入的「丹尼士」飛鏢（JB8385 / HKR5），全長僅 9.2 米。

蛻變中的香港巴士

　　然而，似乎兩廠皆未能成功打動愉景灣巴士而作出任何訂購行動。看來各巴士製造商如欲打進愉景灣市場，非要再更加倍努力不可。最終愉景灣交通服務落實向「富豪」車廠訂購六輛配備「Wright」Eclipse Gemini Mk.II 型車身的「富豪」B9TL 型 12 米巴士。在新巴士付運前，由於車隊未有足夠的非專利巴士客運營業證，遂向城巴購入六輛「利蘭」奧林比安非專利巴士連同有關非專利牌照，包括 #171、#180、#182、#185 至 #187 等，有關巴士亦未有在愉景灣巴士路線上投入服務。

　　首輛全新「富豪」B9TL 型 12 米雙層巴士於 2015 年 6 月 13 日抵港，車身被安排髹上標準愉景灣交通服務的車身色彩，上層車頭擋風玻璃左側設有樹擋。車廂方面，左前軸輪拱上配有大型行李架，全車裝有「Lazzerini」Pratico 3840 座椅，上層座位 55 個、下層座位 31 個及企位 34 個，總載客量 120 人。六輛新巴士於 2015 年 7 月至 8 月間完成運輸署車輛登記程序，車隊編號 DBAY208 至 DBAY213；新巴士並於同年 8 月 16 日投入服務，行走愉景灣至欣澳站的愉景灣巴士路線 DB03R。

　　及後於 2016 年，愉景灣交通服務面對來往愉景灣至欣澳及東涌的巴士服務需求增加，遂進一步擴充雙層巴士車隊，訂購四輛「猛獅」A95-ND323F 型 12 米超低地台雙層巴士。在新巴士未及付運之前，愉巴向城巴購入四輛「富豪」奧林比安 12 米巴士，包括 #570、#572、#579 及 #580，並在城巴車廠髹上愉景灣巴士的車身色彩後，正式投入服務，車隊編號 DBAY215 至 DBAY218，主要行走路線 DB03P 來往愉景北商場至欣澳。其後新巴士於 2017 年 6 月先後付運抵港，經運輸署檢驗後並於 7 月 11 日首航路線 DB01R。新巴士的規格大致與新大嶼山巴士所採用的規格相近，惟上層車頭左側車身加設有樹擋，並改用上「Hanover」橙色 LED 電子路線顯示牌；上層車廂亦設有顯示屏讓乘客監察下層車廂的行李架情況。

　　愉景灣交通服務由上世紀八九十年代主要以日本巴士提供服務，其後轉為大量購置德國單層巴士更新車隊；再到近年開始轉投大型低地台雙層巴士的懷抱，可見愉景灣的巴士服務需求之大實在不容小覷。

「猛獅」14.220（JC4122 / HKR37）裝有獨特的「Brekhof」車身，這天也前來支援路線 DB01R 提供東涌地鐵站接駁服務。

「猛獅」12.220 低地台巴士（KR1965 / HKR79），車身由德國「Goppel」車廠設計及承造。

愉巴新引進的巴士以「猛獅」品牌為主，並採用更奪目的車身色彩。

愉巴另一輛新引進的「猛獅」巴士（NY7716 / DBAY195），正停泊於欣澳站準備行走路線 DB03R 返回愉景灣。

珀麗灣客運服務

相對於愉景灣，珀麗灣的陸路交通配套顯然較為便捷。坐落於馬灣的珀麗灣，發展商新鴻基地產發展有限公司在發展時已自資興建一連接道，接駁至青馬大橋來回方向，令昔日過門而不入的青嶼幹線為珀麗灣帶來一點方便。

然而由於新地公司將珀麗灣營造成一個環保小島，故就算是珀麗灣居民也不能以私家車代步，駛進島內。島內的交通重任，交由新地公司旗下全資附屬的珀麗灣客運有限公司（Park Island Transport Co. Ltd.）。

珀麗灣客運成立於 2002 年 12 月 11 日，由九龍巴士控股有限公司及港九小輪公司共同創立及營運，後來於 2009 年脫離九巴非專利巴士業務，並重組為新鴻基地產的全資附屬公司。

雖然珀麗灣與愉景灣一樣有提供渡輪及巴士服務，愉景灣居民主要依靠渡輪往返市區；縱然珀麗灣客運同樣備有六艘高速雙體客輪往來珀麗灣與中環碼頭及荃灣西鐵路站的航線，但珀麗灣居民仍然多選乘陸路交通，利用四條穿梭巴士路線服務由珀麗灣往返青衣、葵芳、荃灣、與及香港國際機場。

車隊方面，較觸目的是珀麗灣客運曾引進三輛新西蘭「Designline」Olymbus 型環保混合動力電動巴士；而車隊的主力則在於前後共 19 輛「丹尼士」飛鏢超低地台單層巴士，其中六輛更是由九巴專利巴士車隊轉投珀麗灣客運服役。這些飛鏢巴士選配「Plaxton」Pointer 車身，並曾經在青馬管制區進行強風測試，在強風下仍能安全駛經青馬大橋上層車道往返珀麗灣，以確保珀麗灣交通在天氣惡劣的情況下仍能維持服務。同時九巴亦會安排車隊旗下同型號的飛鏢巴士在青衣機鐵站候命，有需要時會提供路線 Y41 服務來往珀麗灣。除此之外，珀麗灣客運的車隊亦有兩輛過檔自陽光巴士的「猛獅」16.280 型豪華巴士及兩輛「豐田」Coaster 長陣小巴，主要提供支援服務。

陽光巴士投入珀麗灣巴士服務

2019 年 12 月 15 日，陽光巴士獲馬灣鄉事委員會委託，從珀麗灣客運手中接辦來往珀麗灣與荃灣的居民巴士路線 NR331 及 NR331S。為此，陽光巴士向皇巴士先後購入七輛「猛獅」NL323 型超低地台巴士，車身沿用皇巴士標準車身色彩，僅以灰色貼紙以彩帶形式遮蓋車身上「落馬洲至皇崗」字樣。陽光巴士亦於 2020 年 9 月迎來三輛來自九巴退下火線的「丹尼士」三叉戟型 12 米雙層巴士，前九巴車隊編號 ATR299、ATR304 及 ATR311，並於翌年 1 月投入服務，披上九巴香

來自新西蘭的「Designline」Olybmus 型環保混合動力電動巴士。

在強風下九巴會安排車隊旗下飛鏢巴士在青衣機鐵站候命,有需要時會提供路線 Y41 服務往來珀麗灣。

珀麗灣車隊的主力主要為「丹尼士」飛鏢超低地台單層巴士,LU2001 便是其中一員。

原隸屬皇巴提供落馬洲至皇崗穿梭巴士服務的「猛獅」單層巴士,車身標貼以灰色貼紙遮蓋,轉投陽光巴士服務珀麗灣居民巴士路線 NR331。

檳金色車身色彩,至同年 12 月 30 日才悉數退下火線。

　　2020 年 7 月,陽光巴士向「Wrightbus」訂購六輛 StreetDeck 兩軸雙層巴士,新巴士原為九巴已訂購的 50 輛新巴士,惟其後九巴未有履行有關合約而取消訂單。新巴士沿用九巴紅巴士的純紅色車身色彩,全車裝設有 72 張「Lazzerini」Ethos 座椅,並設有樹擋。首輛新巴士於 2021 年 2 月 10 日獲發車輛登記,並於同年 3 月 24 日投入服務。

　　無獨有偶,愉景灣和珀麗灣兩地的巴士車隊均由歐陸風格的單層巴士車隊,陸續轉回帶有香港本土味濃的大型雙層巴士,以提供更具效率的巴士服務。愉景灣和珀麗灣均屬香港少有的度假式環保小社區,在交

通配套上各擅勝場。這兩個堪稱是香港世外桃源的地方，也不失為一個假日消閒好去處。

前九巴「丹尼士」三叉戟雙層巴士 KU5428（ex-ATR304）以一身香檳金色車身色彩服務珀麗灣居民巴士路線，2020 年 12 月 30 日為最後提供服務的一日。

陽光巴士引入「Wrightbus」StreetDeck 兩軸雙層巴士，首輛巴士 XD8994 於 2021 年 3 月 24 日投入服務，行走珀麗灣居民巴士路線 NR331s。

愉景灣交通服務於 2016 年引入「猛獅」A95 雙層巴士提供愉景灣對外交通服務，為這歐陸小島引入香港本土味甚濃的大型雙層巴士。

混合動力
拓新領域

40

行政長官在 2010 年 10 月發表施政報告中表示，政府的政策最終目標是全港使用零排放的巴士，並要求巴士公司積極使用零排放或最環保巴士。

政府認為，專營巴士是銅鑼灣、中環及旺角等繁忙路段路邊空氣的其中一個主要污染源；同時亦相信巴士公司如能調派低排放巴士行走上述路段，將有效減少巴士的廢氣排放量，有助改善路邊空氣質素。早於 2007 年 2 月，全球首架混合動力雙層巴士於英國倫敦開始投入服務，而混合動力巴士技術上相較於全電動巴士更為成熟。

為測試混合動力巴士的運作效益，包括能否應付香港地形和氣候的要求，以及收集營運數據，環境保護署遂耗資 3,300 萬港元，全數資助專營巴士公司購置六輛混合動力巴士，每輛價值約 550 萬港元。全新混合動力巴士將分別分配予載通國際旗下的九巴，以及新創建交通旗下的城巴和新巴，主要調派駛經銅鑼灣、中環及旺角的繁忙路段的專營巴士路線試驗行駛，試驗期建議為兩年，特別需要評估混合動力巴士在行車班次頻密、炎熱潮濕夏季時需提供足夠空調的本地運作情況下的效率及排放表現。

引入六輛混合動力巴士

隨着環境保護署於 2011 年 4 月向立法會財委會完成申請撥款相

關撥款，九巴、城巴及新巴等三間巴士公司正式獲政府資助，引入混合動力巴士。英國「亞歷山大丹尼士」車廠經過三年研發，全新混合動力巴士終於 2014 年 9 月至 11 月間分批付運抵港，新巴士型號為 Enviro-500 Hybrid（簡稱「E50H」）。

動力結構上，E50H 新巴士採用「串聯式混合動力」（Hybrid Series）驅動系統，由一台符合歐盟六型排放規格的「康明斯」ISB6.7E6-280B 型細容積柴油引擎驅動發電機組，提供電力驅動電摩打，直接帶動巴士驅動軸運行。這種嶄新的無機械式轉動技術，讓車輪與引擎之間無需機械式連接。全車安裝有 16 組鋰離子納米磷酸鹽電池（Lithium-Ion Nano-Phospate Batteries），不單可以利用電池裝置將引擎在動力傳送過程的部分電力儲存，其回生技術更可回收煞車時所產生的能量並儲存於電池備用，提升能源效益。

智能「Arrive and Go」技術

E50H 新巴士更配備了智能「Arrive and Go」技術，當巴士遇上交通擠塞或預備停站而行駛速度低於每小時 6.4 公里時，內置的智能控制器會暫時停止操作柴油引擎，自動調節改為電力驅動巴士及空調系統，令巴士在慢駛或停駛時達至「零排放」；到巴士重新起步而行駛速度達至每小時 11.2 公里或以上時，柴油引擎才會重新啟動為巴士提供動力。這種智能技術讓混合動力巴士特別適合行走停車較頻密的市區路線，新技術有助降低排放及油耗，從而令混合動力巴士的環保功效發揮至最大。據廠方資料顯示，全新 E50H 巴士可減低耗油量高達 30%，並減少主要排放物如懸浮粒子 50% 及氮氧化物 80%。

外觀上，Enviro-500 Hybrid 巴士與舊有的 Enviro-500 MMC 巴士相似，而車廂尾部由於需放置電池裝置。故此巴士上層後排座位數目較傳統巴士減少四個，下層左方車尾亦減少兩個座位，使全車載客量下降至 123 人，包括上層座位 51 個、下層座位 29 個及企位 43 個。

九巴引入的三輛混合動力巴士，車身塗裝奪目。

混合動力巴士的上層車尾需擺放特別組件，路線牌箱需作遷就下移。

引擎倉內放有一台符合歐盟六型排放規格的「康明斯」細容積柴油引擎驅動發電機組。

新創建集團旗下的新巴城巴，混合動力巴士的車身色彩也與別不同。

蛻變中的香港巴士

上層車尾放有放置電池裝置，上層車廂內縮減了一整行座椅。

下層左方車尾亦減少了兩個座位，形成下層車廂這個獨特的車廂佈局。

派駐行走市區繁忙路段路線

　　九巴的三輛全新 E50H 巴士先後於 2014 年 10 月底至 12 月初獲發運輸署車輛登記，九巴車隊編號為 ATH1 至 ATH3，並於 11 月中旬開始陸續投入服務，分別行走路線 104、1A 及 619 等三條市區路線，途經中環、旺角及銅鑼灣。編號 #5600 的新巴 E50H 巴士則於 2014 年 11 月初完成首次登記，與編號 #8401 及 #8400 的城巴混合動力巴士於同年 11 月底至 12 月初啟用，分別行走路線 8、5B 及 969 等。

　　兩年的試驗期於 2016 年 11 月結束。經過兩年測試，測試報告中指出混能巴士表現與傳統柴油巴士大致相若，未有明顯優勢。2017 年 5 月 22 日，在一次立法會環境事務委員會中指出，在兩年的試驗期內，混合動力巴士平均多耗用 0.4% 燃料，遠低於海外經驗引述能節省 30%；表現最佳的混合動力巴士能節省 10.7% 燃料，而表現最差的則多耗用 9.0% 燃料。另外，報告亦指出行走高速公路的混合動力巴士因開車及停車運作較少而趨向耗用較多燃料。

　　測試亦發現，夏季的燃料耗用亦會較清涼月份為多：當氣溫低過 20 度，混能巴士平均少耗用 8.8% 的燃料；當氣溫高過 20 度，混能巴士則平均多耗用 5.7% 的燃料。這主要可歸咎於在香港炎熱潮濕的夏季環境下，對空調系統有強大的需求——在夏季，空調耗用的燃料可高達

巴士整體燃料消耗量的四成。

從測試數據中分析，混合動力的傳動系統能有效減少氮氧化物的排放，排放量較傳統歐盟五期柴油巴士少 93%，亦較歐盟六期標準上限表現更好。然而由於歐盟六期的標準已將氮氧化物的排放量降至很低的水平，所以以混合動力巴士對比歐盟六期的差距並不顯著。

最終在完成測試後，九巴遂於 2018 年底為三輛 E50H 巴士卸下一身巴士車身宣傳廣告，並重新噴上香檳金色標準車身色彩。如非細心觀察車身細節，外觀實在與一般金巴士別無兩樣。

混合動力巴士在香港成功引進，令香港的巴士服務開展一個嶄新領域。然而，在混合動力巴士的試驗報告中亦有指：「每輛混合動力巴士的價格高達 550 萬元，較傳統巴士昂貴約六至八成。混合動力巴士的排放表現相對歐盟六期傳統巴士不太顯著，而於本地行駛環境的節省燃料表現亦遠低於預期。因此，除非日後混合動力巴士的燃料節省效益有顯著改善及其價格更具競爭力，否則政府實難有充分理據在專營巴士營運上推廣使用混合動力巴士。」

混合動力巴士在兩年的試驗期過後，報告指其表現與傳統柴油巴士相若，未有明顯優勢，尤其在高速公路路線更耗用了較多燃料。

特長巴士
華麗轉身

41

九巴及城巴繼 1997 年在港測試 15 米四軸巨無霸巴士，及自 2003 年引入歐洲標準闊度巴士後，在 12 年後再次以申請車輛過長豁免許可形式，引進特長巴士。

早於 2013 年 9 月，英國「亞歷山大丹尼士」行政總裁 Colin Robertson 公開透露將會為香港供應全長 12.8 米 Enviro-500 型雙層空調巴士，並預期可以在 2014 年夏季前投入服務。其實早在 2007 年，「亞歷山大丹尼士」便為北美市場供應 12.8 米 Enviro-500 型雙層巴士，而今次引入香港的特長巴士則是亞洲首批同類型巴士。

樣板特長巴士落户香江

「亞歷山大丹尼士」供港的三輛 12.8 米樣板巴士，屬 Enviro-500 MMC（Major Model Change）型，是 2012 年投產的同型號巴士的加長版，當中兩輛由九巴購置、餘下一輛則歸屬城巴。在珠海廣通客車廠組裝車身後，首輛隸屬九巴的 12.8 米巴士於 2014 年 4 月 24 日正式從陸路抵港。

與九巴旗下的「亞歷山大丹尼士」12 米 Enviro-500 MMC 型巴士一樣，新巴士在機械配搭上採用一台達歐盟五型排放標準的「康明斯」ISL8.9e5-340B 型引擎，並配用「ZF」Ecolife 6AP1700B 型六前速全自動波箱。車廂規格上，新巴士採用俗稱「方梯」的複合式樓

梯連接上、下層之間，較 Enviro-500 雙層巴士採用的直樓梯佔用較少的車廂空間；而樓梯下便裝設有特別設計的平行四邊形油缸，加上選用「Ventura」外趟式設計的下車門，更進一步節省車廂空間。在這輛九巴的新巴士上，全車以 2+2 座位編排方式，安裝有 98 張高背乳膠獨立座椅，下層低地台區域裝上闊度較窄的「Vogel」Revo S400 型座椅，以騰出更大的通道空間；下層車廂後方的非低地台區域座椅則使用標準闊度的「Vogel」Revo S440 型座椅，而上層則採用較闊身的「Vogel」Revo S480 型座椅，以加強乘坐舒適度。如此一來，已較同型號 12 米巴士增添八個座位，在通過運輸署的「類型鑒定檢測」（Type Approval）後，新巴士可設有企位 48 個，全車載客量達 146 人，成為歷來載客量最高的雙層空調巴士，較載客量達 138 人的舊式 3+2 座位排列的雙層空調巴士還要多。

為隆重其事，九巴更於 2014 年 6 月 2 日下午，在荔枝角月輪街車廠舉行新車發佈會，向傳媒介紹這款 12.8 米新巴士。九巴表示，新巴士不僅能提高載客量，其經改良的轉向系統在香港狹窄的市區道路行走，亦不失其靈活性及穩定性；而載客量增加，間接令巴士於乘客人均的廢氣排放量、耗油量及人均佔用道路空間相對較低，預計能有效減低廢氣排放，有助改善香港空氣質素及市民健康。

由於本港法例限制巴士長度只可達 12 米，而九巴引入的兩輛「亞歷山大丹尼士」12.8 米 Enviro-500 MMC 新巴士，在運輸署批核車輛過長豁免許可申請後，最終於 2014 年 7 月 10 日正式領取運輸署車輛登記，九巴車隊編號為 3ATENU1 及 3ATENU2。九巴為兩輛特長巴士安排進行多個不同類型的測試，包括路面行車及模擬載客測試，以及在不同天氣和路面情況的行車表現等。按原訂計劃，新巴士將試驗行走路線 43X、49X、277X 及 279X，以收集行車數據，但經嚴格測試後，最終新巴士於同年 8 月 22 日正式投入載客服務，行走路線 73X 來往荃灣如心廣場至大埔富善邨；並於翌年 3 月 5 日起逢星期六、日及假日加派行走邊境路線 B1。

九巴於 2014 年 6 月為全新特長巴士舉行新車發佈會。

首輛特長巴士於 2014 年 8 月 22 日正式投入載客服務，行走路線 73X 來往荃灣如心廣場至大埔富善邨。

城巴特別為新巴士選配「ZF」Servocom 尾軸逆位輔助轉向系統。

城巴特別在新巴士駕駛席張貼特別標示提醒車長。

城巴的特長巴士車廂內特別選用「Lazzerini」Citylight 薄身輕量版座椅。

至於另一輛由城巴引入的 12.8 米 Enviro-500 MMC 巴士，規格大致與九巴的相同。同樣由珠海廣通客車負責組裝車身，惟車廂內採用「Lazzerini」Citylight 薄身輕量版座椅，間接增加座椅前後間距，提升舒適度。而城巴更特別為新巴士選配「ZF」Servocom 尾軸逆位輔助轉向系統（Rear Axle Steering, RAS），當巴士轉彎時尾軸會以頭軸的相反方向轉動，使這輛特長巴士轉彎更靈活，並可減低尾軸車呔損耗。駕駛室內特別貼上 RAS 轉向系統的專用貼紙提醒車長，城巴亦安排車長駕駛巴士前接受相關轉向訓練。新巴士於 2014 年 7 月 30 日完成運輸署登記，並獲編配車隊編號 #6300。在 11 月 6 日正式投入服務，主要安排行走路線 962 系及 969 系，往來屯門、天水圍至銅鑼灣。

富豪巴士　出師不利

另一邊廂，九巴於 2013 年亦向「富豪」車廠訂購兩輛 12.8 米 B9TL 特長巴士。新巴士選配「Wright」Eclipse Gemini 2 車身，同樣於珠海廣通客車廠進行車身組裝工序。兩輛新巴士分別在 2014 年 5 月 23 日及 6 月 20 日運抵香港，九巴瞬即安排首輛「富豪」特長巴士前往運輸署進行測試，惟新巴士於 6 月 18 日在運輸署九龍灣驗車中心進行傾側測試期間意外翻側，右邊部分車窗損毀。後經工程人員檢查及維修後，於同年 7 月 4 日順利通過運輸署傾側測試。這兩輛「富豪」B9TL 特長巴士獲編配車隊編號 3AVBWU1 及 3AVBWU2，並先後於 2014

「富豪」B9TL 型 12.8 米特長巴士，從這角度看車身更見修長。

兩款在港試用的特長巴士。

年 8 月 26 日及 8 月 27 日正式出牌,載客量由原訂 149 人調整至 146 人。新巴士於 10 月 10 日投入服務,與另外兩輛「亞歷山大丹尼士」特長巴士一同服務路線 73X。

對岸的城巴隨新創建集團於 2014 年初訂購的 51 輛「富豪」B9TL 巴士訂單中,包括了一輛隸屬 12.8 米的樣板巴士。有別於九巴,城巴這輛全新樣板巴士改由吉隆坡「Masdef」車身裝嵌廠負責組裝車身,2014 年 9 月 29 日從水路運抵香港。這輛車隊編號 #6500 的新巴士於 10 月 29 日進行運輸署驗車程序,並於 2015 年 3 月 17 日正式出牌,3 月 20 日首航路線 969C。

特長巴士量產訂單　丹尼士報捷

回望 2010 年兩軸雙層巴士一仗,「亞歷山大丹尼士」憑藉 Enviro-400 巴士先後獲得九巴、城巴及港鐵巴士合共 119 輛新訂單,而「富豪」B9TL 兩軸巴士至今仍未獲巴士公司問津。

五年後再次正面交鋒,「亞歷山大丹尼士」再度報捷,於 2015 年 2 月 2 日及 4 月 13 日率先獲載通國際為旗下九巴及龍運巴士先後訂購共 150 輛 Enviro-500 MMC 型 12.8 米特長巴士,當中 130 輛配用改良版車身,又以其中 39 輛屬龍運巴士用以行走機場及北大嶼山巴士路

龍運以全新 Enviro-500 MMC 豪華版特長巴士更新車隊,UF5398(#1526)採用上早期設計的車身色彩。

龍運巴士於 2017 年引入了十輛「ADL」Enviro-500 MMC 半豪華版客車,並特別以俗稱「扶手梯」的車身色彩設計示人。

線。九巴的部分新巴士亦會裝有行李架，預備派往行走路線 B1；另外其中一輛試行配備「ZF」Servocom 電子控制尾軸輔助轉向系統，並於 2016 年 7 月 15 日登記出牌，車隊編號 3ATENUW1，投入服務後主要被派往路線 87K 服務。

　　龍運巴士的豪華機場巴士採用全新的龍運巴士車身色彩，而車廂內的上層座椅亦特別設有雜誌架、全車靠窗的座椅在窗下設有 USB 插孔供乘客的手提電話充電之用、下層車頭輪拱上亦設有保溫箱，可供存放冷凍物品；巴士車廂內更提供免費無線上網服務。龍運巴士其後亦於 2016 年增購 12 輛同型號巴士及 10 輛半豪華巴士，後續於 2019 年再增購 80 輛 12.8 米城市巴士。隨着更多巴士路線獲運輸署放寬批准使用 12.8 米特長巴士行走，九巴其後於 2017 年至 2020 年間增購共 315 輛 Enviro-500 MMC 型 12.8 米特長巴士；令集團旗下截至 2020 年底的 Enviro-500 MMC 型 12.8 米特長巴士訂單數量達 664 輛。

　　至於新創建集團方面，城巴於 2015 年起亦分五批增購共 197 輛 Enviro-500 MMC 型 12.8 米城市版巴士，車隊編號 #6301 至 #6497，車身側路線牌採用長幅式路線號碼連目的地的「Hanover」橙色 LED 電子路線顯示牌；另有 88 輛屬半客車版，車隊編號 #6501 至 #6588。全車車窗均設有太陽簾，車廂配置有大型行李架，以供北大嶼山對外巴

新巴於 2016 年 12 月亦逐步引入「ADL」Enviro-500 MMC 12.8 米特長巴士，UM8832（#6103）這日安排行走路線 720 前往嘉亨灣。

城巴引入的半客車版「ADL」Enviro-500 MMC 12.8 米特長巴士，這日 #6583 正服務港珠澳大橋口岸巴士路線 B5 抵達欣澳站。

龍運巴士以全新鮮橙色「城市脈搏」標準車身色彩,為旗下全新「ADL」Enviro-500 MMC 12.8 米特長巴士車隊注入新元素,並更貼近九巴形象。

九巴大量引入「ADL」Enviro-500 MMC 12.8 米特長巴士,樓梯旁板更轉用透光玻璃車窗設計,提升車廂採光度。

士路線專用;而行李架位置外的車身不設車窗,改以金屬旁板取代。

　　為配合城巴機場快線服務擴展,並全面取締舊有「猛獅」NL262/R型單層機場巴士車隊,城巴遂於 2016 年開始分四批訂購共 72 輛客車版巴士,車隊編號 #6800 至 #6871。新巴士同樣採用 Enviro-500 型改良版車身,並用上「Hanover」橙色 LED 電子路線顯示牌,車身及車尾採用可同時顯示路線號碼及目的地的長幅式電子路線牌;而下層行李架位置的車身亦不設車窗。車廂方面,內部則裝設有大型行李架,並配備高規格的全新意大利「Lazzerini」GTS 3700 豪華真皮座椅,上層設有座位 55 個、下層座位 27 個及企位 47 個,總載客量 129 人,較 12 米版本多載九人。

　　另一邊廂,新巴亦自 2015 年起分四批購置共 110 輛 Enviro-500 MMC 型 12.8 米城市版巴士,車隊編號 #6100 至 #6209,用以取代部分「丹尼士」三叉戟 12 米及部分「富豪」超級奧林比安 12 米巴士,主要行走東區路線 2A、2X、8、8P、82、82M、82X 及東區走廊特快路線 720 系、722 等。

　　由此說來,單單計算 Enviro-500 MMC 型 12.8 米特長巴士,短短七年間便為「亞歷山大丹尼士」帶來 1,043 輛特長巴士的訂單。

新巴於 2015 年向「猛獅」車廠訂購一輛
A95 雙層巴士，長度 12.8 米；然而提入服
務多年仍後繼無人。

九巴於 2016 年開始向「富豪」車廠引入
B8L 特長雙層巴士，並採用埃及「MCV」
EvoSeti 型車身。

姍姍來遲的猛獅特長巴士

　　時至 2015 年，新巴亦向「猛獅」車廠訂購一輛「猛獅」A95-
ND323F 型 12.8 米超低地台雙層樣板巴士，並安排組裝上馬來西亞
「順豐」車身。外觀上，新巴的「猛獅」A95 巴士改用了荷蘭「Ventura」
的氣動上、落車門；車側及車尾亦用上可同時顯示路線號碼及目的地的
長幅式「Hanover」LED 橙色電子路線顯示牌。新巴士原使用鋼製輪
圈，其後獲更換上「Alcoa」合金輪圈，進一步減輕車身重量；而尾軸
更備有逆位輔助轉向功能（Rear Axle Steering, RAS），有助縮短迴旋
半徑，令這 12.8 米特長巴士轉彎尤如 12 米巴士般靈活。車廂方面，
採用上黃色 LED 照明系統，座椅則選用馬來西亞「Vogel」Revo S 款
式，全車設有上層座位 63 個、下層座位 35 個及企位 45 人，總載客量
143 人。新巴士於 2015 年 9 月 26 日運抵香港，至翌年 3 月 9 日交付
新巴，並在 4 月 6 日獲安排派往路線 8P 投入服務。

重新出發的富豪巴士

　　瑞典「富豪」車廠於 2013 年供港的三輛 B9TL 型 12.8 米特長巴

士出師未捷，至停產也未有在香港市場帶來任何訂單，主要歸咎於「富豪」B9TL 型巴士採用尾軸驅動設計，對轉向效能大有影響。

2016 年底，「富豪」車廠推出 B9TL 型的後繼車型 B8L 型雙層巴士，遂改以中軸驅動設計，從而降低巴士迴旋半徑，提高轉向效能。新巴士底盤採用原廠 D8K-350 型引擎，符合歐盟六型排放標準，並配用「ZF」Ecolife 6AP1600BS 型六前速全自動波箱。時至 2019 年 10 月 17 日，九巴以 2,932 英鎊訂購 110 輛「富豪」B8L 型 12.8 米特長雙層巴士，車隊編號 V6X1 至 V6X110。

新巴士採用埃及「MCV」EvoSeti 型車身，遂有「埃及妖后」之稱。新巴士車身樓梯外的車身旁板改以玻璃設計，增加自然光線進入梯間及車廂內。全車採用「Lazzerini」Ethos 座椅，並附設有安全帶，當中包括上層座位 63 個、下層座位 35 個，另外再加上 44 個企位限額，全車載客量共 142 人。

首輛巴士於 2020 年 4 月 14 日晚上抵港，至同年 10 月 9 日開始陸續獲發車輛登記，至翌日開始投入服務，首航路線 290A 及 290，其後主力行走路線 68X、74X、89D、101、111、268C、601、681 及 948 等。九巴其後於 2021 年 2 月以 1116 萬英鎊增購 40 輛同型號巴士，令同型號巴士數量增至 150 輛。

另一邊廂，載通國際旗下的龍運巴士亦訂購了 65 輛「富豪」B8L 型 12.8 米特長雙層巴士，同樣採用埃及「MCV」EvoSeti 型車身，車身色彩以橙色以主調，並採用與九巴「城市脈搏」車身色彩的相近設計。全車同樣採用「Lazzerini」Ethos 座椅，包括上層座位 63 個、下層座位 29 個，並設有行李架。首輛新巴士已於 2020 年 12 月 8 日抵港。

「富豪」車廠憑全新 B8L 型巴士以圖在特長巴士市場分一杯羹，惟「亞歷山大丹尼士」早已憑 Enviro-500 MMC 型巴士在港扎根。相信兩大車廠在不久的將來又會有一場龍爭虎鬥。

邁向全面超低地台
巴士服務的最後時光

1996 年，九巴引入首輛超低地台雙層巴士，一新市民耳目之餘，傷健平等而共融的理念亦從日常生活的衣、食、住、行中得以進一步實踐；而上一代的雙層巴士，不經不覺也隨時日步入最後時光。

 近年，一些較熟悉的車種相繼退下火線，當中包括昔日穿梭於香港大街小巷的各種非低地台巴士。

一個時代的結束

本地各間巴士公司的非低地台巴士車隊，最後於 1998 年獲發新車輛登記的為城巴「富豪」奧林比安 11.3 米巴士，如今已悉數退役。當

「紳佳」N113DRB 型雙層空調巴士擁有卓越的爬坡性能，服役時是路線 2A 及 98A 的主力車種，GW3430（AS18）便是其中一員。

英國「利蘭」車廠於 1998 年成功研發出全球首輛以主引擎帶動空調系統的雙層空調巴士 DX2437，並以編號 AL1 收歸九巴車隊。

中很大程度上可是根據「公共巴士服務條例」中,巴士公司承諾在巴士車齡達 18 年之前便予以更換,以維持向市民提供適當而有效率的專營巴士服務。另外亦基於環境保護署的「強制淘汰歐盟四期以前柴油商業車輛」計劃,當中訂明歐盟三期或以前的柴油商業車輛需於 2015 年底前退役。

「紳佳」N113

早於 1993 年,在英國「利蘭」車廠和「丹尼士」車廠先後於 1989 年及 1990 年成功向本港引進雙層空調巴士後,瑞典「紳佳」車廠亦安排供應兩輛 N113DRB 型雙層空調巴士樣板車予九巴進行試驗,其後更於 1996 年增購 20 輛同型號巴士。

2010 年 3 月 11 日,接近 17 年車齡的樣板車(AS2)因機件故障不獲維修而率先退役。九巴最後一輛「紳佳」N113 巴士(AS21)在 2014 年 8 月 22 日晚上被安排行走路線 87A 取消前的尾班車,為九巴的「紳佳」N113 巴士及路線 87A 的服務雙雙劃上句號。

「利蘭」奧林比安

自「利蘭」車廠於 1988 年成功研發出全球首輛以主引擎帶動空調系統的雙層空調巴士後,共為香港引入 411 輛全新奧林比安雙層空調巴士,當中包括 10.4 米、11 米及 12 米等三種車身長度。

2005 年 8 月 20 日,九巴首輛「利蘭」奧林比安雙層空調巴士樣板車(AL1)正式除牌退役,九巴特別將巴士作永久保留。而量產型巴士則於 2007 年 11 月開始退役,直到 2011 年 6 月 21 日全數退出載客行列,當中有七輛入籍九巴訓練學校的「利蘭」奧林比安巴士,亦在 2015 年 9 月正式退役。

九鐵巴士部在 1990 年至 1991 年間先後引入的 14 輛「利蘭」奧

林比安空調巴士，在兩鐵合併後悉數租予港鐵公司繼續使用，其後於2008年及2009年相繼退役。

新巴方面，1998年從中巴手上購入25輛「利蘭」奧林比安空調巴士，最後服役的奧林比安巴士（LA21）終於2010年10月18日最後一日服務後退出載客車隊行列；而於2010年至2011年間轉作訓練巴士的三輛奧林比安巴士，亦於2015年完成歷史使命。

中電巴士方面，隨着青衣發電廠按計劃於1998年停產拆卸，中電先後將旗下巴士車隊中的「利蘭」奧林比安巴士售予城巴及風彩旅運，甚或轉售至英國。最後一輛「利蘭」奧林比安巴士（#311）則於2011年退役，並獲得私人保留。

作為城巴的開國功臣，「利蘭」奧林比安空調巴士亦難逃退役的命運。隨着城巴於2003年收歸周大福集團旗下，過剩的車隊被轉售往英國服役，當中共64輛奧林比安巴士。城巴2006年及2008年間分別為旗下五輛奧林比安巴士改裝成開篷雙層空調巴士；亦在2009年將專利部的八輛奧林比安巴士調往非專利部，悉數繼續營運至2015年底才全數退役。

2015年，在愉景灣交通服務公司訂購的「富豪」B9TL型雙層低地台巴士付運前，由於車隊未有足夠的非專利巴士客運營業證，愉景灣巴士遂向城巴購入六輛「利蘭」奧林比安非專利巴士連同有關非專利牌

2014年6月25日，全港最後一款以3+2座位排列的巴士——九巴「丹尼士」巨龍9.9米在當晚完成載客服務後悉數退役。

照。雖然有關巴士未有在愉景灣巴士路線上投入服務，但可說是最後購入「利蘭」奧林比安空調巴士的巴士公司。

在「強制淘汰歐盟四期以前柴油商業車輛」計劃下，最後一輛「利蘭」奧林比安空調巴士——城巴 #191 於 2015 年 12 月 30 日完成車務工作返回西九龍車廠後，正式為「利蘭」奧林比安雙層空調巴士在港超過 27 年的服務劃上完美句號。

「丹尼士」巨龍

隨着九巴首輛「利蘭」奧林比安雙層空調巴士樣板車（AL1）於 2005 年正式除牌退役，同樣隸屬九巴的全港首輛「丹尼士」巨龍空調巴士樣板車（AD1）亦於 2007 年 5 月 22 日正式退下火線，為其餘數百輛巨龍空調巴士步入晚年的退役潮揭開序幕。2014 年 6 月 25 日，全港最後一款以 3+2 座位排列的巴士——九巴「丹尼士」巨龍 9.9 米在當晚完成載客服務後悉數退役。

2015 年 3 月 26 日，九巴旗下「丹尼士」巨龍 11 米退出載客行列，正好標誌所有載客車隊提升至歐盟二期以上的環保排放標準。當中 23 輛巴士退役後相繼轉為訓練巴士，至 2016 年 9 月悉數退役。2015 年 8 月，九巴的「丹尼士」巨龍 12 米亦開始退役，最後兩輛編號 3AD169 及 3AD170 的巨龍巴士服務至 2016 年 7 月 26 日牌照到期後退役。

城巴於 2002 年開始安排將旗下巨龍空調巴士翻新車廂，包括更換車廂防滑地台膠、轉用為 2+2 座位編排、更換車廂扶手柱顏色等。隨着城巴巨龍巴士車齡漸高，城巴亦先後引入「ADL」Enviro 400 型及 Enviro 500 型雙層低地台巴士，車隊旗下的 10.3 米、11.3 米及 12 米巨龍巴士最終於 2012 年至 2015 年間相繼退下火線，並於 2015 年 5 月悉數退出載客行列。

中巴的港島巴士專營權於 1998 年轉由新巴接手，新巴並以港幣

九巴旗下最後一輛「富豪」奧林比安雙層巴士，於 2016 年 9 月 6 日最後一日服務路線 71A，隨後悉數退出載客行列。

3.35 億元向中巴購入 710 輛中巴大部分車隊，當中包括 92 輛 11 米「丹尼士」禿鷹雙層空調巴士。而新巴再於 1999 年接收香港空運貨站旗下四輛「丹尼士」巨龍 12 米員工接送巴士，由於當時車廂仍為 3+2 座位編排，遂成為新巴車隊中載客量最高的空調巴士。

新巴由 2004 年至 2009 年間逐步替換首批禿鷹空調巴士，當中 16 輛退役後轉售至英國及杜拜繼續載客生涯，而有七輛則獲英資大巴士觀光有限公司購入，並改裝成開篷空調巴士作本地觀光用途。2007 年底，新巴委託周大福企業旗下的城巴將 DA66 改裝為開篷空調巴士，以安排行走山頂纜車接駁路線 15C；而最後一輛禿鷹空調巴士 DA90 於 2015 年 9 月正式除牌退役後，禿鷹及巨龍巴士正式全面撤出新創建集團車隊行列。至於七輛售予大巴士觀光有限公司作本地觀光用途的禿鷹開篷空調巴士，亦於同年 10 月全退。

九巴車隊中最後領取運輸署車輛登記證明的餘下的 50 輛「丹尼士」巨龍 9.9 米巴士，晚年仍活躍於沙田及荃灣區內路線，並於 2017

年夏天悉數退役，象徵本港自 1982 年開始引入的「丹尼士」統治者（Dominator）車系正式完成歷史使命。

「富豪」奧林比安

「富豪」奧林比安空調巴士自 1994 年投入服務以來，隨着年事已高，九巴 AV1 於 2011 年 7 月 15 日率先退役。縱觀九巴、城巴、新巴等巴士公司，也將旗下車隊為數不少的「富豪」奧林比安巴士，安排在退出載客行列後轉為訓練巴士。

2014 年至 2015 年間，港鐵旗下 15 輛「富豪」奧林比安巴士在服役 17 個年頭後，先後退役。新巴最後一輛「富豪」奧林比安空調巴士 VA55 於 2015 年 10 月 20 日最後一日服務後，退出載客車隊行列，標誌向中巴購入的二手巴士正式完成歷史使命退出載客服務，新巴車隊於

愉景灣交通服務於 2016 年先後向城巴購入四輛「富豪」奧林比安巴士更連同客運營業證，並獲安排服務區外巴士路線 DB03P 前往欣澳站。

同日全面低地台化。九巴「富豪」奧林比安 11.3 米巴士亦於翌年 9 月悉數退出載客車隊行列。

2015 年，城巴安排旗下 39 輛「富豪」奧林比安空調巴士由專利部調往非專利部，以接替年事已高的「利蘭」奧林比安空調巴士。然而最終亦在 2017 年 2 月悉數被車齡較新的「丹尼士」三叉戟及「富豪」超級奧林比安超低地台巴士所取代，當中有四輛「富豪」奧林比安巴士更連同客運營業證先後於 2016 年 6 月及 11 月轉售至愉景灣交通服務有限公司，並翻髹成愉景灣巴士標準車身色彩服務服務愉景灣對外巴士路線，直至 2017 年 7 月被全新「猛獅」A95-ND323F 型雙層空調巴士所取代；而城巴旗下的「富豪」奧林比安 12 米空調巴士亦於同年 8 月撤離城巴專利巴士服務。

巴士服務全面低地台化

隨着城巴非專利部最後一輛「富豪」奧林比安 11.3 米巴士（#965）於 2019 年 3 月 27 日退出載客巴士服務，香港的巴士服務正式全面低地台化。這是一個時代的終結，但換個角度看，或許可以說是一個新紀元的開始。

2022

百年發展　從啟德濱
到啟德新發展區

43

「啟德」，一個家喻戶曉的名字。由 1920 年代的一個花園城市住宅區，再到 1930 年代開始逐漸演變成一個舉世知名的國際機場。整整 68 年過去，「啟德」這名字沉寂了一些日子後，又憑藉「起動九龍東」計劃從新出發。

時間一轉回到 1910 年代，當時九龍塘一帶的發展已洋溢着一種英國的鄉村韻味。當時著名華人紳商何啟和區德合資創辦啟德營業有限公司，並於 1916 年開始在九龍灣沿岸（即現觀塘道至太子道東一帶）向南進行填海工程。新填的土地面積有 120 英畝，並計劃進一步發展成佔地 230 英畝、共興建 47 座高尚住宅單位的高級花園住宅區，稱作「啟德濱」。在 1920 年完成第一期填海工程後，便立即動工興建房屋。

啟德濱高級花園住宅區

啟德濱共分七條街道和七個地段，四條橫貫東西的道路分別名為啟德道、啟仁路、長安街和啟義路；而縱連南北走向的則為一德路、二德路及三德路。當時啟德濱仍須依賴人力車前往紅磡，亦有前往香港島的小船。啟德營業有限公司為了吸引住客，遂於 1923 年成立了啟德客車公司，提供往來啟德濱及尖沙咀天星碼頭與油麻地碼頭的巴士服務，大大改善了原只有人力車的交通服務。

縱然啟德濱早有規劃，分三期填海發展；惟當時香港正遇上連綿數

繼九巴以「通天巴士」命名機場巴士路線 A1 等路線後，中巴亦於 1995 年開辦機場巴士路線 A20 來往機場至中環交易廣場。

載的工潮，如 1920 年太古船塢、皇家海軍船塢、香港電燈公司與電車公司等發生工潮及 1922 年的海員大罷工、1925 年的省港大罷工等，以致啟德濱第二期填海工程進度欠佳甚至停頓，啟德營業有限公司更面臨破產。住宅發展計劃的失敗，使啟德客車有限公司的乘客量相應下跌，經營困難。

最後到 1927 年底港府以 1,001,250 港元向啟德營業有限公司接收啟德填海區，啟德濱的填海工程正式被政府接管，港府遂將土地逐漸發展成為機場，並以原地名為機場冠名為「啟德機場」。電車公司亦於 1929 年 1 月收購啟德客車有限公司，並繼續以原名營運旗下的巴士路線服務；直到 1933 年 6 月港府實施公共巴士服務專營權時，才將 35 輛巴士悉數轉售予九巴，退出巴士路線服務。

以原地名冠名啟德機場

1927 年 3 月，啟德機場已成為英國皇家空軍的駐地。故日軍在 1941 年 12 月 8 日早上入侵香港時，啟德機場便首當其衝地成為第一個受襲擊的目標，日軍迅速擊潰了整個駐港的皇家空軍，香港很快便失守，至 12 月 25 日進入日治時期。1942 年 3 月，日軍炸毀古蹟宋王臺所處的聖山，利用得來的石頭在啟德機場原有的 13/31 跑道以外建造了

一條橫跨西貢道（即今清水灣道）、全長 1,371 米的 07/25 跑道，並在 1943 年年底建成。

隨着香港重光，啟德機場逐漸發展成為香港國際機場。短短三十年過去，機場新跑道及第六代客運大樓於 1958 年至 1962 年間先後啟用。大樓位處於九龍城太子道旁，旅客除可乘搭途經太子道的巴士路線，亦可前往九龍城巴士總站乘搭九巴路線 1、21、22 及 30 分別前往尖沙咀碼頭、大澳門、西貢及調景嶺等地。值得一提的是，路線 21 及 22 早於 1948 年已投入服務，因戰後巴士嚴重不足，巴士路線服務早年使用改裝貨車行走，至 1951 年底才轉用巴士行走，取代改裝貨車。

啟德機場豪華巴士服務

1975 年至 1976 年間，九巴引入豪華巴士服務，開辦了 200 系豪華巴士路線，以「亞比安」Viking EVK55CL 型豪華巴士及「百福」YRQ 型豪華巴士，行走路線 200 及 201 來往啟德機場至中環雪廠街及尖沙咀碼頭，巴士裝有人造皮面高背座椅及行李存放架。其後九巴於 1985 年更引入「丹尼士」獵鷹型豪華空調巴士行走兩條機場巴士路線，新巴士更進一步裝設有空調設備及電子報站系統等。隨後在 1986 年 11 月 6 日，九巴機場巴士重組並以「通天巴士」作命名，路線編號則改為路線 A1、A2 及 A3 分別來往尖沙咀循環線、中環港澳碼頭及銅鑼灣循環線等。

九巴續於 1990 年至 1993 年間先後引入「豐田」Coaster、三菱 MK117J、「丹尼士」長矛及「丹尼士」飛鏢型等型號的豪華空調巴士，以擴充機場巴士車隊；更在部分「利蘭」奧林比安型空調巴士上加裝特大行李存放架，以便在假日支援機場巴士服務。九巴亦擴展機場巴士路線，先後開辦路線 A4、A5、A7 及 A8 分別來往旺角火車站、太古城、九龍塘地鐵站及太子地鐵站等四條循環路線；而中巴於 1995 年開辦機場巴士路線 A20 來往機場至中環交易廣場，並以 12 輛「丹尼士」飛

除啟德機場巴士路線外，九巴亦提供不少巴士路線服務途經香港啟德國際機場外。

鏢單層空調巴士行走。然而啟德國際機場和啟德機場巴士路線，皆在 1998 年 7 月 6 日赤鱲角新國際機場啟用而落幕，曲終人散。啟德這地方，又回復到一片荒涼；而「啟德」這名字亦沉寂了好一段日子。

無軌電車

　　千禧年前後，城巴宣佈投資五百萬研究無軌電車（Trolleybus）計劃。城巴以一輛僅六年車齡的「丹尼士」巨龍雙層空調巴士改裝成無軌電車，車頂新加設一對集電桿，除此之外其外觀與普通雙層巴士沒有兩樣。城巴特別在海洋公園旁的車廠內設置 18 桿電柱承托兩組架空電纜，以安排無軌電車進行繞場測試。

　　半年測試期過後，城巴向港府提出申請，將旗下部分巴士路線轉用無軌電車行駛，最終期望能以無軌電車服務染指啟德發展區的巴士路線。惟運輸署在審視引進無軌電車的可行性研究後，指出無軌電車在本

城巴特別在海洋公園旁的車廠內設置兩組架空電纜,以安排無軌電車進行繞場測試。

港繁忙市區和隧道內行駛會遇到不少問題,例如在市區及隧道安裝架空電纜有技術困難等;而在啟德發展區引入無軌電車計劃最後亦無疾而終。

「起動九龍東」計劃

前特首曾蔭權於 2011 年 10 月 12 日發表任內最後一份《施政報告》,報告中提出要增加香港寫字樓供應以支持香港經濟發展。翌日,時任發展局局長林鄭月娥遂就「起動九龍東」(Energizing Kowloon East) 計劃作出進一步闡釋,九龍東成為全新核心商業區。

啟德環保連接系統

港府考慮到通達性及人流的重要性,遂在啟德分區計劃大綱圖中預留了以鐵路為主的環保連接系統 (Environmentally Friendly Linkage System),以 120 億港元興建全長約 9 公里的現代化架空單軌鐵路系統,提供全天候、方便、舒適,同時是零排放的接駁,將啟德新區與九龍灣、觀塘舊區接連沙中線啟德站、觀塘線九龍灣站及觀塘站,把九龍東和香港其他地方緊緊連接起來,達到催化九龍灣和觀塘舊區活化的功能。

另一邊廂,香港電車公司委託顧問進行可行性研究,建議在東九

龍興建現代化電車系統，以取代港府建議的環保連接系統。全長 12 公里，造價 28 億港元，遠較港府建議的環保連接系統便宜。然而發展局認為無論是九龍灣和觀塘的行車道路，以至於啟德發展區土地也未能容納電車在地面行駛，最終否決現代化電車系統的建議。雖然現代化電車系統計劃未能落實，然而港府建議的環保連接系統計劃最後亦遭擱置，取而代之的是以「多元組合」模式的環保連接系統。

「多元組合」環保連接系統

2020 年 11 月 25 日，時任特首林鄭月娥發表施政報告，建議在區內推展「多元組合」模式的環保連接系統，比單一的基建更為有效和可取。「多元組合」模式環保連接系統，包括新增巴士或專線小巴路線、發展自動行人道網絡、行人與單車共用的共融通道，以及在啟德發展區設置水上的士站等。

九巴 5 系路線率先進駐啟德新發展區

架空單軌鐵路環保連接系統在啟德新發展區蘊釀多年，一直呈膠着狀態，但郵輪碼頭及多個公私營房屋項目相繼落成，區內交通一直有所滯後。

九巴路線 5M 於 2013 年 7 月 31 日投入服務，為前啟德機場北面停機坪的兩條全新公共屋邨提供巴士路線服務。

　　隨着位於前啟德機場北面停機坪的兩條全新公共屋邨──啟晴邨及德朗邨先後於 2013 年 8 月及 12 月入伙，九巴路線 5M 率先於同年 7 月 31 日投入服務，以循環線形式往返德朗邨及九龍灣站。九巴早於一年前已向運輸署申請以五輛超級電容巴士提供服務，充電裝置設於坪石總站及德朗邨總站。

　　啟德郵輪碼頭公園亦於 2013 年 10 月中旬正式開放，九巴於 10 月 19 日開辦特別路線 5R，同樣以循環線形式來往啟德郵輪碼頭及觀塘 apm 商場，每逢假日提供服務；平日僅倚賴一條九龍專線小巴路線 86 循環來往啟德郵輪碼頭及九龍灣德福花園。

Kai Tak 20 新里程

　　啟德新發展區的公共交通服務一直為人所詬病。有見及此，運輸署在 2017 年邀請巴士公司作路線建議，並在 2018 年 2 月就啟德新發展區三條全新巴士路線進行招標，分別由啟德來往大角咀、啟德來往九龍

城巴首條九龍市區專營巴士路線 20，城巴以簇新的「ADL」特長巴士行走，並以「Kai Tak 20 新里程」作招徠。

塘、以及九龍城來往筲箕灣等。最終於同年4月公佈招標結果——三條路線均由城巴投得，路線編號分別訂為20、22及608，並先後於4月29日、6月24日及8月27日相繼投入服務，城巴亦派出簇新的車隊提供巴士服務。

　　一輛輛披上鮮艷奪目的城巴黃色標準車身色彩的「亞歷山大丹尼士」Enviro-500 MMC型12.8米特長巴士，正式落戶啟德新發展區、穿梭九龍。路線20作為城巴首條九龍市區專營巴士路線，為隆重其事，城巴特別於車頭路線牌箱展示出「Kai Tak 20新里程」的特別顯示，以作宣傳。為配合港鐵屯馬線一期訂於2020年2月14日通車，城巴於當日開辦路線22的短程班次，路線編號22M，循環來往啟德郵輪碼頭及九龍城。

　　啟德，由最初一個以「啟德濱」之名的花園城市住宅區，再逐漸演變成一個舉世知名的國際機場；近年從新出發，以「無煙城」的環保概念，打造出啟德新發展區。「創世紀」的城市規劃最終能否成真，就留待時間讓我們作見證了！

從運輸政策下看巴士車隊的新舊更替

44

回首中巴的「紅番頭」巴士服役了 30 年，在 90 年代中仍穿梭來往大潭水壩。今時今日，無論專營巴士車隊還是非專利巴士的車齡也有所限制。

為了維持向市民提供適當而有效率的專營巴士服務，專營巴士公司早已承諾在巴士車齡達 18 年之前便會予以更換；而另一邊廂，運輸署在行政上亦會拒絕車齡達 18 年或以上的專營巴士續領車輛登記並在道路上行走。

有見到此，巴士公司會因應其車隊更替的需要而物色相應的車種，亦會視乎巴士路線的乘客量、路面環境來調配相對合適的巴士。過往曾為不少巴士公司主力的 11 米三軸巴士，近年已轉而提升至採用 12 米三軸巴士或調整至 10.5 米長的兩軸巴士，其重要性已逐漸降低，成為了需求主導下的犧牲品。

11 米三軸巴士重要性下降

除「亞歷山大丹尼士」於 2009 年開始輸港的 Enviro-400 型兩軸雙層空調巴士，至今已有 120 輛投入服務，以及於 2010 年由「富豪」車廠提供的兩輛 B9TL 型雙層兩軸空調巴士外，荷蘭「VDL」DB300 型雙層兩軸空調巴士亦於 2014 年 1 月正式進軍香港，冀在本地的短軸巴士市場上分一杯羹。

「亞歷山大丹尼士」Enviro-500 MMC 雙層巴士，獲本地巴士公司廣泛採用。

　　回望 1989 年英國「都城嘉慕」車廠的母公司「Laird Group」結束了「都城嘉慕」的業務，並將「都城」（Metrobus）巴士的設計售予英國「Optare」及「DAF」巴士生產部。至 1993 年 9 月再被荷蘭「VDL」車廠收購，當時「都城」巴士的後繼者 DB250 型巴士，在經過進一步改良底盤及引擎室設計後，遂成為現時的 DB300 型巴士。

　　主導是次荷蘭「VDL」DB300 型雙層兩軸空調巴士進軍香港的，卻是於 2009 年為九巴「富豪」B7RLE 型單層巴士承造車身的英國「MCV」（Manufacturing Comm-ercial Vehicles Group）車廠。公司於 2013 年以「VDL」DB300 型英國市場版本裝配自家品牌「MCV」車身，並加載空調系統，續向九巴推介試用。

　　供港的「VDL」DB300 型新巴士，採用容積僅 6.7 公升的「康明斯」ISB6.7E5-250B 歐盟五型引擎，配以「福伊特」DIWA864.5D4 四前速全自動波箱；而憑藉淨重較輕的「MCV」雙層車身，新巴士終於 2014 年 9 月 22 日通過運輸署的檢驗正式獲發車牌，車隊編號為 AMC1。載客量方面，上層共設座位 47 個、下層座位 25 個及企位 26 個，總載客量為 98 人，較「亞歷山大丹尼士」Enviro-400 甚至「富豪」B9TL 型雙層兩軸空調巴士的 88 人總載客量還要多！然而在兩年的租借試用期過後，九巴僅將這輛巴士正式收歸車隊旗下，而未有向「VDL」車廠進一步採購新巴士。

與英國「都城」巴士一脈相承的荷蘭「VDL」
DB300 型雙層兩軸空調巴士。

九巴旗下巴士路線對 11 米三軸巴士的需
求下降，及至 2020 年 6 月九巴引入首批
「ADL」Enviro-500 MMC 11 米三軸巴士。

改良版 Enviro-500 雙層巴士

「亞歷山大丹尼士」於 2012 年為 Enviro-500 型三軸雙層巴士的
設計進行重大改良革新，推出全新 Enviro-500 MMC（Major Model
Change）型三軸雙層巴士。Enviro-500 型巴士在 2002 年至 2012 年
的十年投產期裏，共替九巴、城巴、新巴、龍運巴士、港鐵巴士、中電
等提供 767 輛 11.3 米及 12 米訂單。Enviro-500 MMC 型新巴士作為後
繼者，訂單接踵而來，投產後短短九年裏便再接到香港超過 3,772 輛新
巴士的訂單。

「亞歷山大丹尼士」供港的 Enviro-500 MMC 型巴士，全數搭載一
台符合歐盟五型或歐盟六型排放標準的「康明斯」L9 型九公升 340 匹
引擎；而波箱則可選配「ZF」Ecolife 6AP1700B 型六前速全自動波箱
或「福伊特」DIWA 865.4D4 四前速全自動波箱。車身長度則有 11.3
米、12 米及特長的 12.8 米，全車載客量由 120 人至 146 人不等。

九巴自 2018 年 10 月訂購的 Enviro-500 MMC 型巴士，符合歐盟
六期環保排放標準，樓梯位置旁的車身採用玻璃設計，增加車廂採光
度。當中於 2019 年 2 月訂購的第二批 12.8 米版本中，更有 56 輛（車
隊編號 E6X35 至 E6X90）配備車頂安裝太陽能發電裝置。

全新紳佳猛獅雙層巴士

2012 年 5 月 20 日，九巴自 2007 年引入的兩輛「紳佳」K310UB 型雙層樣板巴士，於服役五個年頭後正式離開香港運返瑞典車廠作數據研究。直至 2014 年 9 月，瑞典「紳佳」車廠再度為九巴供應兩輛 K280UB 型雙層樣板巴士。新巴士採用西班牙「Salvador Caetano」City Gold CB200 型雙層車身，在通過運輸署的「類型鑒定檢測」後，新巴士載客量可高達 133 人，包括上層座位 59 人、下層座位 31 人及企位 43 人，較舊型號可多載 10 人。機械配搭方面，新巴士以一台容積 9.3 公升的原廠 DC9-29 型引擎驅動，馬力 280 匹，符合歐盟五型環保規格；並帶動「ZF」Ecomat-4 6HP504C 型六前速全自動波箱驅動巴士。

另一邊廂，德國「猛獅」車廠亦於 2015 年 5 月向九巴提供一輛裝配馬來西亞「順豐」車身的 A95-ND363F 型雙層巴士，屬於 2003 年「猛獅」為九巴提供的 A34-ND313F 型雙層巴士的後繼型號。新巴士配備一台原廠 D2066 LUH-33 型歐盟五型縱置引擎，搭載「ZF」Ecolife 6AP2000B 型六前速全自動波箱。

全新樣板巴士於 2015 年 5 月 15 日抵港，在「猛獅」的香港代理商完成運輸署車輛評定測試後，全車可載客 133 人，包括上層座位 59 人、下層座位 31 人及企位 43 人，並順利於同年 8 月 10 日領取車牌，九巴車隊編號 AMNE1，隨即納入九巴屯門車廠管理。「猛獅」A95 型樣板巴士於 2015 年 8 月 18 日投入服務，行走路線 269D 由沙田前往天水圍；其後獲先後編配行走路線 265B 及 52X。

在九巴試用樣板巴士期間，有鑑於首批在 1999 年引入的「Neoplan」Centroliner 退役在即，遂向「猛獅」車廠訂購 20 輛「猛獅」A95-ND323F 型 12 米超低地台雙層巴士，九巴車隊編號 AMNF1 至 AMNF20。機械配置上，新巴士改配「猛獅」D2066LUH-32 型縱置平臥式引擎，馬力下調至 320 匹。

馬來西亞製「順豐」車身上，車側及車尾改用上長幅式「Hanover」

LED 橙色電子路線顯示牌，可同時顯示路線號碼及目的地；同時並採用上巴塞隆拿「Masats」電動上、落車門，落車門並增設護欄，加強車廂安全。車廂內採用黃色 LED 照明系統；車廂內企位限額亦獲增至 44 人，加上上層座位 59 人、下層座位 31 人，全車可載客 134 人。車身外及車廂內多個位置亦裝設有可錄影的閉路電視系統。

　　「猛獅」A95 型雙層巴士成為了近年炙手可熱的新車型，除九巴外，當年同為新創建集團旗下的新巴、冠忠集團、新大嶼山巴士，甚至愉景灣交通服務及港珠澳大橋穿梭巴士均有引入。另一邊廂，總代理合德汽車亦銳意以「猛獅」A95 型雙層巴士打入觀光巴士市場，不僅成功獲得新輝旅遊、東洋旅行社、金亮香港旅運的開篷觀光巴士訂

九巴在 2015 年引入兩輛「紳佳」K280UB 新巴士，車身塗裝亦起了微妙變化。

自 2020 年新冠疫情爆發後，以「用餐聯乘觀光」作意念的水晶巴士也得開拓業務，協助保險公司宣傳保險產品。

九巴引入 20 輛「猛獅」A95-ND323F 型 12 米雙層巴士，隸屬屯門車廠，接替年事已高的「Neoplan」Centroliner 雙層巴士。

有「紅巴 2.0」之稱的新一代「猛獅」A95 型雙層巴士（AMNF21），其「順豐」車身採用英國 Navaho 液晶體彩色路線顯示屏。

單，就連以「用餐聯乘觀光」作意念的水晶巴士也向「猛獅」A95 型雙層巴士招手！

國產單層巴士新氣象

在「亞歷山大丹尼士」、「富豪」、「紳佳」、「猛獅」等車廠均將目光投放於九巴、城巴、新巴未來數年的雙層巴士車隊的換車潮；單層巴士方面，隨着內地汽車生產水平的提升，本地巴士公司亦嘗試引入國產單層巴士。

2011 年，城巴為替換旗下「富豪」B6LE 型單層巴士，遂向中國「青年」（Youngman）客車廠訂購 16 輛 JNP6105GR 型單層全低地台空調巴士。新巴士配備「猛獅」D0836 LOH-65 型歐盟五型引擎，波箱則使用「福伊特」DIWA 865.4 四前速全自動波箱。全長 10.5 米「青年」巴士於 2012 年 8 月 15 日開始陸續投入服務；新巴士裝有 28 張「Fainsa Punt」高背座椅，加上企位 33 個，全車總載客量為 61 人。

時至 2014 年，新創建集團續向「青年」客車廠訂購 24 輛 JNP6120GR 型單層全低地台空調巴士，當中六輛歸城巴所有，用以取代「猛獅」NL262/R 型單層巴士；而餘下八輛則屬新巴所有，用以取代「丹尼士」飛鏢型單層巴士。機械規格上，新巴士以「猛獅」D0836 LOH-64 型歐盟五型引擎，帶動「福伊特」DIWA 865.4D4 四前速全自動波箱驅動巴士。載客量方面，全車提供座位 34 個、企位 37 個，總載客量 71 人。城巴新巴士率先於 2015 年 4 月 14 日起陸續投入服務。

2012 年 9 月，中國「比亞迪」汽車象徵式以 1 元租金為九巴供應一輛 K9A 型單層空調電動巴士作測試。電動巴士全長 12 米，以一台「比亞迪」原廠 TYC90A 引擎驅動。九巴車隊編號 BE1 的新巴士，經過九巴內部測試後，於 2013 年 9 月 9 日正式投放於路線 2 運營，每日以定點班次模式運作，為期一個月。然而九巴經過一年測試後，電池損耗已達 20%，效能實令人難以接受，故於同年 11 月 15 日提早結束租賃

城巴在 2011 年為替換「富豪」B6LE 單層巴士而引入的「青年」全低地台巴士。

「比亞迪」純電動巴士在港服役測試僅一個月便提早結束租賃期退回車廠。

在「強制淘汰歐盟四期以前柴油商業車輛」計劃下，前中巴「禿鷹」空調巴士及城巴的前倫敦巴士已於 2005 年退役。

「宇通」客車成為首輛正式落戶九巴的國產單層巴士。

水晶巴士於 2022 年 5 月短期出租作「應援巴士」，大受歌迷歡迎。

期交回「比亞迪」車廠。

2013 年，中國鄭州「宇通」客車承造了一輛 ZK6128HG1 型單層巴士，作為樣板車預備給予九巴試用，惟九巴對新巴士使用上海柴油機引擎而卻步，婉拒接收及試用新巴士。直至 2014 年 4 月，「宇通」客車再度製造一輛改配美國「康明斯」ISL8.9E5-320B 歐盟五型引擎的 ZK6128HG1 型全低地台單層巴士供九巴試用。新巴士設有 35 張獨立座椅，加上企位 44 個，全車總載客量高達 79 人。

新巴士在 2014 年 11 月 27 日於運輸署獲發正式車輛登記後，續於 12 月 16 日首航，並獲九巴編上車隊編號 AYT1，主要服務北區路線 70K，直至 2015 年 8 月 5 日再改為行走路線 72A 服務。雖然這輛「宇通」樣板單層巴士以一身九巴標準規格設計，然而隨着試用期屆滿，九巴最終於 2016 年 2 月 15 日安排在車廠內除去所有巴士公司徽號及標貼，並在運輸署車輛登記中除牌，正式退還「宇通」客車。

姍姍來遲始出來的「富豪」新巴士

瑞典「富豪」車廠於 2016 年底研發出「富豪」B8L 型全新三軸超低地台雙層巴士，新巴士採用「富豪」原廠 D8K-350 型柴油引擎，馬力輸出達 350 匹，符合歐盟六期廢氣排放標準；並搭載上「ZF」六前

「富豪」車廠旗下 B8L 型全新三軸超低地台雙層巴士於 2016 年面世，即為九巴供應 215 輛配備埃及「MCV」車身的巴士訂單。

速全自動波箱。有別於之前供港的超級奧林比安 B10TL 型及 B9TL 型超低地台雙層巴士，新款 B8L 型巴士棄用上橫置式引擎佈局的尾軸驅動設計，而改為使用縱置式引擎設計，以中軸驅動巴士，以改善一直為人詬病的巴士轉向性能。

這輛全新的「富豪」B8L 型樣板巴士於 2016 年 12 月在北愛爾蘭「富豪」車廠亮相，並於翌年 1 月 22 日運抵香港。九巴以車隊編號 AVBWL1 將新巴士編入車隊，隨後在 5 月 19 日正式投入服務，行走西隧過海巴士路線 968 來往元朗西及港島天后。2018 年 2 月 5 日，另一輛披上埃及「MCV」EvoSeti 車身的「富豪」B8L 型樣板巴士，並以一身純白色的車身色彩的全新形象抵達香港。車廂規格採用上九巴第二代「紅巴」設計，包括上、下層車廂分別配置有 59 張及 31 張「Lazzerini」Ethos 高背附頭枕獨立座椅，落車門上方亦裝上了動態乘客資訊系統等。隨後九巴為新巴士鬆上全紅色「紅巴」車身色彩；而稍後亦有另一輛相近規格的「富豪」B8L 型巴士交付九巴。

「富豪」B8L 型巴士正式量產，得到載通國際的九巴及龍運巴士、新創建集團的城巴及新巴購買，除了 256 輛配備馬來西亞製「Wright」Eclipse Gemini 3 標準長度 12 米車身，以及 215 輛配備埃及「MCV」EvoSeti 特長 12.8 米車身的巴士訂單；當中只有九巴及龍運巴士的巴士車身採用俗稱「玻璃梯」的樓梯玻璃旁板，增加車廂採光度。

兩軸雙層巴士再決高下

「亞歷山大丹尼士」於 2016 年 7 月承接新巴訂購 Enviro-400 改良型 10.4 米低矮式雙層車身兩軸超低地台巴士的訂單，為數 60 輛，主要接替 1999 年特別度身訂造的矮車身「丹尼士」三叉戟型 10.3 米巴士。新巴士車身高 4.17 米，能安全通過山頂加列山道天橋的高度限制，車頭並設有一組 H 形樹擋。全車原設有上層座位 47 個、下層座位 26 個及企位 15 個；其後修訂為上層座位 43 個、下層座位 26 個及企位 20

新巴於 2016 年 7 月訂購 60 輛「ADL」Enviro-400 改良型 10.4 米低矮式雙層車身兩軸巴士，以接替「丹尼士」特別度身訂造的矮車身三叉戟巴士。

全紅色車身塗裝的陽光巴士，顯示出其原屬九巴的身份。

個，令總載客量增加一人至 89 人。

2018 年 2 月 28 日，一輛以披上「紅巴」車身色彩的「Wrightbus」StreetDeck 10.65 米兩軸雙層巴士抵港。新巴士採用「平治」OM936LA 型六氣缸引擎及「Voith」波箱，一體式車身亦首設有樓梯旁的玻璃旁板，增加車廂採光度；空調機組則是「Eberspächer」產品。這輛樣板巴士首次於 6 月 13 日到運輸署進行驗車，最終於翌年 9 月 12 日始獲發牌，車隊編號 W6S1，並於 2019 年 9 月 17 日投入服務。新巴士設有上層座位 50 個、下層座位 20 個及企位 19 個，總載客量 89 人，仍較「VDL」DB300 型巴士的 98 人載客量為少。

據英國 *Buses* 雜誌報導，「Wrightbus」於 2019 年 1 月宣佈接獲九巴訂購 50 輛「Wrightbus」StreetDeck 10.65 米兩軸雙層巴士訂單。惟有傳因「Wrightbus」於同年 10 月陷入財困而令九巴取消訂單；同時樣板巴士在投入服務一個月後亦傳因空調機組故障而停牌留廠，至翌年 2 月 9 日被安排駛往馬灣進行路面測試後，再在 2 月 20 日運離香港，並在 2021 年 5 月傳出正式售予英國 Ensignbus。

2020 年 7 月，陽光巴士向「Wrightbus」訂購六輛 StreetDeck 兩軸雙層巴士，新巴士原屬九巴訂單，故沿用九巴「紅巴」純紅色車身色彩，全車裝設有 72 張「Lazzerini」Ethos 座椅，並設有樹擋。首輛新巴士於 2021 年 2 月 10 日獲發車輛登記，並於同年 3 月 24 日投入服務，行走馬灣接駁巴士路線 NR331S。

香港的巴士服務全面低地台化。

Enviro-500 車型已成為本地巴士的主流車種。

強制淘汰歐盟四期以前柴油商業車輛

　　繼專營巴士車隊設有 18 年車齡限制後，港府於 2014 年初亦針對本地柴油商業車輛，以特惠資助逐步強制淘汰 82,000 輛未達歐盟四期排放標準的柴油商業車輛，包括貨車、小型巴士和非專利巴士。冀以鼓勵與管制並行策略，以改善路邊空氣質素和保障市民健康。計劃下，未達歐盟四期排放標準的柴油商業車輛會按車輛首次登記日期分階段強制淘汰；而符合資格的車主可申領特惠資助。另一方面，為長遠確保適時更換柴油商業車輛和持續改善空氣質素，港府亦為 2014 年 2 月 1 日或以後新登記的柴油商業車輛設定 15 年的退役期限。

　　在此計劃下，不少經營非專利巴士業務的巴士公司受到影響，經營租賃服務的城巴旅遊，車隊中別號「Auntie Nora」的城巴「一哥」──英國「Routemaster」古典巴士，無可避免地最終亦在 2015 年退役，強制淘汰；後雖獲歐陸嘉年華有限公司在 2015 年底的一次城巴公開投標中投獲，並在環球嘉年華會場中展出以作招徠，惟引擎已被拆除；並有消息指城巴「一哥」在嘉年華閉幕後輾轉售予城巴創辦人李日新（Lyndon Rees）收藏。

香港的巴士服務全面低地台化

　　另一邊廂，在巴士車隊的恆常更替中，緊隨着熱狗巴士於 2012 年 5 月 8 日完成最後一日載客服務後，完全撤出專利巴士服務，本港的非低地台空調巴士亦步入晚年。

　　至於自「利蘭」車廠於 1988 年成功研發出全球首輛以主引擎帶動空調系統的雙層空調巴士後，超過 2,800 輛非低地台雙層空調巴士先後在港服役。隨着時日過去，城巴非專利部最後一輛「富豪」奧林比安 11.3 米巴士（城巴車隊編號 #965）亦於 2019 年 3 月 27 日退出載客巴士服務，香港的巴士服務正式全面低地台化。

九巴最後一輛三叉戟巴士（ATR392），在其掛牌路線 3D 與其後繼型號 Enviro-500 合照。

九巴三叉戟巴士（ATR392）走到最後服務尾二日，獲安排行走路線 42C 單向服務前往藍田站。

英國「都普」車身廠自 1981 年開始先後為本港共 2,395 輛巴士供應車身，最後一輛並採用為香港特製的低矮式車身的城巴「丹尼士」三叉戟巴士。

城巴三叉戟巴士（#2316），原屬新巴所有，新巴車隊編號 #1221，於 2018 年 10 月轉投城巴非專利部。

　　緊隨着香港的巴士服務全面低地台化，其實第一代超低地台巴士亦已於近年相繼因年事已高而退下火線。

「丹尼士」三叉戟完成 24 年載客服務生涯

　　英國「丹尼士」車廠於 1996 年成功設計出全新三叉戟（Trident）型三軸超低地台雙層巴士底盤，新巴士在翌年 5 月 28 日抵港，並於同年 11 月 17 日正式投入服務，同型號巴士展開長達 24 年的載客服務生涯。

　　隨着「丹尼士」三叉戟巴士年事已高，九巴旗下首輛「丹尼士」三

叉戟巴士 ATR1 已於 2015 年 9 月 22 日退役，並獲直接保留作活動及展覽用途。集團旗下的龍運巴士，其車隊中的三叉戟巴士亦於 2017 年 12 月全數除牌退役。

新巴方面，車隊首輛巴士 #1001 已於 2015 年 8 月 21 日除牌退役拆毀；至 2020 年 2 月，車隊最後兩輛矮車身三叉戟 10.3 米及五輛開篷人力車觀光巴士亦退出載客行列。至於同集團的城巴，最後一輛隸屬專利巴士部的三叉戟巴士於 2017 年 11 月 9 日封車退役；非專利部方面，最後兩輛「丹尼士」三叉戟於 2021 年 3 月 26 日為最後服務日。其中 #2312 在行走路線 88R 最後班次時於獅子山隧管道內故障，要由另一三叉戟巴士（#2314）駛往獅子山隧道收費廣場接載受影響乘客繼續餘下的終極行程，才雙雙退役。

九巴方面，旗下三輛轉投陽光巴士的三叉戟巴士，於 2020 年 12 月 30 日服務珀麗灣路線 NR331 後因車輛牌照到期而退役。最後一輛三叉戟巴士（ATR392）則於 2021 年 4 月 24 日服務路線 6D 後正式退役，完成「丹尼士」三叉戟巴士近 24 年的載客服務生涯。

「猛獅」24.350/24.310

澳洲「猛獅」於 1997 年向城巴提供一輛「猛獅」24.350HOCL-N-DD 型超低地台雙層巴士，為往後在香港引入其他 48 輛 24.310 型雙層巴士鋪路。城巴 #2500 在服役 16 年半後，於 2015 年 4 月 17 日因引擎故障缺乏零件，不獲復修而退役。同年 7 月 7 日，冠忠巴士旗下「猛獅」24.310 型巴士亦因波箱損毀而退役。

至於九巴車隊中的「猛獅」24.310 型巴士，自 2017 年開始陸續退出載客行列，最後三輛「猛獅」巴士（AMN26、27、29）於 2018 年 6 月 28 日晚上完成載客服務後正式退役，成為九巴首款全數退役的雙層低地台巴士。

「Neoplan」Centroliner

德國「Neoplan」車廠於 1998 年至 2002 年間為香港引入 192 輛 Centroliner 超低地台雙層巴士，首輛「超時代巴士」樣板車（AP1）於 2016 年 11 月 28 日因為機件故障不獲修復而退役，而九巴最後兩輛 Centroliner 巴士亦最終於 2018 年 9 月 7 日凌晨分別完成載客服務後正式退役。新巴方面，最後一輛「Neoplan」Centroliner（#6030）亦於 2019 年 2 月 20 日早上先後完成路線 106 及 106P 的載客行程後回廠退役，標誌着其在香港專利巴士的服務生涯正式完結。

至於兩輛由九巴轉投陽光巴士的「Neoplan」Centroliner 雙層巴士，於 2018 年 12 月 13 日完成運輸署車輛檢驗後獲發客運營業證，取代兩輛「丹尼士」三叉戟開篷巴士作觀光巴士或合約式出租服務。然而因本屬歐盟三型廢氣排放設計，最終於 2020 年底前被強制淘汰而退役，並計劃以兩輛九巴「Scania」K310UD 替代。

另一方面，「Neoplan」Centroliner 的後繼車型、全港唯一一輛的九巴「Neoman」A34 型低地台雙層巴士，早於 2003 年投入服務，較多行走路線 68X 及 968，惟一直因機件問題較多時間留廠待修。直到

城巴非專利部的「富豪」超級奧林比安巴士於 2021 年 3 月 9 日後悉數退役，同月 26 日旗下「丹尼士」三叉戟巴士 HR3878(#2314) 亦完成載客生涯。

截至 2022 年 5 月底，仍有 23 輛 10.6 米短車軸版本的九巴「富豪」超級奧林比安尚在載客車隊行列。

2019 年 1 月 16 日完成路線 B1 載客服務後,便以不足 16 年車齡提早退役。

「紳佳」K94UB

　　城巴於 2001 年底引入「紳佳」K94UB 超低地台雙層巴士,屬車隊中首輛符合歐盟三期排放標準的巴士,城巴更為其特別翻髹上揉合城巴與母公司捷達巴士色調的標準車身色彩設計。這輛城巴 #2800 於 2001 年 12 月 19 日正式投入服務,至 2019 年 7 月 3 日早上完成路線 606A 的載客服務後正式退役。

「富豪」超級奧林比安

　　姍姍來遲的「富豪」超級奧林比安屬較遲打入本地超低地台雙層巴士市場的巴士。雖然在 1998 年舉辦的第一屆亞洲太平洋城市運輸展覽會中,已首次展出新巴士底盤,然而要待到 1999 年 8 月才展開香港載客服務。九巴共引入 592 輛 12 米標準長度版本及 100 輛 10.6 米短車軸,當中 492 輛配上英國「亞歷山大」車身或澳洲「Volgren」車身的 12 米巴士於 2020 年底前悉數退役。

　　新巴方面,先後於 1999 年至 2002 年間引入的 103 輛「富豪」超級奧林比安雙層巴士,在 2018 年 7 月起共 21 輛獲安排轉售予城巴非專利部,同年亦有三輛被改裝為訓練巴士。隨着巴士步入晚年亦於 2019 年 6 月下旬起踏入退役潮,至同年 8 月 27 日,車隊中最後三輛「富豪」超級奧林比安巴士在行走路線 106 及 682 後遂回廠退役。城巴非專利部最後一輛「富豪」超級奧林比安巴士亦於 2021 年 3 月 9 日行走路線 628 後提早退役。

　　截至 2022 年 5 月底,仍有 23 輛 10.6 米短車軸版本的九巴「富豪」超級奧林比安尚在載客車隊行列;預計會於 2023 年 3 月中前悉數

退下火線，為第一代超低地台雙層巴士正式畫上句號。

　　無疑，打着持續改善空氣質素的旗號，淘汰老舊柴油商業車輛實無可厚非；惟將仍可營運的商業車輛強制退役，變相製造出固體廢物，影響環境。其實，港府不妨考慮仿傚外國，為未達排放標準的車輛更換環保引擎，如著名引擎生產商「康明斯」便為英國古典巴士「Routemaster」生產符合歐盟六型排放標準的 B4.5 型柴油引擎，尤如令古典巴士重獲新生一樣，對環保可能更有意義。

現存僅 23 輛的「富豪」超級奧林比安超低地台巴士，主要服務路線 10 及 34。

超過 42 年車齡的「珍寶」巴士，以特別用途車輛身份合法地在道路上行駛。

鐵路主導下　走在 十字路口的巴士服務

45

巴士服務在香港集體運輸系統中一直佔據重要的地位，縱然鐵路系統於過往 40 年的發展使網絡變得完善，然而巴士公司仍能擔當吃重的角色。

巴士服務在 1950 年代開始一直擔當着主要交通工具的角色，乘客量有增無減，到 1970 年代更可謂其黃金時期。但隨着地鐵於 1976 年開始動工興建，九巴在 1977 年年報中首次提及地鐵投入服務後對經營巴士影響之估計，指出到 1980 年地鐵開始行走時，將損失甚多乘客；而其後因人口增長及新區與新界各處新城鎮之發展，在九龍方面巴士服務之需求將會增加，並準備將調整其服務及將現行若干路線修訂以應付此項需求。另一方面，政府聘用之顧問擬具香港交通綜合報告（1976 年）亦認為即使地鐵完成，巴士將繼續為主要之交通工具。

九巴在 1980 年的年度報告中亦表示，自 1980 年 2 月 12 日地鐵「修正早期系統」的觀塘站至遮打站（即今中環站）全面投入服務以來，巴士乘客有逐步轉乘鐵路之現象，1980 年 4 月及 5 月之數字顯示，巴士乘客人數下降約 9%，隧道過海巴士損失乘客約 20%。

地鐵通車及火車電氣化的影響

隨着 1982 年 5 月、1985 年 5 月地鐵荃灣綫、港島綫相繼通車，地鐵列車由「修正早期系統」通車初期的四卡編成，逐步增加車廂至六

卡編成，最後全面增至八卡編成；而九廣鐵路英段的紅磡至羅湖段電氣化工程亦於 1982 年 5 月至 1983 年 7 月間分三階段完成。乘客開始選乘較舒適而準時鐵路系統，九巴在 1983 年年報中指出九廣鐵路電氣化致使大埔開出之沿綫巴士路線減少了 18% 乘客、上水開出之沿綫巴士路線減少 43% 乘客。

面對原有乘客量的流失，九巴通過修訂路線及調整服務，透過開辦接駁火車站及地鐵站的新巴士路線吸納鐵路接駁乘客；加上 1980 年代初新市鎮發展帶來人口增長，乘客數目才不跌反升。

除了開辦鐵路接駁路線之外，吐露港公路及粉嶺公路的興建亦大大

DP1542 (S3M72) 正行走穿梭於新界北區及與市區的特快巴士路線 70X。

利用「珍寶」巴士 (BV9450 / LF272) 行走東區走廊特快巴士路線 788，效能成疑，但其點對點服務仍見優勢。

東區走廊特快巴士路線 720，於 1984 年 6 月 8 日開辦。

提高北區與大埔區、沙田區之間的公路連接網絡。有關公路於 1985 年 9 月 25 日竣工通車，九巴遂開辦行走公路的特快巴士路線服務，往來新界與市區。

反觀港島區，地鐵修正早期系統於投入服務後，中巴亦相應開辦多條遮打站及金鐘站的鐵路接駁巴士路線；而東區走廊於 1984 年首階段落成通車，亦吸引中巴開辦多條東區走廊特快巴士路線，以快捷的點對點服務優勢吸納客源。

紓緩彌敦道走廊措施

港府於 1986 年實施「公共交通協調政策」，希望鼓勵新界區居民多使用鐵路出入市區，藉此減少繁忙市區路段的交通流量。是次政策非常奏效，市民逐漸習慣利用巴士接駁地鐵前往市區的模式，然而卻造就了地鐵彌敦道走廊沿綫的載客量幾近飽和。

為疏導及紓緩地鐵彌敦道沿綫的擠迫情況，一方面地鐵開始於 1988 年 5 月實施繁忙時間附加費，並鼓勵乘客利用於 1989 年 10 月通車的觀塘綫過海；另一方面港府亦於 1990 年代初先後批准開辦多條 300 系的過海隧道巴士路線。直到 1990 年代末、香港回歸前後，西區海底隧道及地鐵東涌綫先後通車，巴士公司亦藉此開辦多條西隧特快巴

路線 300 在 1999 年 5 月 15 日最後一日行駛，九巴派出多輛低地台巴士提供服務。

中巴 GE6431（VA9）行走路線 300，協助疏導地鐵彌敦道沿綫的擠迫情況。

士路線往返新界西及港島，再一次以特快的點對點服務優勢，吸引以往利用屯門公路巴士路線接駁地鐵來往港島的乘客。地鐵彌敦道走廊沿綫的擠迫情況亦得以改善，並於 1993 年取消實施五年的繁忙時間附加費。

兩鐵合併與新鐵路延綫落成

千禧年代，地鐵將軍澳綫、九廣西鐵、九廣東鐵延綫、馬鞍山鐵路支綫於 2002 年至 2004 年間相繼投入服務，面對鐵路網絡的伸延，運輸署不斷與巴士公司協商調整巴士路線網絡，以避免與鐵路網絡重疊。地鐵與九鐵於 2008 年更合併為「香港鐵路有限公司」，市民乘搭整個鐵路網絡亦只需繳付單一車費，致使巴士乘客進一步流失。

近年，港鐵西港島綫、南港島綫、觀塘綫延綫、屯馬綫以至東鐵綫過海段相繼落成通車，以鐵路為骨幹的交通模式將進一步確立。當中以

往返屯門市中心及荃灣地鐵站的路線 60M，提供屯門至荃灣地鐵的接駁服務。

隨着地鐵將軍澳線通車，巴士公司需調整巴士路線網絡以避免與鐵路網絡重疊。

沙中線項目最終於 2021 至 2022 年分階段通車，以鐵路為骨幹的交通模式進一步確立。

路線 104 的「中環特車」在東鐵綫過海段通車後對乘客的需求已大大降低。

東鐵綫過海段通車前的最後一個星期五，過海隧道巴士站的繁忙景象將不會復現。

紅磡海底隧道巴士路線的影響最為顯著，自九廣鐵路紅磡車站於 1975 年啟用以來，市民乘搭鐵路到紅磡車站，繼而轉到海底隧道巴士站轉乘過海隧道巴士前往港島各區；自東鐵綫過海段於 2022 年 5 月 15 日通車以後，相信紅磡海底隧道巴士站內就只有前往港島東區的過海隧道巴士路線仍有客量需求。

面對鐵路主導下的集體運輸系統，巴士服務逐漸演變為輔助的角色。然而，在巴士公司苦心經營下，仍不乏一些點對點的特快巴士路線投入服務與鐵路抗衡。展望將來，隨着啟德新發展區、北大嶼山以至北部都會區建設，在現有屯馬綫、規劃中的東涌綫延綫及北環綫等又是否能夠憑藉以鐵路為骨幹的交通模式應付呢，就留待時間為我們驗證了。

區域性模式巴士路線
靜默起革命

46

行政長官梁振英在《2013 施政報告》中指出，巴士服務路線重疊，部分使用量偏低。故檢討巴士服務、優化路線、加強接駁功能及改善轉乘安排等，將是政府來年其中一項施政重點。

一直以來，巴士路線服務與城市發展密不可分。但隨着城市的演變，巴士路線往往會出現重疊情況，而巴士路線重組有助減少因資源重疊而造成的浪費，提升巴士網絡的效率。除紓緩道路擠塞外，更有助於改善空氣質素、減輕票價壓力。

九巴副董事總經理歐陽杞浚於 2013 年提出「區域性模式巴士路線重組線」（Area Approach Rationalization for Bus Routes）的概念，他指出：「由於巴士網絡過時，出現路線迂迴、車程較長的情況，令巴士服務的吸引力下降，而路線重組必須從市民出發，通過提升服務吸引更多人選搭九巴。」

區域性模式路線

在「區域性模式」下，運輸署和專營巴士公司以此推動路線重組，即以整個地區而非個別路線為基礎，宏觀地檢視該區的巴士服務，增加效益。在大致維持相若數目的巴士下，靈活調配資源，令需求大的服務得以開設或增加，而需求少的服務亦得以減少或刪除，以充分善用資源。

2013 年至 2015 年間，運輸署採用「區域性模式」重組了北區、屯門、元朗、沙田、青衣、大埔和九龍的專營巴士服務；重組巴士路線可提高巴士網絡效率，令巴士資源運用更具成本效益。根據運輸署及專營巴士公司的資料分析顯示，在北區、屯門、元朗、沙田、青衣和大埔等六個已完成「區域性模式」的地區，其巴士路線整體載客量在巴士數目大致維持不變的情況下均能錄得約 3% 至 9% 不等的增長，反映重組有一定成效。同時，有關路線重組工作亦使途經中環、銅鑼灣和旺角繁忙交通幹道的巴士流量每天合共減少超過 3,800 班次，有助改善路面交通及減少路邊空氣污染。

快速公路幹線促進點對點的特快路線服務

在推動「區域性模式」巴士路線重組的同時，近年道路網絡的發展亦有助巴士公司提供點對點的特快路線服務。

時間線回到 2010 年，就在 8 號幹線（青沙公路）於 2009 年 12 月 20 日全線通車的八個月後，九巴遂於 2010 年 7 月 26 日開辦首條青沙公路特快路線 249X 往返沙田市中心及青衣鐵路站，只於星期一至六繁忙時間提供服務；同年 12 月 13 日亦開辦路線 270P 由上水單向前往尖沙咀中港碼頭，同樣取道青沙公路。

2012 年，過海隧道巴士路線 982X 於 8 月 27 日開辦，於星期一至六早上繁忙時間由愉

路線重組方式：

增加更多點對點的特快路線服務；

拉直迂迴路線，方便乘客更直接到達目的地；

整合、減少甚至取消使用量嚴重偏低的巴士路線、有替代交通工具而又與其他路線重疊的巴士路線，而所騰出資源可投放到新開辦或需求高的路線；

探討在現有一些合適的巴士總站或公共運輸交匯處設置地區性巴士轉乘站，改善配套設施及推行新的巴士轉乘計劃，方便地區內不同分區的乘客前往不同目的地。

2022

蛻變中的香港巴士

369

翠苑前往灣仔、平日傍晚由金鐘（東）單向返回愉翠苑，取道青沙公路
及西區海底隧道；一星期後的 9 月 3 日，過海隧道巴士路線 373 的傍
晚班次亦改經西區海底隧道及青沙公路前往上水，大大縮短新界來往港
島的時間。同年 12 月 1 日，九巴路線 286X 循環線投入服務，循環來
往顯徑及深水埗，成為第一條途經青沙公路的全日巴士路線。其後路線
270B、287X、T270、286C、240X、280X 等途經青沙公路的巴士路
線亦相繼開辦，巴士公司憑藉快速公路網提供特快巴士路線服務。

東鐵飽和促成新界北特快巴士路線

2014 年 2 月 25 日，運輸及房屋局向立法會呈交的文件顯示，港
鐵東鐵綫的載客率已達 100%，表示東鐵綫客量已呈飽和狀態。運輸署
遂向九巴提出由 8 月 25 日起，以試辦形式開辦三條北區及大埔區晨早
繁忙時間特快路線 T270 及 T271，分別由上水及大埔墟單向前往尖沙
咀東，途經吐露港公路及青沙公路，以及路線 T277 由上水單向前往藍
田，以吸引鐵路乘客改搭，紓緩東鐵綫的擠迫情況。惟最終只有路線
T270 及 T277 順利開辦，路線 T271 則因大埔區議會認為路線收費高昂
而暫不開辦。

巴士公司藉青沙公路提供
特快巴士路線服務。

龍翔道特快路線往返新界與東九龍

　　有鑑於近年東九龍發展蓬勃，為增強荃灣與東九龍的連繫，九巴遂於 2012 年初計劃將傳統流水式路線 40 於彩虹至美孚之間的路線改經龍翔道及呈祥道，不再途經深水埗、石硤尾、九龍城等地。九巴以增設路線 2A 及 6D 的八達通轉乘優惠，以彌補原有前往新蒲崗、九龍城、石硤尾、深水埗及長沙灣乘客之影響。最終有關計劃得以落實並在 2013 年 8 月 24 日起正式實施，行車時間由原本 78 分鐘縮短至 63 分鐘。

　　至於荃灣對岸的青衣，一直依賴路線 42C 來往青衣長亨邨與藍田，惟路線需繞經大窩口及青山公路葵涌段，對青衣居民來說十分費時及不便。時至 2014 年，有意見指為青衣居民提供一條特快巴士路線前往九龍東一帶，即從青衣長亨邨繞經青衣邨、長康邨、長青邨後，便沿青衣大橋、葵涌道返回呈祥道，沿路線 42C 原路線前往九龍東，行車時間會較路線 42C 減少 15 分鐘。最終到 2015 年 2 月 16 日，特快路線 X42C 正式投入服務，原只於平日上午開出一班，惟開辦首日已因乘客量眾多而需臨時加開巴士疏導；其後九巴按年增加班次，至 2020 年 12 月 21 日正式擴展至平日全日雙向服務，來往青衣長亨邨至油塘。

　　因應荃灣西站五區與六區上蓋私人屋苑入伙所帶來的人口增長，

九巴「富豪」B7RLE 單層巴士 RK4220（AVC66）獲安排行走東九龍特快巴士路線 X42C 前往藍田。

九巴投得往返油塘及荃灣的「油荃線」，路線編號 33；九巴遂派出全新「富豪」B8L 雙層巴士 WZ4601（V6X12）提供路線服務。

運輸署透過招標形式讓巴士公司競投一條來往荃灣西站及油塘的巴士路線。運輸署最終於 2019 年 6 月 19 日公佈新路線編號為 33，由九巴營運，並於同年 7 月 22 日投入服務，九巴派出簇新的「富豪」B8L 紅巴士行走。路線 33 及 X42C 乃目前全港僅有兩條只在平日全日行走而假日不設服務的專營巴士路線。

高鐵站特快巴士路線

W1　香港西九龍站 ↑↓ 金鐘
W2　香港西九龍站 ↑↓ 觀塘站
W3　香港西九龍站 ↑↓ 上水

高鐵站特快巴士路線

　　為配合廣深港高速鐵路香港段於 2018 年 9 月通車，運輸署於 2017 年 11 月向區議會建議開辦三條點對點特快巴士路線來往香港西九龍站，供乘客以特快方式往返兩地，並以招標形式讓巴士公司競投。

　　運輸署於 2018 年 7 月公佈，路線 W1 由城巴投得，而其餘兩條路線 W2 及 W3 則交由九巴營運，並於 2018 年 9 月 23 日正式投入服務。惟廣深港高速鐵路香港段的乘客量遠遜預期，路線 W1 亦因客量不足而在開辦未夠半年的 2019 年 3 月 18 日開始削減班次。至 2020 年 1 月 30 日更受 2019 新型冠狀病毒病的疫情影響，廣深港高速鐵路香港段停止運作，香港西九龍站因而關閉，路線 W1 暫停服務至同年 7 月 19 日正式取消。

　　另一邊廂，由九巴營運、來往觀塘站及香港西九龍站的路線 W2，路線取道觀塘繞道、啟德隧道及東九龍走廊，中途只於藍田站、麗

城巴投得廣深港高速鐵路香港段巴士路線 W1，並於 2018 年 9 月 23 日正式投入服務。惟因客量不足，並受新冠疫情影響，至翌年 7 月 19 日正式取消。

港公園、九龍灣國際展貿中心及佐敦道設有分站，讓東九龍居民前往西九龍可享有特快直達高速鐵路站的服務。

來往上水及香港西九龍站的路線 W3，路線取道粉嶺公路、吐露港公路、大埔公路沙田段、青沙公路及西九龍快速公路直達兩地，中途只設大埔廣福道、沙田站、青沙公路轉車站等分站。

這兩條由九巴營運的高鐵站特快巴士路線，在繁忙時間的乘客量不俗，乘客多屬前往油尖旺區一帶工作而非高鐵乘客。尤以港鐵東鐵線多次發生故障時，路線 W3 更起了相當的疏導作用。惟至 2020 年初同樣受廣深港高速鐵路香港段停止運作而暫停服務。

中環灣仔繞道改善港島北岸交通

港島北岸一直受交通擠塞問題困擾，情況在 2019 年 1 月 20 日隨中環及灣仔繞道通車而得以紓緩，來往港島中西區與東區之間可經中環及灣仔繞道前往，避開香港海底隧道銅鑼灣出口一帶的擠塞情況。

在中環及灣仔繞道通車翌日，新巴隨即開辦晨早特別路線 720X，由西灣河嘉亨灣經中環及灣仔繞道前往中環林士街。同日，城巴路線 962C 及 969C 往太古方向駛至林士街天橋後亦改經中環及灣仔繞道直達東區走廊，不經干諾道中、畢打街隧道、夏愨道、告士打道及

五條全新過海隧道巴士路線

900	白石角 ↔ 灣仔會議展覽中心	(經吐露港公路、青沙公路、西九龍公路、西區海底隧道)
933	荃灣西站 ↔ 西灣河	(經西九龍公路、西區海底隧道、中環及灣仔繞道、東區走廊)
686	大圍站 ↔ 西灣河	(經大老山隧道、東區海底隧道)
989	火炭駿洋邨 ↔ 西灣河	(經青沙公路、西九龍公路、西區海底隧道、中環及灣仔繞道、東區走廊)
976	落馬洲新田 ↔ 西灣河	(經大欖隧道、西九龍公路、西區海底隧道、中環及灣仔繞道、東區走廊)

維園道,大大縮短行車時間,對這些由新界西北往返港島東區的長途巴士路線更別具優勢。至於九巴方面,要待到同年 10 月 21 日始安排旗下路線 960B 及 960X 改經中環及灣仔繞道。

時至 2020 年,運輸署建議開辦一條過海隧道巴士路線,於平日繁忙時間提供青衣至港島東的巴士服務,路線編號為 948E。路線 948E 屬原九巴及新巴聯營的巴士路線 948 的支線,路線 948 來往青衣長安及天后站,是新巴首條服務新界西的專利巴士路線,同時亦是西隧首條來往新界區的聯營過海隧道巴士路線。路線 948E 最終獲批准於 2020 年 12 月 28 日正式開辦,只於星期一至五繁忙時間開設兩班次來往青衣站和太古康怡廣場,中途經中環及灣仔繞道。

五條全新過海隧道巴士路線

有鑑於白石角、荃灣、火炭及大圍等地區近年先後有多個私人屋苑或公營住宅項目相繼落成入伙,以及配合落馬洲新田、元朗雞地及錦上路站一帶發展,對外交通需求持續上升,運輸署於 2021 年 3 月公佈將開辦五條全新過海隧道巴士路線。

五條全新過海隧道巴士路線均屬平日繁忙時間特別路線,經招標後除路線 900 由九巴投得外,其餘四條巴士路線均由城巴投得。五條巴士路線原訂於 2021 年 3 月 29 日開辦,最終延至同年 4 月 26 日起投入服務。五條路線均透過穿梭快速公路網,以達至縮短乘客乘搭的行程時間,拉近區與區之間的距離。

長途豪華巴士路線

港府在 2017 年 6 月發表「公共交通策略研究」報告,提出以試驗形式開辦長途巴士新型服務,加強現時的巴士服務,旨在為乘客提供更多元的選擇。

報告指出，顧問公司曾就長途專營巴士新型服務收集乘客意見，發現乘客普遍認為新服務應具備三個特點，第一是旅程較舒適（如座位較寬敞，不設企位），第二是服務較快捷（如停站較少及取道快速公路），第三是車廂內配備更多設施（如無線上網服務及充電裝置等）。從實際角度考慮，新服務較適合在長途路線開辦，尤其是在繁忙時段。

然而，由於新型服務會因為加闊座位或不設企位等原因而減少載客量，其所運載每名乘客的成本將會較現時服務的成本高五至七成不等。根據意見調查顯示，接近一半受訪者表示如新服務的收費不高於現時一般服務三成，會考慮使用新服務；同時有超過四成的受訪者表示如新服務的收費較現時一般服務高六成至一倍，仍會考慮使用新服務。

九巴於 2017 年 12 月底向區議會提交相關的建議書，當中提到將會開辦兩條豪華巴士路線，包括來往屯門和灣仔的路線 P960，以及由元朗西前往天后的路線 P968。兩條新路線的服務時間暫定由每日早上 6 時 50 分，至凌晨 12 時 50 分，繁忙時間每 20 至 30 分鐘一班，由於中途站較一般路線少，車程可節省約 10 分鐘。每條新線會以六輛長途新型雙層巴士行走，車廂不設企位，座位會較現時的專營巴士寬敞，車廂內將設置 USB 充電裝置及提供免費的無線上網服務；車費高達 31.2 元及 35.1 元，較原本兩條路線貴五成。

豪華巴士路線服務原預計於 2018 年第四季至 2019 年首季開辦，但一直「只聞樓梯響」。直至 2021 年 1 月 19 日，載通國際委託富豪巴士香港有限公司為十輛龍運巴士進行車身改造工程，造價為 168 萬港元。這十輛巴士原為 2018 年 5 月載通國際為龍運巴士訂購的十輛「富豪」B8L 型客車版雙層巴士，早於 2019 年 5 月抵港，車身採用鮮橙色的龍運巴士標準車身色彩。然而礙於疫情關係以致機場巴士路線乘客量大減而未有安排投入服務，只一直擺放在屯門總修中心及大埔車廠內。是次車身改造工程，按計劃將安排這批龍運巴士轉售予九巴作豪華巴士路線服務。

2021 年 3 月，首輛「富豪」B8L 型客車版雙層巴士於屯門總修中

心完成翻噴鮮紅色的九巴第三代紅巴車身色彩，車頭路線牌箱特別配以紅色方框線條、上層車頭擋風玻璃頂的組件則噴上黑色，與其他同型號巴士作區分，10 輛豪華巴士的車隊編號為 V6P1 至 V6P10。同年 7 月 18 日，獲冠名「星級尊線」的兩條豪華巴士路線 P960 及 P968 正式投入服務，票價分別 32.8 元及 36.8 元。

雖然兩條豪華巴士的班次各 30 至 45 分鐘一班，然而九巴早已預料到豪華巴士車隊數量實不足以應付，故九巴早於 2021 年 2 月 9 日便向「富豪」車廠增購 3 輛裝配「Wright」Eclipse Gemini 3 車身的「富豪」B8L 型 12.8 米豪華巴士，以行走「星級尊線」。在新豪華巴士未運抵之前，九巴安排了一輛上層車廂只設有 55 座位的低載版普通巴士（車隊編號 V6B198）作為後備車輛，日常則安排於路線 68A 提供服務。另一邊廂，九巴亦於 2022 年 1 月 5 日起借調一輛龍運機場豪華巴士（龍運車隊編號 #1549）行走豪華巴士路線 P968，相信暫可補足豪華巴士路線服務的車荒。

粉嶺皇后山巴士服務

前身為英軍皇后山軍營營房的粉嶺軍地皇后山，於 2015 年規劃為公屋皇后山邨及居屋山麗苑，並於 2021 年入伙。運輸署於 2021 年 6 月 21 日宣佈皇后山巴士服務專營權安排，新增四條巴士路線由皇后山往返啟德、南昌、香港站（經東隧）及香港站（經西隧）等，路線編號分別為 78X、79X、679 及 979，經招標後交由城巴營運；當中路線 78X 及 79X 於同年 11 月 30 日率先投入服務，其餘兩條過海隧道巴士路線 679 及 979 則延至翌年 1 月 26 日投入服務。皇后山巴士路線服務是繼啟德新發展區後，城巴再一次經招標擊敗九巴而奪得九龍及新界區的巴士路線服務。

巴士路線服務與城市發展密不可分，隨着城市發展與市民生活模式

的轉變，巴士路線服務亦須與時並進，切合市民所需，以維持巴士服務的競爭力。

「星級尊線」首日航，為新界西居民往返港島提供豪華巴士服務。

城巴 #9150 以一身「大食鬼」復古車身色彩「恭送皇后出城」。

城巴派出簇新的巴士車隊服務皇后山巴士路線。

龍運部分新巴士轉投九巴「星級尊線」，其他閒置在車廠兩年的新巴士亦於 2021 年間相繼投入服務。

2022

純電動環保巴士
落戶香江

47

各國政府近年紛紛宣佈，計劃 2040 年前後將停止引入全新燃油汽車。隨着日子臨近，汽車生產商均努力研發以石墨烯、氫燃料電池、超級電容等其他替代能源方案。

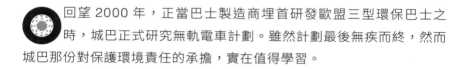

回望 2000 年，正當巴士製造商埋首研發歐盟三型環保巴士之時，城巴正式研究無軌電車計劃。雖然計劃最後無疾而終，然而城巴那份對保護環境責任的承擔，實在值得學習。

九巴引進超級電容巴士試驗

就在無軌電車計劃公佈後經過十年光景，九巴仍致力探索不同的零排放技術，於 2010 年 9 月 14 日宣佈引進由富豪（Volvo）與上海汽車集團（SAIC）的合資企業——上海「申沃」（Sunwin）客車有限公司製造的 SWB6121EV2 型 gBus 超級電容巴士，展開為期約一年的實地測試，並在試驗後退還原廠。

超級電容巴士 gBus 車身全長 12 米、闊 2.55 米、高 3.7 米；最高車速為每小時 50 公里、爬坡度 12%。由於 gBus 屬左軚駕駛設計，故在半年的實地測試期內 gBus 主要被安排行走荔枝角車廠與美孚附近一帶道路作路面測試。測試結果顯示 gBus 行車寧靜和穩定，並適合在香港的路面環境使用，在香港炎熱、潮濕和暴雨的天氣下亦能運作正常，在負重和持久力測試中亦成績理想。超級電容在充電和放電時，性能令

人滿意；電池、電機管理系統以及充電站性能亦相當不俗。

新一代超級電容巴士試驗 gBus²

　　承接第一代超級電容巴士 gBus，九巴於 2012 年 4 月 26 日宣佈「青年」客車廠引進續航力強一倍的新一代超級電容巴士 gBus² 來港進行實地測驗，為下一階段的路線測試作出準備。gBus² 同樣以「超級電容」儲存電能為驅動電源，無需全程使用架空電網，因其充電和放電速度快，故此超級電容巴士可於設有充電設施的巴士站內，利用乘客上下車的時間快速充電。gBus² 充滿電後一次過最多可行走八至十公里，相比第一代 gBus 的續航力增加了一倍，意味着沿途的充電站可以盡量減少，有利於巴士在繁忙路段行走，亦可省卻在基建設施方面的投資。

　　gBus² 車身長 12 米、闊 2.55 米、高 3.84 米，最高車速為每小時70 公里、爬坡度 15%，更適合本港路面使用。與 gBus 的路試一樣，gBus² 實地測試包括在不同天氣情況、路面情況、壓力、負重及持久力的測試，全日行走於美孚及荔枝角車廠之間，以收集全面營運數據。

九巴正式購入超級電容巴士

　　香港特區政府於 2011 至 2012 年度行政長官施政報告中提到，主動撥款港幣 1.8 億元，資助本港專營巴士公司購入 28 輛電池電動巴士、8 輛超級電容巴士及相關充電設施，當中 8 輛超級電容巴士配額悉數撥予九巴。九巴在宣佈測試「青年」超級電容巴士 gBus² 的同時，亦落實向「青年」客車廠購入八輛右軚駕駛設計的 JNP6122UC 型超級電容巴士，並由位於浙江金華的車廠承造，機械技術規格與 gBus² 別無兩樣。

　　首輛「青年」超級電容巴士於 2015 年 1 月上旬抵港，在經過運輸署車輛評定測試後，最終於同年 8 月 21 日領取車輛登記，並以車隊

九巴「青年」超級電容巴士於 2017 年 3 月 29 日正式投放在路線 284 服務。

2021 年 7 月，有消息指「青年」超級電容巴士已被停牌，事件涉及青年汽車集團子公司先後被申請或已批准破產事宜。

編號 AYM1 編入車隊。新巴士除了正式改為右軌設計的香港車輛標準外，車身亦選用了「青年」Centro-Liner Series 的車身設計——九巴特意讓新巴士以特別的車身塗裝示人。車廂佈局方面，全車裝設有 35 個高背附頭枕座椅，另設企位 37 個，總載客量 72 人。

據九巴原來計劃，八輛超級電容巴士將會行走兩條啟德新發展區路線，包括一條全新循環路線 5M 往返坪石與啟東道，並會於坪石及啟東道兩邊車站設置充電站；而另一條路線則為連接觀塘開源道、啟德發展區與九龍灣鐵路站，並在其中四個車站設置充電站。

惟後來九巴將首階段試驗改為行走現有來回沙田市中心至濱景花園的循環路線 284，並在 2017 年 3 月 29 日正式投入服務；其後亦於 2019 年 2 月 23 日起派往行走往返啟晴邨至九龍灣港鐵站的循環路線 5M。

「比亞迪」鋰電池技術電動巴士

至於另一款鋰電池技術的電動巴士，中國「比亞迪」車廠於 2011 年研發一輛新一代全電動環保巴士，並在翌年 9 月正式以象徵性 1 元租金為九巴供應一輛 K9A 型單層空調全電動巴士試用半年，以作廣泛路面測試。電動巴士全長 12 米，在原廠「比亞迪」車身上披有九巴標準的香檳金色標準色彩，並配備國產「鴻隆」綠色磁翻板電子路線顯示

中國「比亞迪」車廠於 2012 年 9 月以象徵性 1 元租金為九巴供應一輛 K9A 型單層空調全電動巴士試用半年，以作廣泛路面測試。

牌。全車裝設有 31 張「Vogelsitze」System 400/4 高背附頭枕座椅，並可容納企位 35 人，總載客量 66 人。

　　機械裝置方面，「比亞迪」K9A 型單層巴士裝設有原廠 FADM07315 型磷酸鐵鈷鋰電池，總容量 600 安培，標準充電時間為六小時，行駛里數達 250 公里。動力來源自以一台原廠 TYC90A 型馬達，最高可發動相當於 120 匹馬力的 90 千瓦動力。

　　樣板巴士於 2012 年底進行運輸署車輛類型評定測試，並於 2013 年 1 月 14 日獲發車輛登記，九巴遂以車隊編號 BE1 編入車隊。經過內部測試後，九巴安排「比亞迪」電動巴士於同年 5 月 2 日起的平日下午時段行走荔枝角車廠的員工接送車。同年 9 月 9 日，新巴士以「eBus」之名配以一身綠葉襯托的電動巴士宣傳廣告，於尖沙咀碼頭巴士總站進行新車剪綵儀式，並於同日下午開始獲派往市區路線 2 行走來往蘇屋至尖沙咀碼頭的巴士路線服務；其後亦於平日上下午繁忙時間，每日以定點班次模式行走路線 2，為期一個月。然而九巴對「比亞迪」K9A 型電動巴士經過一年測試後，電池損耗已達 20%，遠遜預期。九巴遂於同年 12 月 10 日將電動巴士除牌，結束租賃期交回「比亞迪」車廠。

2022

政府資助下 23 輛「比亞迪」電動巴士引入香港

在 2011 至 2012 年度施政報告中提到，資助本港專營巴士公司購入 28 輛電池電動巴士，新創建集團遂於 2014 年 1 月招標購置五輛 11.6 米兩軸單層電動巴士，最終由「比亞迪」車廠中標。按標書內容，「比亞迪」車廠將向新創建集團供應五輛屬改良型號的 K9R 型單層電動巴士。與九巴於 2012 年引入的 K9A 型巴士比較，原廠車身在外觀上大同小異，僅車長略縮短至 11.6 米；另外亦改配上「比亞迪」BYD-2912TZ-XY-A 型鏻酸鐵錳鋰電池，動力輸出亦有所提升，最高可提供相當於 200 匹馬力的動力。車廂內採用「Vogel」Revo S 高背附頭枕座椅，可承載座位 31 個、企位 37 個，總載客量 68 人。

新巴士於 2015 年 7 月起陸續交付新創建集團，當中城巴獲分派三輛，車隊編號 #1581 至 #1583；而餘下兩輛則交由新巴營運，以編號 #2051 至 #2052 編入車隊，並各自以城巴及新巴標準車身色彩為車身塗裝基礎，再配以「藍天」為題的環保新裝。五輛巴士於 2015 年 11 月至 12 月間先後獲發運輸署車輛登記，並於同年 12 月 27 日起開始陸續投入服務，展開為期兩年的試驗，分別行走五條路線，包括新巴路線 78、81，以及城巴路線 11、12 及 25A，以評估新巴士在本地環境下的

「比亞迪」車廠於 2015 年 7 月向新創建集團供應五輛 K9R 型單層電動巴士，城巴 #1582 便是其中之一，主要行走中環半山路線 12。

九巴於 2017 年 4 月引入「比亞迪」K9R 型純電動巴士，並安排純電動巴士試驗性行走路線，以評估純電動巴士效能及表現。

運作效能及成本效益。

　　惟新巴士在投入服務初期，便發現巴士在停車時若落車門中間的防夾膠邊遭到擠壓，車門會自動打開而需停駛；復駛後再發現車軸有螺絲桿斷裂而需再度停駛。另外又因發現制動回饋充電力度，在天雨路滑時或會較地面摩擦力大造成輪胎打滑，需交回廠方調整系統設定等。

　　新大嶼山巴士亦以招標形式向「比亞迪」車廠訂購了兩輛 K9R 型電動巴士，並於 2016 年 9 月抵港，惟至 2018 年 4 月 4 日才獲發運輸署車輛登記，並待到同年 7 月 25 日才投入服務，試行東涌區內路線 38。另外兩輛電動巴士訂單本屬中國「華夏神龍」車廠中標，惟最終放棄而再次由「比亞迪」中標奪得合約。新巴士轉為 K9RB 型，電池組件改置於車頂位置，以騰出車廂空間裝設行李架。

　　至於九巴及龍運巴士，亦於 2015 年經招標採購電動巴士後，同樣由「比亞迪」中標，分別供應十輛及四輛 K9R 型電動巴士。新巴士的車身改由馬來西亞「順豐」（Gemilang）車廠承造，車廂內同樣採用「Vogel」Revo S 高背附頭枕座椅，設有座位 35 個、企位 37 個，總載客量 72 人。全新 K9R 型電動巴士於 2017 年 4 月起陸續獲發運輸署車輛登記，並獲預留編配九巴車隊編號 BDE1 至 BDE10 及龍運巴士車隊編號 SE101 至 SE104。九巴安排電動巴士試驗性行走路線 5C、6C、35A、42A 及 603；至 2018 年 9 月 28 日再改為行走路線 7M、11D、43M 及 203C，以評估電動巴士效能及表現；而龍運巴士則安排電動巴士服務路線 E31 及 S64。

龍運巴士引入了四輛「比亞迪」K9R 型電動巴士，車隊編號 SE104 的單層純電動巴士正行走路線 E31 前往荃灣愉景新城。

九巴「比亞迪」純電動巴士，主要行走路線 7M、11D、43M、203C 等市區路線。

神龍巴士出師不利 見首不見尾

另一邊廂，中國「華夏神龍」車廠亦奪得新創建集團招標訂單，供應五輛 SDL6120EVG 型 11.55 米兩軸單層電動巴士。與旗下「比亞迪」電動巴士一樣，三輛歸屬城巴，車隊編號 #1584 至 #1586；新巴則佔兩輛，車隊編號 #2053 至 #2054。全車設有六組電池，分佈於駕駛室後的走廊兩旁及車廂後半部的地台下，每次充電五小時，可持續行駛 250 公里。較特別的是這五輛電動巴士的電動摩打與驅動軸之間加入變速波箱，以改善巴士的動力。

五輛「華夏神龍」電動巴士原訂於 2016 年 9 月 12 日投入服務，分別行走城巴路線 11、12、25A 及新巴路線 78、81；惟最終待在車廠內直到翌年 6 月 2 日才正式投入服務，然而部分新巴士仍因故障而需回廠檢查維修。然而，五輛電動巴士的電池續航力遠低於試驗路線全日營運需求，故城巴及新巴最終將「華夏神龍」電動巴士分別改為行走城巴路線 11 及新巴路線 78，以繼續評估運作效能及表現。

新世代「比亞迪」單層電巴投入服務

2020 年 8 月 23 日，九巴招標採購 16 輛單層電動巴士，最終由中國「比亞迪」公司奪得合約。「比亞迪」為九巴供應的，屬於旗下 B12A

九巴安排新世代電巴行走市區路線，為市民提供零排放、寧靜巴士服務。

型純電動巴士，於杭州「比亞迪」工廠建造，車身全長 12 米。巴士原塗上「紅巴」車身塗裝，後於 2021 年 7 月翻油上「電光綠」（Electric Green）作為車身主色，代表九巴車隊邁向電動化的綠色新時代。

新車配備多個先進系統，包括「電池管理系統」和水冷系統，前者監察電池效能及狀態，後者可有效管理電池溫度，延長電池壽命及提升效能；同時引入「輪邊驅動系統」，把俗稱「摩打」的電動機安裝在車輪內，直接驅動巴士行駛，毋須變速器和傳動軸系統，提升傳動效率，節省維修成本，也釋放更多車廂空間。透過多項優化設計，新款 B12A 型電巴較 K9R 型電巴重量減少 4%，載客量高達 81 人。而新款 B12A 型電巴只須 100 分鐘便可充滿電，行駛約 200 公里。

新巴士在通過運輸署檢驗後於 2022 年 2 月起陸續獲發車輛登記，九巴遂以 BEB 作為新巴士的車隊編號。新一代純電動單層巴士於同年 4 月 25 日起率先行走彌敦道路線 6 往返荔枝角與尖沙咀碼頭之間，其後更先後派往服務路線 14B、203C、1A、1 等市區路線，為市民提供零排放、寧靜的巴士服務。

九巴亦已向中國「比亞迪」和英國「亞歷山大丹尼士」兩間巴士製造商，購入合共 52 輛電動雙層巴士，預計於 2023 年付運。兩款巴士車身長度為 12 米，預計載客量約 120 人，約需 2.5 小時便能完成充電，續航力約 300 公里。即將服務香港的雙層電動巴士，除了配備「電池管理系統」和水冷系統，其中「比亞迪」的雙層電巴，更採用其先進的刀片電池技術，大幅提升電池效能。

城巴電動雙層巴士

就在九巴宣佈將引入電動雙層巴士的同時，對岸的城巴則與內地電動車生產商威馳騰（福建）汽車有限公司合作，率先引進全港首輛雙層電能巴士。新巴士配備 450 千瓦時的電池，經過 3 小時便能完成充電，續航力超過 200 公里。車廂設有 79 個座位及 34 個企位，最高載

客量達 113 人。城巴「威馳騰」雙層電能巴士於 2022 年 2 月 9 日正式獲發車輛登記,惟有使用快速公路限制,車隊編號 #8910。

　　城巴母公司匯達交通於 2022 年 4 月 29 日舉辦「#MissionZero」零排放轉型計劃暨香港首輛雙層電能巴士啟動禮,目標是於 2045 年全面使用零排放巴士,較政府提倡的碳中和目標提前五年。匯達交通更表示將於七月引進香港首輛雙層氫能巴士,屆時將安排雙層氫能巴士及雙層電能巴士一同進行測試,以協助政府制定全方位的零排放公共交通計劃,讓社會逐步邁向碳中和的願景。

　　從環保巴士的引入,到城巴和九巴先後就無軌電車和超級電容巴士展開可行性測試,巴士公司對環保的投入可謂不遺餘力。啟德環保城即將上馬,將會是九龍市中心的新社區,特首林鄭月娥在 2020 年 11 月 25 日發表施政報告中提及以「多元組合」模式的環保連接系統,取代現代化架空單軌鐵路系統,究竟最終無軌電車和超級電容巴士的試驗會否為新社區帶來啟迪呢?就留待時間作個見證了。無論最終發展取態如何,政府以至巴士公司也是朝着保護環境的路向邁進,同為未來出一分力,我們也樂觀其成。

全港首輛雙層電能巴士於 2022 年 6 月 19 日正式投入服務,行走城巴路線 5B 途經香港大球場;而雙層氫能巴士亦於兩日後的 6 月 21 日從陸路抵港。

香港巴士的未來發展

香港巴士發展踏入第 100 個年頭，過往見證着專利權的誕生、雙層巴士的引入、集體運輸系統帶來的挑戰。未來，究竟如何自處？

回顧香港巴士百年歷史，可從中細看巴士發展的演變如何與香港經濟、社會變遷及集體運輸系統中各種交通工具彼此相互影響。

在港府推行以鐵路為骨幹的公共運輸主導政策下，鐵路網絡遍佈全港 18 區，巴士公司面對的營運壓力可真不少。香港的鐵路網絡將於未來數年間漸趨完善，屯馬綫、東鐵綫過海段先後於 2021 年及 2022 年相繼通車，北環綫及屯門南延綫計劃如火如荼。面對這種困局，巴士公司除可作為輔助角色加強區內接駁服務外，亦應善用尖山隧道及中環灣仔繞道等近年落成的快速公路，多發展點對點的巴士服務。在香港這個生活節奏急促的社會，憑藉快速幹線的優勢實可提供更多方便快捷的跨區交通聯繫。

在環保的角度，近年巴士公司已於引進環保巴士方面加強力度，除加快以歐盟六型柴油巴士更換舊式巴士外，亦研究採用電能巴士的可行性；而在國家能源局推出「西氣東輸」的機遇下，巴士公司可仿傚日本等鄰近國家引進天然氣巴士、氫氣巴士。多管齊下，必能進一步改善香港空氣質素。

高新科技對近年社會發展有着帶領作用，對提升巴士服務質素亦可謂不可或缺。千禧年開始，巴士公司先後在車廂引入電台廣播系統與流

上海在世博期間已推行電能巴士服務。

日本已大力推行天然氣巴士。

英國「Wrightbus」New Bus for London（LT3）曾於 2013 年 10 月遠道而來作動態展示，途經油麻地眾坊街一帶。

九巴於 2015 年引進「富豪」B7RLE 大型單層超低地台巴士。

近年男團熱潮風靡全港，造就不少應援巴
士廣告的出現。

新冠疫情爆發下，大部分城巴機場快綫車
隊被安排封車。

動多媒體資訊系統。在可預見的將來，巴士公司應着實配合流動網絡，
向乘客提供即時資訊廣播。

　　另外，衛星定位技術在香港日趨成熟，巴士公司可從相關技術入
手，無論對提供車站候車時間訊息，或在車內設置全自動報站資訊，均
對乘客使用巴士服務大開方便之門。

　　新加坡早年已為雙層巴士裝設系統，顯示上層剩餘座位數量。香港
作為全球最廣泛使用雙層巴士的地區之一，巴士公司近年已積極進行測
試。如測試成功，將有助減低乘客的不便。

　　在城巴成立 40 周年之際，其母公司新創集團於 2020 年 8 月 21 日
公佈，以 32 億元向 Bravo Transport Holdings Limited（匯達交通服
務）出售城巴及新巴業務。2021 年 5 月，匯達交通表示正研究將新巴、
城巴專營權合併。目前新巴專營權主要包括港島、將軍澳九龍專線、西
九龍專線及過海隧道巴士路線；城巴專營權一主要負責港島及過海隧道
巴士路線；二則主力為機場及北大嶼山對外巴士路線。由於新巴、城巴
專營權有不同票價，一旦合併專營權統一票價，部分票價偏低的路線將
須加價。隨着新巴專營權與城巴專營權將於 2023 年屆滿，相信在不久
的將來，專營權合併研究將更明朗化，或會在香港島巴士專營權設立
90 載之時，回歸單一專營權。

港鐵就沙中綫過海段於部分日子暫停九龍城至紅磡一段的東鐵綫服務，並安排城巴等非專利巴士提供鐵路免費接駁服務。

龍運巴士於 2021 年陸續將旗下行車里數稍高的「ADL」Enviro-500 雙層巴士轉投九巴旗下，車隊編號 ATENU1663；並與 ATENU1129 合照。

獲修復的 1960 年代前中巴「水翼船」單層巴士，這日穿梭於中西區之中，與新時代的城巴擦身而過。

新創建集團於 2020 年將新巴城巴出售予新成立的匯達交通，並正研究將新巴城巴專營權合併。

新巴引入了五輛「ADL」Enviro-200 MMC 單層巴士，#2504 正行走路線 81 前往勵德邨。

鑑古而知今，回望香港巴士發展的里程碑，在 1940 年代引進雙層巴士、1970 年代引入「一人控制模式」、1980 年代提供豪華空調巴士服務、1990 年代見證傷健共融的超低地台巴士面世，凡此種種，皆是巴士公司對香港經濟、社會變遷，以及集體運輸系統中其他交通工具的影響而作出的改進。點石成金的神話背後都要有賴與時並進的創意思維，巴士公司必須要維持競爭力，以免淪為夕陽行業。下一個百年的香港巴士服務，究竟如何自處，就留待時間為我們作個見證了。

城巴新巴母公司匯達交通旗下的匯達傳媒，接替路訊通獨家代理城巴新巴的車身及車廂廣告。

新創建集團於 2020 年將城巴新巴出售予新成立的匯達交通，並正研究將城巴新巴專營權合併。

蛻變中的香港巴士

Mike Davis: *Hong Kong Buses Volume Two - Kowloon Motor Bus* (UK: DTS Publishing, 1995)

Mike Davis: *Hong Kong Buses - China Motor Bus 65 Years* (UK: DTS Publishing, 1998)

Mike Davis: *Hong Kong Buses Volume Six - Lantau Island* (UK: DTS Publishing, 2008)

《九巴年報》（香港：九龍巴士（一九三三）有限公司，1962-1996）

《九巴年報》（香港：九龍巴士控股有限公司，1997-2005）

《九巴年報》（香港：載通國際控股有限公司，2006-2009）

《中巴年報》（香港：中華汽車有限公司，1975-1996）

《明報》（1959 年至 2020 年）

《政府憲報 1933》（香港：香港政府，1933）

《星島日報》（1949 年至 2020 年）

《香港年報》（香港：香港政府，1946-2019）

《香港運輸政策綠皮書》（香港：香港政府運輸科，1989）

《運輸署年報》（香港：運輸署，1968-2019）

余繩武、劉存寬：《二十世紀的香港》（香港：中國大百科全書出版社，1995）

李健信：《風雨同路‧香港巴士漫遊》（香港：中華書局，2014）

李漢華：《與你同行——香港空調巴士漫遊》（香港：中華書局，2018）

林友蘭：《香港史話》（香港：香港上海印書館，1985）

容偉釗：《二十世紀巴士路線發展史》（香港：BSI Hobbies (Hong Kong) Company，2001-2004 & 2010）

高添強：《香港日佔時期》（香港：三聯書店（香港）有限公司，1996）

陳自瑜：《香港巴士手冊》（香港：北嶺國際有限公司，1996）

陳自瑜：《香港巴士年鑑》（香港：北嶺國際有限公司，1997-2003 & 2011）

陳自瑜：《香港巴士識別》（香港：北嶺國際有限公司，1998）

陳自瑜：《香港丹尼士巴士全集》（香港：北嶺國際有限公司，1999）

陳自瑜：《香港巴士》（香港：三聯書店 (香港) 有限公司，1999）

陳自瑜：《世界雙層巴士大全集》（香港：北嶺國際有限公司，2000）

陳自瑜、李天祐：《香港巴士經典系列》（香港：北嶺國際有限公司，2001）

陳志華、李青儀、盧柊泠：《九龍區巴士路線與社區發展》（香港：中華書局，2013）

陳志華、李青儀、盧柊泠、黃曉鳳：《香港海上交通 170 年》（香港：中華書局，2012）

陳志華、李健信：《香港鐵路百年蛻變》（香港：中華書局，2020）

陳志華、陳信熙、李青儀：《香港島巴士路線與社區發展》（香港：中華書局，2014）

爾東、李健信：《趣談新界街道》（香港：明報出版社，2006）

爾東、李健信：《趣談九龍街道修訂本》（香港：明報出版社，2006）

爾東、李健信：《漫遊九龍屋邨》（香港：明報出版社，2009）

爾東、李健信：《漫遊新界東屋邨》（香港：明報出版社，2010）

爾東、李健信：《趣談香港街道增訂本》（香港：明報出版社，2010）

爾東、李健信：《漫遊新界西屋邨》（香港：明報出版社，2011）

爾東、黃家樑：《舊香港》（香港：文星圖書有限公司，2001）

劉蜀永：《香港史話》（香港：社會科學文獻出版社，2000）

龔嘉豪：《香港巴士回顧 2009》（香港：尚線出版，2010）

龔嘉豪：《都城嘉慕──都城巴士》（香港：尚線出版，2010）

鳴謝
Acknowledgement

承蒙以下機構及好友，提供寶貴資料及圖片，以及種種協助，令本書得以順利出版。

Mr. Mike Davis

Alexander Dennis (Asia Pacific) Ltd.

Leyland Bus Hong Kong Ltd.

Scania (Hong Kong) Ltd.

Volvo Bus Hong Kong Ltd.

吳紀徹女士

呂子飛先生

李天祐先生

李忠德先生

李青儀小姐

李家祺先生

李藹殷小姐

周烈明先生

高添強先生

張順光先生

黃凱穎小姐

黃曉鳳小姐

鄧鏡文先生

蘇佩琼女士

九龍巴士（一九三三）有限公司

中華汽車有限公司

城巴有限公司

香港中文大學圖書館

香港公共圖書館

新大嶼山巴士（一九七三）有限公司

新世界第一巴士服務有限公司

（以上排名不分先後）

香港巴士
百年蛻變

責任編輯　黃懷訢
裝幀設計　Sands Design Workshop
排　　版　Sands Design Workshop
印　　務　劉漢舉

陳志華　李健信

著

出版
中華書局（香港）有限公司
香港北角英皇道四九九號北角工業大廈一樓 B
電話：（852）2137 2338　傳真：（852）2713 8202
電子郵件：info@chunghwabook.com.hk
網址：http://www.chunghwabook.com.hk

發行
香港聯合書刊物流有限公司
香港新界荃灣德士古道 220-248 號荃灣工業中心 16 樓
電話：（852）2150 2100　傳真：（852）2407 3062
電子郵件：info@suplogistics.com.hk

印刷
美雅印刷製本有限公司
香港觀塘榮業街六號海濱工業大廈四樓 A 室

版次
2021 年 7 月初版
2022 年 7 月第二次印刷
©2021 2022 中華書局（香港）有限公司

規格
特 16 開（150mm X 220mm）

ISBN
978-988-8759-08-8